KB191110

계엄과 내란을 넘어

국민이 써 내려간 헌법 이야기

한인섭

계엄과 내란을
넘어

아마존의나비

계엄과 내란을 넘어
국민이 써 내려간 헌법 이야기

발행일 • 2025년 4월 25일 초판1쇄

지은이 • 한인섭
펴낸이 • 오성준
편집 • 김재관, 김호경
본문 디자인 • 김재석
표지 디자인 • BookMaster *K*

펴낸 곳 • 아마존의나비
등록번호 • 제2020-000073호
주소 • 서울시 은평구 통일로73길 31
전화 • 02-3144-8755, 8756
팩스 • 02-3144-8757

웹사이트 • www.chaosbook.co.kr
이메일 • info@chaosbook.co.kr
ISBN • 979-11-90263-33-7   03360
정가 • 19,500원

한인섭

서울대학교 명예교수(법학과)

저서로 『100년의 헌법』, 『가인 김병로』, 『식민지 법정에서 독립을 변론하다』, 『형벌과 사회 통제』, 『5·18 재판과 사회 정의』, 『배심제와 시민의 사법 참여』, 『권위주의 형사법을 넘어서』, 『한국 형사법과 법의 지배』 등이 있다.

민주화 운동에 대한 심층 대담 저서로 『인권 변론 한 시대』(홍성우 변호사), 『이 땅에 정의를』(함세웅 신부), 『그곳에 늘 그가 있었다』(김정남 선생) 등이 있다.

엮어 펴낸 책으로『인간 존엄의 형사법, 형사 정책 및 제도 개혁』,『한국의 공익 인권 소송』,『법조 윤리』,『재심·시효·인권』,『국민의 사법 참여』,『양심적 병역 거부와 대체복무제』,『한국 현대사와 민주주의』,『정의의 법, 양심의 법, 인권의 법』,『성적 소수자의 인권』등이 있다.

법과사회이론학회, 한국형사정책학회 회장을 역임하였다. 한국형사정책연구원 원장을 맡아 인간 존엄의 형사 정책 및 증거 기반의 범죄학의 발전에 힘을 쏟았고, 한국형사·법무정책연구원으로 개칭하여 연구 주제를 확장하는 데 힘썼다.

사법개혁위원회, 법학교육위원회, 법무부 정책위원회, 양형위원회, 공직자윤리위원회(대법원), 법무·검찰개혁위원회 등에서 사법·법무·검찰 개혁의 제도화에 열정을 쏟았다. 법학전문대학원, 국민참여재판, 공수처 등의 출범과 제도화에 관여했고, 심야 수사 등 인권 침해 수사 관행의 시정, 양심적 병역 거부의 대체 복무화를 위한 노력, 사형제 폐지 및 집행 저지를 위한 노력에 관여한 바 있다.

머리말

    2024년 12월 3일 낮, 저로서는 39년간의 정규 강의를 끝내고 드디어 정년 퇴임 단계에 들어가는 시점이었습니다. 그날 밤 돌연히 대통령이 비상계엄을 선포했습니다. 순간, '이거 뭐지…, 가짜 뉴스 아냐? 어 진짜 계엄 맞네. 이런 미친…, 이거 정말 큰 일이네!' 현실임이 분명해진 순간 절대로 용납해서는 안 되고, 맞서 싸워야겠다는 비장한 결심이 들었습니다.

    48년 전인 1977년에 그토록 바라던 대학에 입학했습니다. 캠퍼스의 낭만도 잠시, 대학에서는 어떤 학생 활동도 허용되지 않았고, 감시와 탄압이 일상화되어 있었습니다. 박정희 대통령의 긴급 조치하에서 대학은 사실상 계엄 상태였던 셈이고, 상급 학년 때는 진짜 비상계엄 사태를 맞았습니다. 그러니 제 대학 생활은 계엄에서 시작하여 계엄으로 끝난 셈이었습니다. 그로부터 15년이 지나 전두환·노태우 등 학살과 탄압의 주역들에 대해 불기소 처분으로 종결될 뻔한 사태를, 온 국민의 염원에 힘입어 기소와 처벌로 반전시키는 데 일조했습니다. 그로부터, 더 이상 비상계엄 같은 단어는 현대사 박물관에서나 추억할 수 있는 역사로 여겨졌습니다. 여러 나라에서 쿠데타와 계엄 소식을 들으며, 낙후된 나라의 안타까운 뉴스로만 치부했습니다. 그런 자부심으로 살아왔는데, 돌연히 비상계엄 소식이 과거가 아니라 지금, 다른 나라가 아닌 바로 이 나라에서, 현실로 출현한 것입니다. 제 개인적으로는, 학생 시절엔 계엄 시대를 살았고, 초임 교수 때 그 군정을 종식시켰다고 믿었는데, 정년 을 맞이한 시점에서 다시 계엄을 정면으로 마주한 셈이었습니다. 학생- 교수 시절의 마지막을 계엄 시대의 회귀로 마감할 수는 없었습니다. 정 권이 독재화, 파쇼화의 말기 증세를 노골화하면, 그에 대한 저항과 헌정 바로 세우기는 헌법 수호자인 국민의 의무가 되는 것이니까요.

　당혹도 잠깐, 온 국민이 사태 바로잡기에 나섰습니다. 그야말로 빛 의 속도로 시민들이 달려와 여의도 의사당 주변을 둘러싸고 군·경의 진 입을 막았습니다. 의원들은 신변 위협을 무릅쓰고 국회로 달려가 계엄 해제 결의안을 통과시켰습니다. 불과 150분 만의 일이었습니다. 정권 의 '비상'계엄에 대항하여, 국민이 비상하게 행동한 것입니다. 국민과 국회가 합동으로 내란 계엄을 저지시킨 민주 역사의 대위업을 쌓았습니 다. 계엄 실행의 수족으로 동원된 군대와 경찰도 달라졌습니다. 시민들 이 막으면 물러서고, 주저주저하고, 때로는 상부 명령을 그냥 무시해 버 리면서 불법의 확산과 인명 피해를 막았습니다. 새로이 형성된 민·관·군 의 범민주 연대가 계엄 선포 권력의 망상적 기도를 저지시켜 버린 것입니다.

 비상계엄 실행을 내란 범죄로 규정짓고, 국회는 대통령 탄핵 소추에 돌입했습니다. 한 번으로 되지 않았지만, 절대적인 국민의 명령에 국회는 마침내 탄핵 소추안을 통과시켰습니다. 내란의 주요 임무 종사자들이 국회에 불려 나와 추궁받고, 경·검·공수처의 수사를 받으면서 거의 대부분 구속·기소되었습니다. 내란의 우두머리에게도 체포 영장이 떨어졌습니다. 우두머리는 한남 산채에서 경호처를 무신 정권의 사병처럼 도구화하여 체포를 막아섰습니다만 그도 잠시, 두 번째 집행에서는 굴복할 수밖에 없었습니다. 그리고 헌법재판소의 탄핵 절차가 개시되었습니다. 우두머리 측은 온갖 궤변과 선동을 일삼았고, 그것이 국민 일부에 대한 선동 효과를 부추기며 '준내전 상태의 초입까지 가는 건 아닌가?' 하는 걱정을 불러일으켰습니다. 그러나 그가 공개적으로 자행한 계엄 실행, 내란 실행의 명백한 증거를 감추거나 왜곡하기란 불가능했습니다. 법원의 전대미문의 구속 취소 결정과 검찰의 전대미문의 즉시 항고 포기로 우두머리는 잠시 석방되었습니다만, 형사 재판의 수레바퀴는 멈춤 없이 진행될 것이고, 죄질에 상응하는 준엄한 처벌은 필연적입니다. 마침내 헌법재판소의 결정이 내려졌습니다. 역대 대통령에 대한 두 번째 결정입니다.

"피청구인 대통령 박근혜를 파면한다." (2017년 3월 10일)

"피청구인 대통령 윤석열을 파면한다." (2025년 4월 4일)

국민이 선출한 대통령, 행정부 수반이자 군 통수권자인 현직 대통령의 탄핵은 매우 어려운 과정입니다. 국민의 신임을 완전히 배반하고, 헌법과 법률에 대해 중대한 위반을 한 자에 대하여는 더 이상 대통령직을 유지케 할 수 없다는 국민의 "F" 성적표가 대통령 탄핵입니다. 그간의 경험으로도 대통령 탄핵은 3개월 이상 소요되는데다, 수많은 관문을 넘어서고 돌파해야 하는 긴 과정입니다. 국민들도 여러 갈래로 쪼개지고, 정치적 장난질이 쉴 새 없이 끼어드는 어지러운 정국이 펼쳐집니다. 하지만 탄핵 소추-심판 과정을 궁극적으로 이끄는 힘은 국회나 정당이나 헌법재판소가 아니라, 국민의 판단이고 국민의 역량이라 생각합니다. 대통령에 대한 두 차례의 탄핵은 한국 정치의 실패를 드러내는 장면이 아니라, "유구한 역사와 전통에 빛나는 우리들 대한 국민" 주권자의 주권 재확인이고, 국민들이 헌법 수호자로서의 역량을 제대로 발휘한 결과라 생각합니다.

이 책은 계엄과 탄핵 국면에서 제가 올린 글과 그동안의 강연·대화를 기초로 묶은 이야기입니다. 계엄 선포로부터 30분이 채 지나지 않아 첫 글을 페이스북에 올렸습니다. 제목은 〈대통령의 헌법 파괴〉였습니다. 대통령의 계엄 선포는 위법·불법한 내란 범죄에 해당하며, 국회가 계엄 해제 요구를 결의하면 대통령은 반드시 응해야 한다는 강력한 경고를 담았습니다. 이후 국면 국면마다 페이스북에 글을 올렸고, 독자들의 화답을 통해 많이 배울 수 있었습니다. 긴박한 상황에서 국회 토론회에서 여러 번 좌장 역할을 맡아 토론을 진행했습니다. 시민들의 모임에서도 강연 겸 대화를 나누었습니다. 언론인들의 질문도 반영하고자 했습니다. 여러 곳의 모임에서 우리 시민들의 헌법·법률 조문 및 헌법 정신에 대한 지적 열망을 확인하고 궁금증의 맥점을 파악할 수 있었습니다. 구체적으로는 인권플러스, 청년정책네트워크, 새길모임, 대학생 집담회, 형사정책학회를 비롯한 학술 모임에서 대화하고 교류하면서 오고 간 지식들을 정리해 봤습니다. 이 국면의 주제어가 계엄·내란·탄핵이기에 책의 제목을 '계엄과 내란을 넘어'라고 붙였습니다. 온전한 민주주의를 갈망하는 시민들과 함께 나눈 헌법을 소재로 한 대화이기에 '국민이 써 내려간 헌법 이야기'란 부제를 달았습니다. 여러 곳에서 오고 간 강연, 대화의 말과 글을 자료로 하여 한 권의 책으로 다시 펴냅니다. 하나의 강연 형태지만, 발화의 시점은 12월, 1월, 2월, 3월, 4월로 각각 나누어 읽을 것이 요청됩니다. 아마존의나비 오성준 대표의 요청과 편집에 크게 의존했고, 지민아 학생은 강연의 말을 글로 풀어 주었습니다.

한국형사·법무정책연구원의 김대근 박사는 수시로 방향에 대해 조언해 주고 "한 걸음 더 디뎌보기"를 통해 학술적 내용을 보충해 주었습니다. 역사의 현장을 혼자 카메라를 들고 기록하는 미디오 몽구는 나의 이야기에 흔쾌히 사진을 쓰라며 가지고 있던 영상을 통으로 제공해 주었습니다. 이 책은 이렇게 페북, 강연, 모임을 통해 형성된 집단 지성 및 관심 교환의 산물입니다. 저로서는, 정년 이후 '시민의 바다'에서 함께 나아가겠다는 다짐의 첫 결실이기도 합니다.

　　탄핵의 시점은 봄의 도래와 같습니다. 봄에는 만물이 소생하고, 백화가 만발합니다. 그런데 이것이 저절로 이루어지는 것은 아닙니다. 겨울의 냉기를 녹이고, 자신의 생명을 피워 내려는 안간힘들이 모여 함께 봄을 열어 냅니다. 온 산야에 가득한 봄의 향기를 만끽할 때, 한 생명 한 생명의 치열함과 간절함을 그 속에서 느끼면 좋겠습니다. 마찬가지로 우리 민주주의의 봄은 이 땅의 시민 한 분 한 분의 치열함과 간절함의 결집체라고 생각합니다. 함께 봄을 만들어 가는 나날이 되기를 소망합니다.

2025년 4월

한인섭 씀

차례

계엄과 내란을 넘어_국민이 써 내려간 헌법 이야기

1

역사를 만드는 나날

2024.11.23. 막바지 가을에 고즈넉한 산책길

계엄과 내란을 넘어_국민이 써 내려간 헌법 이야기

2024.11.27. 이른 폭설로 하얗게 눈 덮인 캠퍼스

역사를 살아 가는 나날

안녕하세요. 한인섭이라고 합니다. 서울대학교에서 법학도를 가르치는 선생이고, 주 전공은 형사법(형사정책)입니다. 평소 여유 시간에 가까운 곳에 산책하며 자연을 벗삼아 괜찮은 풍경을 찍어 페이스북에 올리는 것을 소소한 낙으로 삼으며, 살아가면서 느낀 단상을 가끔씩 페이스북에 포스팅하고는 했어요. 물론 시사적인 의견도 가끔 올리고요. 제 페이스북에 올린 사진 두 장을 앞 페이지에 소개했습니다. 날짜를 보면 2024년 11월 23일, 11월 27일입니다. 11월 27일에는 눈이 엄청 왔어요.

그리고 12월 3일 낮, 제가 있는 대학 캠퍼스 연못에 눈과 얼음이 겨울 단풍과 어울린 풍경이 정말 좋았습니다. 물론 일상에 여러 고통과 어려움이 있지만, 우리는 이렇게 일상을 살아가잖아요. 저도 주로 법학 관련 논문과 글을 쓰고, 이처럼 가끔은 산책하며 사진 찍기를 즐기는, 그런 평이로운 일상을 지냅니다.

그런데 지금 돌아보니 제 논문 쓰는 작업이 12월 3일 밤에 딱 멈춘 채, 한 달 이상 진도가 하나도 안 나갔더라고요. 나갈 수가 없죠. 우리는 지금 시시각각 변하는 세상을 살고 있잖아요. 하루 단위도 아니고 '시시각각'이라는 말이 실감나는 지금이에요.

달리 이야기하자면, 우리 모두는 현재 '진짜 역사'를 살아가고 있는 거예요. 대개는 세계사, 한국사 등을 공부하면서 쭈욱 살펴보는 것을 '역사'라 이해하게 되는데, 실제로 '내가 역사를 살아가는구나' 하는 느낌을 갖는 시대, 시점이 있어요. 그냥 나날의 일상을 영위하는 게 아니라, '내가, 우리가, 정말 역사를 이렇게 만들어가고 있다'는 느낌을 갖는 시기 말입니다. 돌연히 계엄이 선포되고, 의원들이 국회 담을 뛰어넘고, 시민들이 국회로 달려와 둘러쌀 때, 그때가 바로 우리 모두가 역사를 만들어 가는 순간이었습니다, 우리는 지금 이런 역사적 순간, 역사적 시간의 한복판에 살고 있다, 이렇게 생각합니다.

12월 3일 이후에는 앞에서 보여드린 사진 속 멋진 풍경들이 눈에 하나도 안 들어오는 거예요? 머릿속에 다른 생각이 지배하고 있으니 아무리 예쁜 풍경도 눈에 안 들어오게 되더군요, 계엄 다음 날에 이 사진을 찍었던 그 장소에 갔던들 전혀 눈에 들어올 리 없는 '시선', 이런 게 우리의 이성이 아닌가 생각합니다.

가짜 뉴스? 미친 거 아냐?

2024년 12월 3일 밤 10시 30분, 비상계엄 소식을 처음 들었을 때 여러분들의 느낌은 어떠했습니까? 비상계엄이라는 말을 처음 듣거나 미디어를 통해 보았던 당시의 느낌을 각자 들어 보았습니다.

"또 가짜 뉴스."

"이거 완전 미친 거 아닌가."

"이제 집 밖에 못 나가는 건가?"

"한마디로 에이…, 그랬어요."

"시대가 언젠데, 지금?"

"자다가 들었는데요. 이… 미친, 미친, 미친….."

"자격증 시험 준비하다 집으로 들어갔습니다. 그런데 카카오톡으로 10시 반쯤 그 소식을 접했습니다. 짧은 시간, '전쟁이 일어난 건가? 예비군으로 동원되는 거 아니야?' 하고 생각했습니다."

맞습니다. '예비군 신분'이란 단어에 잠시 주목합시다. 계엄은 전시 상태를 의미합니다. 민정에서 군정으로 넘어가는 거예요. 국가의 시스템은 헌법이 규정한 민주주의적 질서하에서 여러 입법·행정·사법 장치들이 맞물려 돌아갑니다. 그런데 이 모든 것을 일거에 중단시키고 군이 국가의 모든 시스템을 처음부터 끝까지 통제하고 이끌어가는 게 계엄이에요. 그러니 비상계엄 선포 소식에 '어, 예비군 끌려 가야 하는 거 아니야?' 생각할 수 있겠죠.

> "집에서 같이 놀던 친구를 막 집으로 보내고 뉴스를 보는데 계엄령 선포 소식이 긴급으로 뜨는 거예요. 속보를 보자마자 두려움에 '친구를 다시 집으로 들어오라고 해야 되는 거 아닐까?' 하는 생각이 먼저 들었어요. 밖에 나다니면 안 될 것 같다는 생각이 들었어요. 무서워서요. 친구가 다칠까 봐. 영화나 책에서 봤던 과거 계엄 상황을 떠올리면 계엄군들이 길을 걸어가는 시민을 향해 폭력을 가해도 아무런 저항도 할 수 없었다고 하니까요."

맞습니다. 앞서의 느낌들과 같이 당시 그 이야기를 들었을 때의 첫 반응들은 대체로 비슷하더라구요. 가짜 뉴스 아냐? 미친 거 아냐? 그러다 아, 심각하다. 이렇게 전개되어요.

2024년 12월 3일부터의 나날은, 너무도 빨랐어요. 시시각각 변화무쌍하게 돌아가, 한 달치를 뒤돌아보니 너무 많은 상황 변화 탓에 정신을 못 차릴 지경입니다. 그래서 이것을 1월 15일까지 날짜별로 정리해 봤습니다. 1월 15일을 한 기준점으로 잡은 것은 그날 윤석열 대통령이 자유의 몸이 아니라, **체포**된 날이거든요. 언론사 기자들도 이렇게 급변

일자	내용
2024. 12.03	• 윤석열 대통령, 비상계엄 선포. 계엄사령관에 육군대장 박안수 육군참모총장 임명 → 계엄사령부 포고령 제1호 발표(23:00)
12.04	• 국회, 비상계엄 해제 요구안 가결(재석 190인 전원 찬성) → 국회의장 계엄령 선포 무효 발표. • 윤 대통령, 비상계엄 선포 해제 생중계 방송. 국무회의, 계엄 해제안 의결 • 더불어민주당, 시민 단체, 윤 대통령 내란 혐의 공수처 고발 및 탄핵 추진 발표
12.05	• 윤석열 탄핵안 국회 본회의 보고 • 국민의힘, 의원총회서 윤석열 탄핵 반대 당론 추인 • 최재해 감사원장, 이창수 서울중앙지검장 등 3인 탄핵안 국회 본회의 상정, 가결 • 공수처, 윤석열 내란 혐의 고발 사건 수사 4부 배당
12.06	• 국민의힘, 긴급 의원총회─윤석열 탄핵 소추안 반대 당론 유지
12.07	• 윤석열, 계엄 관련 대국민 담화─"임기 문제 포함 향후 정국 안정 방안 '우리 당'에 위임" • 국민의힘, 의총서 윤석열 탄핵안 표결 불참 결정 • 윤석열 탄핵 소추안 투표 불성립(재적의원 300인 중 195명 표결 참여─재적 2/3에 미달)으로 자동 폐기
12.08	• 한덕수 국무총리─한동훈 국민의힘 대표 회동 후 대국민 담화─"대통령 퇴진까지 총리가 당과 긴밀히 협의해 국정을 차질 없이 챙길 것." 공수처, 검찰·경찰에 비상계엄 사건 이첩 요구
12.09	• 공수처, 비상계엄 수사 TF 구성, 윤석열 출국 금지 → 법무부, 출국 금지
12.11	• 공수처·경찰청 국가수사본부·국방부 조사본부 → 공조수사본부 구성
12.12	• 윤석열, 계엄 선포 관련 2차 대국민 담화 → 12·3 비상계엄 결정 정당화, "저를 탄핵하든, 수사하든 이에 당당히 맞설 것" • 한동훈 국민의힘 대표 기자 회견 → 탄핵 찬성 입장 공식화 • 국민의힘 의원총회 → 권성동 원내대표 선출 • 야 6당, 두 번째 윤석열 탄핵 소추안 발의
12.13	• 국회 본회의, 2차 윤석열 탄핵 소추안 보고
12.14	• 윤석열 2차 탄핵 소추안 국회 본회의 가결: 재적의원 300인 중 찬성 204, 반대 85, 기권 3, 무표 8표
12.17	• 공수처, 윤석열 1차 소환 통보
12.18	• 개검, 윤석열 내란 혐의 사건 공수처 이첩. 윤석열, 공수처 1차 소환 불응
12.20	• 공수처, 윤석열 2차 소환 통보
12.25	• 윤석열, 공수처 2차 소환 불응
12.26	• 공수처, 윤석열 3차 소환 통보
12.27	• 헌법재판소, 윤석열 탄핵 심판 1차 변론 준비 기일
12.29	• 윤석열, 공수처 3차 소환 불응
12.30	• 공수처, 윤석열 체포·수색 영장 발부
2025. 1.02	• 윤석열 측, 공수처 체포 영장 집행 이의 신청
1.03	• 공수처, 윤석열 체포 영장 집행 시도 → 한남동 공관에서 경호처와 5시간 대치 끝 집행 불발
1.05	• 서울서부지방법원, 윤석열 체포 영장 집행 이의 신청 기각
1.06	• 공수처, 윤석열 체포 영장 재청구
1.07	• 서울서부지법, 윤석열 2차 체포 영장 발부
1.14	• 헌법재판소, 윤석열 탄핵 심판 1차 변론 기일 → 윤석열 불출석
1.15	• 공수처, 윤석열 체포 영장 집행 → 내란 우두머리 혐의

하는 정세 속에서는 정신을 못 차릴 거예요. 그러니 언론사 별로도 이렇게 정비된 일지들이 쏟아져요. 우리는 지금 이렇게 정신없이 진행되고 있는 '역사의 나날'을 살아가고 있습니다.

계엄 트라우마

이제 제 경험을 말해 보겠습니다. 1979년 10월 26일 김재규 중앙정보부장의 박정희 대통령 살해 직후 정부가 계엄령을 선포했습니다. 그러다 1980년 5월 17일, 전두환 군부에 의해 그 비상계엄이 전국으로 확대됩니다. 이른바 '비상계엄 전국 확대'라는 계엄 포고령 제10호를 공표한 것입니다. 1980년 당시 저는 대학 4학년이었어요. 대학가에서는 그해 3월부터 5월까지 내내 "비상계엄 철폐하라!", "민주 정부 수립하자!"는 시위가 있었어요. 5월 17일, 비상계엄 전국 확대를 발표하던 그 시간에 군대가 서울대 캠퍼스 안으로 바로 진입해 들어왔습니다. 그때가 밤 늦은 시간이었으니 학생들이 어디에 제일 많이 있었겠어요. 그 밤에 캠퍼스 안의 학생들은 거의 기숙사에 있었습니다. 갑자기 들이닥친 계엄군들이 기숙사를 포위하고 눈에 보이는 대로 학생들을 잡아들이고는 현장에서 무조건 팼습니다. 시위에 가담하거나 시위를 주동했거나 하는 조사, 그런 거에 전혀 관계 없이 일단 무조건 패고 보는 거예요. 취침 무렵이었을 테니 옷이나 제대로 입었겠습니까. 팬티 바람, 잠옷 바람의 학생들을 모두 잡아다 일단 마구 패 꼼짝 못 하게 만든 후 귀가 조치하고 학교 문을 닫아 버렸어요. 언제 열리는 지 기약도 없어요. 5월 17일 밤부터 10월 14일까지 대학 문을 폐쇄해 버린 거예요.

포고문

1. 1979년 10월 27일에 선포한 비상계엄이 계엄법 제8조 규정에 의하여 1980년 5월 17일 24시를 기하여 그 시행 지역을 대한민국 전 지역으로 변경함에 따라 현재 발효 중인 포고를 다음과 같이 변경한다.

2. 국가의 안전 보장과 공공의 안녕 질서를 유지하기 위하여

  가. 모든 정치 활동을 중지하며 정치 목적의 옥내외 집회 및 시위를 일체 금한다. 정치 활동 목적이 아닌 옥내외 집회는 신고를 하여야 한다. 단, 관혼상제와 의례적인 비정치적 순수 종교 행사의 경우는 예외로 하되 정치적 발언을 일체 불허한다.

  나. 언론 출판 보도 및 방송은 사전 검열을 받아야 한다.

  다. 각 대학(전문대학 포함)은 당분간 휴교 조치한다.

  라. 정당한 이유 없는 직장 이탈이나 태업 및 파업 행위를 일체 금한다.

  마. 유언비어의 날조 및 유포를 금한다. 유언비어가 아닐지라도 ① 전·현직 국가 원수를 모독 비방하는 행위 ② 북괴와 동일한 주장 및 용어를 사용 ③ 공공 집회에서 목적 이외의 선동적 발언 및 질서를 문란시키는 행위는 일체 불허한다.

  바. 국민의 일상생활과 정상적 경제 활동의 자유는 보장한다.

  사. 외국인의 출입국과 국내 여행 등 활동의 자유는 최대한 보장한다.

본 포고를 위반한 자는 영장 없이 체포·구금·수색하며 엄중 처단한다.

1980년 5월 17일
계엄사령관 육군대장 이희성

공식 자료를 확인해 보니 5월 17일에 전국 대학 휴교령이 발령되었네요. 이 휴교령은 8월 28일 104일만에 해제되었습니다. 그런데 제 기억으로는 해제된 이후에도 학교에 들어가지 못했어요. 10월 중순까지는 가정 학습 등의 명목으로 등교도 못하고 대충 때웠어요. 휴교령이 내려져 수업을 못 했지만 학기 성적은 매겨야 하는데, 성적을 매길 방법이 없잖아요. 그래서 10월 15일, 대학 문을 개방하면서 한 주 동안의 수업을 1학기로 간주한다 한 거예요. 그러니 선생들조차 그 한 주 동안 할 수 있는 일이 뭐가 있었겠습니까. 학생들에게 "여러분들, 형법 과목 수강했죠? 주제가 뭐든지 상관없으니 리포트 하나씩 제출하세요." 그렇게 1주일 지나고 1학기 학점 매겼습니다. 그렇게 주말까지 1학기를 마치고 다음 주 월요일부터 2학기가 시작되었습니다.

그해 12월 첫 주에 시위가 다시 시작되었습니다. 그러자 정부는 또 대학 문을 폐쇄해 버렸습니다. 뿐만 아니라 이후 수많은 학생들이 연행되고 대학에서 제적되었습니다. 한참 후에 제가 서울대 민주화운동을 정리하면서 학교에 지금까지의 학사 제적 통계를 달라고 갖은 노력을 다해 받아 정리해 보니 그해, 1980년이 가장 제적이 많았던 거예요. 1980년 한 해에만 100명 이상의 학생이 '그냥' 제적되었습니다. 어떻게 제적되었냐고요. 유신 정권 반대 데모로 학사 제적되었다가 복학한 학생들은 우선 짤렸고요. 단과대학별로 할당이 떨어졌어요. 인문대 몇 명, 사회대 몇 명, 법대 몇 명, 이렇게 말이에요. 그럼 어떻게 그 학생들을 선별했느냐. 학생회장, 부회장 등등 학생회 간부급 순으로 한 거예요. 그 순서 중 앞에 누군가 빠지면 다음 간부 순으로 끼워 넣어 숫자를 맞춰 제적 처리한 거예요. 그 사람들이 1984년 들어서야 복학 처리되었어요.

당시에는 경찰이 학내에 상주했습니다. 경찰 부대가 캠퍼스에 진주하여 3년간 학내에서 같이 살았습니다. 이게 계엄입니다. 학생들의 자치 활동, 자율적 세미나 이런 활동은 일체 금지되었습니다. 그러니 1980년에 그 계엄을 체험했던 대학생들, 또 사회인들은 '계엄'이란 단어만으로도 엄청난 위압감과 더불어 뭔지 모를 공포감이 트라우마처럼 재생되는 것입니다.

1995년도 하반기 들어 그 사람들 전두환, 노태우 등이 비로소 처벌되었죠. 하지만 그 처벌 과정이 결코 순탄치만은 않아, 수많은 난관을 통해 이루어졌습니다. 1995년은 제가 막 서울대 교수에 부임한 해였습니다. 직전 해인 1994년 10월에 전 육군참모총장 정승화 등이 영화 '서울의 봄'의 소재가 되었던 '12·12 군사 반란'에 대한 고소 고발 건을 수사한 검찰이 불기소 처분을 내렸어요. 그 이유가 너무도 허망한 것이었습니다.

"명백한 군사 반란이지만, 이들을 기소할 경우 불필요한 국력을 소모할 우려가 있다."

그리고 이어진 5·17 비상계엄 전국 확대, 5·18 광주 학살 등에 대한 고소 고발 건에 대해서는 '공소권 없음' 하고 덮어 버리려 했어요. 그때 내세운 논리가 우리가 익히 아는 바 그것입니다.

"성공한 쿠데타는 처벌할 수 없다."

비상계엄 확대를 직접 겪은 지 15년이 지나 형사법을 전공하고 학생을 가르치는 학자가 되어 돌아온 저로서는 '5·18 학살자들이 이렇게 처리되어 끝내서는 안 된다. 이렇게 되어서는 내가 학생들 앞에 설 낯이

> ▶ **1980년 5·17 비상계엄 전국 확대 후 대학에 취해진 조치**
>
> 1. 전국 대학 휴교령: 5.17~10.14
> 2. 서울대학 기숙사생 무조건 구타 후 전원 귀가 조치
> 3. 항의 시위에 따른 연행과 제적 사태 확대
> 4. 기관원 및 경찰 대학 상주(3년간)
>
> ▶ **비상계엄 전국 확대 후 광주 5·18 일지**
>
> 5.18~19: 계엄군의 시위대에 대한 무차별 난타 및 연행
> 5.20: 시민 항쟁으로 확대
> 5.21: 계엄군의 집단 발포와 광주 시민 학살
> 5.22~24: 광주 외곽 지역 주민 학살
> 5.27: 계엄군 도청 재진입 및 시민군 사살
> 5.27 이후: 시위대 및 광주 시민들 상무대 영창 입감 및 계엄법 위반으로 처벌

한 걸음 더 디뎌 볼까요

▶ **대한민국 정부 수립 이후 우리나라에서 비상계엄이 선포된 사례는 다음과 같다.**

- 1948년 여수·순천 사건
- 1948년 제주4.3
- 1950년 한국전쟁(3차례)
- 1952년 부산 정치 파동
- 1960년 4·19혁명
- 1961년 5·16군사쿠데타
- 1964년 6·3사태
- 1972년 10월유신
- 1979년 10월 부마민주항쟁
- 1979년 10·26사태
- 1980년 5·17 비상계엄 전국 확대
- 2024년 12·3 윤석열의 비상계엄

없다', '적어도 학문적으로는 검찰의 처분이 완전히 잘못되었으며, 이 사람들은 반드시 처벌받아야 한다'는 생각에 이들에 대한 법적 처벌을 위해 선배·동료 교수들과 열심히 연구하고 투쟁했습니다.

"국가 폭력의 책임자, 내란·반란의 수괴들이 처벌받는 선례를 만들지 않고서는 한국의 현재와 미래는 없다."

이렇게 함께 결의하여 노력한 끝에 『5·18 법적 책임과 역사적 책임』이라는 책을 펴 냈습니다. 그로부터 약 6개월 후에 우리가 쓴 책을 참고하여 검찰이 재기소함으로써 유죄 판결을 이끌어 낼 수 있었습니다. 그랬기에 제가 지금 이 자리에서 여러분들 앞에서 이야기할 수 있는 것입니다.

『5·18 법적 책임과 역사적 책임』
박은정·한인섭 엮음,
이화여자대학교 출판부, 1995년

과거가 살린 현재

1980년 5월, 당시 광주 시민들의 슬픈 희생은 역사적 패배인가? 결코 그렇지 않습니다. 목숨 걸고 싸웠던 광주의 엄청난 희생이 결국 이후에 내란·반란 범죄자들의 처벌로 이어지게 만들었습니다. 1987년 6월 항쟁 당시에 서울, 부산, 광주 등 전국적으로 시민들이 궐기했습니다. 특히 부산에서는 6월 18~19일에 걸쳐 부산 시내 주요 도로를 시민들이 밤새도록 점령했습니다. 그것을 막을 방법은 당시로선 군대를 투

국회 진입을 시도하는 계엄군

국회 본청에 진입한 계엄군

계엄 해제 의결 후 철군하는 계엄군

ⓒ 미디어 몽구

계엄과 내란을 넘어_국민이 써 내려간 헌법 이야기

계엄 해제 후 기자 회견을 하는 더불어민주당 이재명 대표

계엄 해제 후 기자 회견을 하는 조국혁신당 조국 대표

계엄 해제 다음날 헬기 착륙을 막기 위해 국회 잔디밭에 세워진 차량들

ⓒ 미디어 몽구

[5·18 소년, 온 국민이 되어 온다.]

두어 시간 후면, 한강 작가의 노벨상 수상식이 열립니다. 이 시간은 모두 마음을 모아 함께 기뻐합시다. 큰 상을 수상해서가 아니라, 그가 쓴 글 하나하나가 고통 속에서 길어 올려 인간의 숭고함을, 그리고 불의에 대한 항쟁의 가치를 더없이 깊숙하게 일깨우니까요. 다시 『소년이 온다』와 5·18을 함께 떠올립니다.

- ➤ 1980년 전두환 계엄군의 전국 투입에 대해 광주 시민들이 목숨 걸고 저항했다. 그 소년도, 그 친구 소년도, 죽을 곳에 터 잡아 죽음을 선택했다.
- ➤ 정치 군부는 시민 저항을 겨우 진압했지만 막대한 희생을 동반할 계엄령은 더 이상 불가능할 것임을 교훈으로 남겼다. 그리하여 1981년 이래 계엄령은 발동되지 못했다. 어느 대통령도 감히 시도하지 못한 짓을 윤(尹)이 서슴없이 저질렀다.
- ➤ 전두환·노태우 대통령과 군 수뇌부도 내란죄·군사반란죄로 처벌받았다. 5·18 재판은 누구도 형사 책임을 면치 못한다는 중대한 선례를 만들어 냈다. 윤(尹)과 그 하수인들도 지금 준엄한 처벌 앞에 놓여 있다. 당시 판례는 현재의 내란 집단을 옥죄고 있다.
- ➤ 계엄 병력은 국회를 점령하여 국회 기능을 불가능케 하려 들었는데, 1980년 전두환이 그랬다가 내란죄로 처벌받았다. 국회를 폐쇄하거나 투표를 봉쇄하면 그 자체로 내란죄가 됨을 판례로 남겼다.
- ➤ 윤석열의 위헌·불법인 계엄령 선포, 군의 국회 내 투입, 계엄 포고령(국회를 정지한다) 모두 탄핵 사유이고 형사 처벌의 대상이다. 내란죄는 대통령 재임 중에도 처벌 사유다. 곧바로 구속 영장 발부가 가능하고, 내란 특검도 가능하다. 이제 그 죗값을 치르는 과정에 온 국민이 관여할 것이다.
- ➤ 헌정 불안정을 신속히 극복하기 위해서는 대통령을 즉각 탄핵해야 한다. 다른 시도는 속이 빤한 '황당 꼼수'다.

한강의 노벨 문학상 수상을 통해, 5·18의 그 소년들이 전남 도청에서 전 세계로 퍼져 간다. 군대 동원 친위 쿠데타를 3시간 만에 잠재워 버리는 국민들과 그 의원들의 놀라운 역량을 보라. 그리고 엉겁결에 동원되었지만, 군인들 또한 참회의 눈물을 쏟아 내고, 폭로 제보가 홍수를 이루는 장면을 보라. 1980년의 그 군대에서는 도저히 기대할 수 없었던…. 우리의 민주 나무는 이만큼 자란 것이다.

5·18의 소년들이, 이젠 전 국민들의 가슴에서 고통친다. "소년이 온다." 그것도 한둘이 아닌 주권자, 헌정 수호자인 국민 속으로. 한강의 문학적 표현으로 섬세하게, 불편하게, 아프게 찌른 그 자극이 우리의 가슴속에 메아리친다. 5·18 소년, 그 모든 희생자들을 광야에서 목 놓아 부르는 마음으로 광장이 채워진다. 한강 작가의 매개를 통해 우리는 과거와 현재가 만나고, 한국과 세계가 만난다. 소년들이, 지금 스웨덴과 전 세계에서 함께 떠오르고 있다.

[수치 vs. 자랑]

흔히 12·3 내란 계엄에 대해 나라가 수치스럽다고들 합니다. 정확히 말해, 수치스러운 건 그런 대통령이고, 그런 대통령을 뽑은 일입니다. 12·3 내란 저지는 우리 국민과 국회의 자랑스러운 민주 위업이었습니다. 군사 쿠데타가 일어나는 나라 많고, 대통령의 친위 쿠데타 또한 세계적으로 적지는 않습니다. 전 세계적으로 친위 쿠데타의 성공률은 90% 이상이라 합니다. 그런데, 우리는 대통령의 군·경을 동원한 내란 계엄 쿠데타를 150분 이내에 제압했습니다.

국민은 국회를 지켰고! 국회는 국민을 지켰습니다!

이런 나라 없습니다. 그렇기에 자랑스러운 건 우리 국민이고, 우리 국회의원들입니다. 그 자랑스러운 자부심 가득 안고 저들의 각종 궤변, 요설, 책략, 엄포, 어거지를 확 눌러 버립시다. 무슨 명분을 잔뜩 늘어놓았지만, 그런 주장은 사실 관계에 맞지도 않고, 주장하는 법리 또한 시대착오적입니다. 자신이 임명한 국무위원 누구의 동의도 받지 못했고, 지금은 어떤 군인의 지지도 받지 못하고 있는 형편인데다, 어느 한 곳 우방국의 지지도 받지 못합니다. 우리가 쫄지 않고 당당한 만큼 저들이 쪼그라듭니다.

지난 4월 총선에서 윤의 폭정을 확실히 제압했더니 윤은 망상적 자기 덫에 걸려 몸부림치다 내란 계엄 쿠데타의 폭거를 자행했고, 이를 "간단히! 확실하게!" 제압한 우리 국민은 이번 12·14 국회의 탄핵 소추를 성사시켜 낼 것입니다. 참여하는 시민들이, 세상을 바꿉니다. 폭군을 추방, 방벌(放伐)하는 건 민주 시민의 책무이자 보람입니다.

"미네르바의 올빼미는 황혼이 저물어야 그 날개를 편다"라고 하지만 우리는 더 이상 황혼을 기다릴 수 없다. 이제 모든 공직자들은 폭군을 제거하기 위하여 형사 사법권을 행사하고 탄핵 절차를 신속히 마무리해야 한다. 우리 법철학자들은 법을 통해 인간의 자유와 권리를 보장할 수 있다는 법치주의의 이상을 엄중히 수호할 것을 선언하며 법과 정의의 이름으로 폭군을 추방하는 대열에 동참하고자 한다."

〈2024년 12월 13일 한국법철학회 성명서 中〉

입하는 방법밖에 없었어요. 경찰력은 이미 한계에 이르렀으니까요. 전두환은 다시 군을 동원하여 진압하려 했지만 군 내부에서 거부의 목소리가 나오고, 사전에 낌새를 챈 미국 측으로부터도 절대 군 병력 동원은 안 된다는 신호를 받았죠. 80년 5월 광주의 탄압 방식을 서울, 부산 등 전국적으로 재현하려는 시도는 군 내부에서도 받아 들이기 힘들었고, 국민들도 더 이상 용납하지 않을 것이라는 엄중한 인식 탓에 계엄을 선포하지 못했던 것입니다.

그러니 1980년 광주의 희생은 단순한 희생이 아니라, 미래의 계엄과 같은 군대 동원과 내란 사태를 결정적으로 막게 해 준 위대한 발걸음이었습니다. 비록 늦은 감은 없지 않지만 1995년 들어 당시 내란의 주범들을 처벌받게 함으로써 시민의식을 성숙시켰고, 2024년 12·3 내란에 대해 전 국민들이 '안 돼!' 하며 거부한 결과, 마침내 오늘의 성과를 이끌어낸 원동력이 되었습니다.

2024년 12월 3일 22시 28분, 대통령의 비상계엄 선포!

과거의 경험상 이 정도 되었으면 상황은 내란 세력들이 의도한 대로 정리되었을 텐데, 놀랍게도 그로부터 두 시간 반 뒤에 국회가 계엄을 해제해 버렸습니다. 실패하기 쉽지 않은 '친위 쿠데타'를 두 시간 반만에 무위로 돌려버린 것이죠. 국민과 국회가 모처럼 단합해 '국민이 국회를 지키고, 국회가 국민을 지킨' 놀라운 역사를 우리 모두 고스란히 지켜봤습니다. 아마 국회에 대한 국민 신뢰도가 이처럼 높았던 적은 유사 이래 처음일 것입니다. 국가 기관의 신뢰도를 국민들에게 물어보면, 보통은 헌법재판소가 제일 높고, 그 다음 대법원으로 국회는 늘 꼴찌 언저리를 맴돌았었어요. 그런데 이번 내란 정국에서 국회의 신뢰도가 제일 높아졌어요.

부끄럽다고? 당당하고 즐겁게

일반적으로 '상당히 정립된 민주주의 모델 국가인 대한민국에서, 그것도 21세기 대명천지에 이런 일이 일어났다는 게 정말 창피해'라고 생각할 수 있습니다. 하지만 저는 이 과정을 거치며 절대 그렇게 생각할 필요가 없다고 강조합니다. 어느 나라마다 윤(尹)과 같은 미친 권력자는 있을 수 있잖아요. 모든 사람들이 전부 저나 여러분 같지는 않을 테니까요. 그럼에도 그 미친 자가 만들어 낸 미친 짓을 두 시간 반만에 제자리로 돌려 놓아 버릴 수 있는 나라, 전 세계 어디에 있습니까?

다른 나라 사람에게 물어봐요. 이런 위기 상황 속에서, 그 위기를 총칼이 아니라 국민들이 맨몸으로, 슬리퍼 차림으로 현장으로 달려가고, 국회의원들이 목숨걸고 내달려 국회 담장까지 넘어가며 두 시간 반만에 대통령의 계엄을 제압해 버리는 나라는 세상에 없습니다. 그러고 나서도 사태 수습을 요구하는 거리 시위가 날마다 이어졌지만 누가 부상을 당했다거나 사망했다는 보도, 어디에도 없잖아요. 계엄군들이야 국회 유리창이라도 몇 장 깼지만 우리 시민들은 유리창 한 장 깬 적이 없잖아요. 그래서 누군가 "외국 친구, 외국 관광객이 두려워 한국에 안 들어 오려 한다" 하면 저는 이렇게 말해요,

"무슨 소리냐. 지금 당장 와서 봐라. 엄청나게 좋은 구경거리가 있다. 주말마다 몇 십만 명이 자생적으로 축제판을 벌이고, 온 거리에 K-팝이 넘실거리는 현장에 동참하는 일이 얼마나 재미있고 신나는 경험인데. 더군다나 한국은 가장 안전한 나라다. 이때 안 오면 이 진귀한 구경거리 다시는 볼 수 없을 거다. 딱히 목적이 없더라도 일부러라도 이 참에 꼭 와서 경험해라."

이렇게 말하는 게 맞지 않아요. 정말 의미 있는 사회적·정치적 체험일 것입니다.

한편으로 국민의힘 정치인들이 말이 막히면, '국격, 국격' 타령하며 괜히 사람들의 불안 심리를 건드리잖아요. 대통령을 체포, 심판하면 국격이 떨어진다, 그러니 그런 소리 하지 말라는 강요인 것이죠. 그런데 국격은 도대체 누가 떨어뜨렸는지, 그렇게 떨어진 국격을 끌어올린 사람들은 누구인지 생각해 보세요. 우리 시민들은 무도한 자들의 계엄이라는 극악한 책동을 두 시간 반 만에 무위로 돌려 버렸잖아요. 그 사실 하나만으로도 우리의 국격은 이미 엄청나게 올라간 것입니다. 더불어 야당 의석이 대통령 탄핵 의결 요건 200석에 못 미쳤는데, 기적적으로 204표의 찬성으로 국회에서 대통령 탄핵 소추를 의결하게 만들어 내고, 몇 십만 명이 모인 시위의 장을 축제로 만들어 내었습니다. 그러니 우리 시민들이 대한민국의 국격을 인류사적으로 끌어올렸다 자부해도 되는 것입니다.

이제 2025년에도 우리는 주권자 국민으로서 우리의 할 일을 따박따박 해 나가는 길이 바로 우리의 국격을 올리는 길이다, 모두 이렇게 생각해도 됩니다.

이것은, 대통령의 헌법 파괴다

계엄 선포 당시, 모두가 받은 첫 느낌은 앞에서 이야기했듯 다 비슷하죠. 저도 그랬어요.

'가짜 아냐, 진짜라면 이거 미친 거 아냐?'

그런 직후 바로 '이거 심각하네' 하는 생각이 들면서 1980년의 기억이 파노라마처럼 좌악 연상되는 거에요. 그때는 앞에서 말한 것처럼, 제가 대학 4학년 때였습니다. 그 80년대의 기억이 되살아나면서 '혹시 나도 잡혀갈지 모르는데, 집 밖으로 나가야 되나?' 이런 복잡한 감정과 함께 '나는, 우리는 지금 무엇을 해야 하나, 내 입장에서 당장에 해야 될 일이 무엇일까?' 하는 생각이 드는 거에요.

　　사실, 제가 다음달 2월이면 정년 퇴직을 해요. 지금 제 이야기가 책이 되어 나올 시점이면 명예교수가 되어 있겠네요. 그래서 생각했죠. 아니, 대학 시절 내 나이 이십대 초반에 그 무지막지한 전두환 독재하의 비상계엄을 겪었는데 정년 퇴직을 앞둔 지금, 다시 비상계엄 시대를 살아야 한다고! 내 남은 삶이 얼마나 될까 잠시 생각했습니다. 생각 끝에 이를 수 있는 답이야 자명하지 않겠습니까.

　　'그래, 한 판 부딪치는 거야. 싸워서 깨야지! 이 상황을 관용하거나 아무 일도 하지 않는다면, 나는 이 나라의 법학자, 혹은 학자, 혹은 자아로서의 자격이 없다.'

　　그러면 내가 뭘 해야 하지. 이미 TV나 유튜브에선 많은 사람들이 앞뒤 잴 새도 없이 국회로 뛰어가고, 야당 대표는 유튜브 생중계로 "시민 여러분들, 국회로 나와 주십시오" 요청하며 국회로 달려가고, 잠시 후에는 계엄군의 장갑차를 막아선 시민들, 국회를 봉쇄하고 있던 군·경들 앞에서 항의하는 시민들의 모습이 생중계되고 있는데, 저는 그렇게 행동 지향적 인간이 아닐뿐더러, 나이도 있잖아요. 그래서 '이 국면을 어떻게 타개하지?' 머릿속으로 생각했죠. 그리고 바로 페이스북에 법학자로서 80년 계엄을 직접 경험하고 그 내란의 주범들에 대한 단죄를 이끌어 낸 한 사람으로서 법적 판결을 단정적으로 규정하는 글을 올렸습니다.

[대통령의 헌법 파괴]라는 페이스북 포스팅은 계엄 소식을 들은 지 대략 25분 만에 올린 글입니다. 급하게 글을 쓰면서 생각했습니다.

'일단 짧은 문장으로 전달해야 한다. 시민들뿐 아니라 계엄에 동원 될 수 있는 사람들이 자신들의 행위가 어떤 문제를 불러일으킬 수 있는 지 직관적으로 이해할 수 있어야 한다.'

이러한 형식과 내용은 당시 저의 생각으로는 매우 중요한 문제였 습니다. 많은 사람들이 돌연하고 급격하게 전개된 당시 사태의 성격을 어떻게 규정하고, 어떻게 대응해야 될지 신속한 판단이 쉽지 않을 것이 기 때문입니다. 한마디로 25분 전의 윤(尹)의 행위가 어떤 것인지를 단 번에 규정할 수 있는 제목이 가장 중요하다는 생각에 "대통령의 헌법 파괴"라 제목 짓고 내용을 단순하게 요약하여 올렸습니다. 그리고 거의 매일 또는 하루에도 몇 번씩 상황에 대해 과거 경험자로서 또는 학자로 서, 시민의 일원으로서 설명하거나 해석하거나 느끼는 바를 글로 올렸 습니다.

[대통령의 헌법 파괴]

1. 1981년 후 43년만에 비상계엄 선포

2. 비상계엄 요건(전시·사변에 준하는) 도저히 성립 안 됨

3. 국회가 과반수로 계엄 해제 요구하면 대통령은 반드시 따라야 함

4. 의원들의 국회 출입을 막거나, 회의 소집을 막으면 그 자체로 내란죄 성립(5·18 재판의 판례, "헌법 국가 기관의 권능 행사를 불가능케" 하면 내란죄에 해당)

5. 대통령의 명으로 국회 기능을 불능케 하는 자(군·경)는 모두 내란죄의 공범이 됨

6. 계엄 선포로 대통령의 탄핵 사유 성립, 계엄 선포 자체가 내란 행위일 수 있음.

7. 어떤 공직자도 그에 동조하여 적극 행동하면 모두 형사 범죄로 다스려질 수 있으므로 경거동조하지 말 것(5·18 재판에서 군수뇌부가 처벌되었음)

경거동조하지 마라!

'1981년 후 43년 만에 선포된 것'이라는 역사적 관점을 시작으로 이번 비상계엄의 성격을 규정하고 우리가 해야 할 바를 급하게 요약했습니다. 비상계엄의 요건, 이 내용을 일반인들이 잘 모르는 것이야 당연하죠. 43년 전에 있었고, 다시는 일어나지 않을 것 같은 헌법 조항을 우리가 아는 게 더 이상한 거 아닌가요? 간단히 이야기하면 전시·사변이냐 아니냐, 또는 그에 준하는 상황이냐 하는 게 헌법이 엄격하게 정하는 계엄 선포의 요건입니다. 그러면 지금이 전시·사변이냐? 아니 지금이 무슨 전시·사변적 상황입니까? 국민 누구도, 아니 전 세계에 물어봐도 인정할 수 없는 말 아닙니까. 그러니 이 요건은 완벽히 성립 불가! 위헌!

그럼, 이제 국회는 무엇을 해야 되는가? 뒤에서 헌법 조항에 대해 다루겠지만, 헌법에는 "국회가 과반수로 계엄 해제를 요구하면 대통령은 반드시 따라야 한다"고 되어 있습니다. 그러면 이 조항을 미리 아는 계엄군들이 불법 명령에 의해 의원들의 국회 참석을 사전에 막아 버리면 되는 거 아닌가? 하지만 우리 헌법은 또 국회 의원들의 출입을 막거나 국회 소집을 막으면 그 자체로 내란죄가 성립하게 만들어 두었습니다. 내란 주동자나 내란에 부화뇌동하는 누군가는 항변하겠죠.

"아니, 그것은 당신의 개인적 주장에 불과한 것 아닌가?"

아닙니다. 앞에서 말씀드렸던 5·18 재판에서 헌법 기관의 권력 행사를 불가능케 하면, '이것이 곧 내란죄에 해당한다'는 판결이 이미 나와 있습니다. 저는 5·18 내란의 형법적 전문성에 있어서는 전문가라 자신합니다. 그에 관한 연구와 많은 글들을 써 왔기 때문에 자신 있게 바로 이 같은 결론을 내놓을 수 있었던 거예요.

그 다음 공직자들이나 군·경들 절대로 경거동조하지 마라. 그렇게 하는 순간 내란죄의 공범이 된다. 상부에서 시킨 대로 했다 해도 내란죄의 공범이 된다. 계엄 선포 자체가 대통령의 탄핵 사유가 성립되는 내란 행위이다. 그러니 어떤 공직자도, 내각에 있는 사람이건 군경이건 누구도 동조하거나 적극 행동하면 다 형사 범죄로 다스려질 수 있다고 경고했어요. '경거망동'이라 쓰려 했는데, '망동'이라 표현하면, 보는 당사자들이 안 좋아할까 봐 '경거동조'하지 말 것이라 하며, 그 근거로 5·18 재판 때 군 수뇌부들 모두 처벌되었다는 사실을 상기시켰습니다.

이 글을 페이스북에 올리자마자 앞서 풍경 사진 올릴 때 한 100개 정도 올라오던 '좋아요' 반응이 순식간에 920개가 달리고 420회의 공유로 퍼졌습니다. 이때부터 매국면마다 그에 따른 상황을 가장 쉽고 정확하게, 법을 알고 모르고에 상관없이 이해할 수 있는 글을 올려서 생각을 공유해야겠다고 생각했습니다.

[탄핵 소추해야]

1. 계엄사령부 포고문(제1호)는 국회의 정치 활동을 금한다고 규정하였다 → 이건 내란죄 구성 요건

2. 실제로 국회의 해제 요구를 막기 위한 목적으로 군대가 동원되어 국회 유리창을 깨고 국회로 진입하고 경찰은 국회의원들의 국회 출입을 막았다 → 내란죄, 주거침입죄, 재물손괴죄, 직권 남용권리행사방해죄, 강요죄 등 다수 범죄 성립

3. 위 2가지는 대통령의 탄핵 사유로 추가. 탄핵 사유는 이로써 차고 넘쳤다. 곧바로 탄핵 소추에 들어갈 때다.

민주 수호자 연대

12월 3일 밤, 정말로 감동적인 장면들이 많이 펼쳐지는데요, 우원식 의장, 정말 훌륭했습니다. 국회의장임에도 정문 출입을 고집하지 않고, 국회 담장을 넘어 들어갔습니다. 의장만 그런 게 아니라, 많은 국회의원들이 각종 제지를 뚫고 빛의 속도로 국회로 달려왔습니다. 여기 국회의원 보좌관으로 일하시는 분이 계십니다.

> "도저히 국회 접근이 되지 않을 상황이었을 텐데 어떻게 들어갔어요, 경찰이 안 막았어요?"
> "막았어요. 그래서 실랑이 벌이다 다쳤어요."
> "경찰이 세게 막으면 못 들어가잖아요."
> "막는 척했던 것 같아요."
> "그냥 끄집어 내릴 수도 있었던 상황이네요? 경찰이 옆에 있었으니까요."
> "맞아요. 그때 저는 거의 계엄 터지자마자 20분 뒤에 도착했고, 1m 간격으로 경찰들이 담 주위를 에둘러 있었습니다. 그래서 그 사이로 눈치 보면서 넘을 때 보내 준 경찰들도 있고 막은 경찰들도 있었어요."

맞습니다. 1981년으로부터 43년이 지난 지금 달라진 게 있다면, 이렇게 경찰의 태도가 달라졌고, 국민들의 태도가 달라졌습니다. 그만큼 우리의 민주 시민의식이 학습되고 과거의 교훈들이 학습되어 시킨 대로 무조건 따르지 않고 저어하거나 자제하는, 이런 행동들을 만들어 낸 것 아닌가 생각합니다.

지난 12월에 국회에서 토론회가 세 번 정도 개최되었는데, 제 나이가 있어 그런지 글을 써 달라는 요청 대신 좌장을 맡아 달라는 요청에 거듭 참석했습니다. 그때마다 제가 당시 상황을 한마디로 요약하여 하는 말이 있습니다.

"국민은 국회를 지켰고, 국회는 국민을 지켰다."

이렇게 말해 주면 의원을 포함, 국회에 계신 분들이 너무 좋아하더라고요. 그런데 우리 역사에서 국회가 이렇게 존중받으면서 시민과 일체화된 경우는 거의 없었어요. 국민이 국회를 지켜 주니, 국회가 다시 국민을 지켰다. 그리하여 국회와 시민들이 헌정 파괴, 민주주의 파괴에 맞선 '민주 수호자들의 연대'를 만들어 냈다, 이렇게 생각합니다. 제가 "헌법 수호자, 민주 수호자"라는 표현을 자주 쓰는데요, 우리 헌법으로 상징되는 민주주의의 수호자는 '한 명 한 명의 각성된 모든 시민'을 의미합니다. 이들의 연대가 대한민국의 희망이고 빛인 것입니다.

'12·3 서울의 밤'의 성공률을 이야기해 볼까요. 본래 친위 쿠데타는 세계적으로 그 성공률이 80%를 넘고 심지어 95%에 이른다는 설이 있어요. 대통령이 군·경찰·언론을 다 장악하고 있는 상황에서 스스로의 권력을 더욱 강화하거나 정적을 제거하기 위한 수단으로 수행하기 때문입니다. 시간, 장소, 여건을 쿠데타 주인공이 다 선택할 수 있잖아요. 그러니 지금 와서 윤석열 계엄의 성공 가능성을 생각해 보면 성공 가능성이 압도적으로 높았습니다. 안 그렇겠어요. 본인도 두 시간 반 만에 그렇게 뒤집힐 거라고는 상상도 못했을 거예요. 대통령 말대로 의원들을 바로 끌어내든지, 아니면 국회 본청 안에 공포탄 몇 발 정도만 쐈어도 삽시간에 아수라장이 되어 무너질 수 있는 거예요. 그런데 동원된 군·경 중 아무도 그런 행위를 함부로 하지 않았잖아요.

친위 쿠데타

2024년 12월 3일 윤석열의 비상계엄 선포처럼 권력을 쥐고 있는 측이 더 큰 권력을 얻거나 정치적 위기를 벗어나기 위해 불법적 폭력을 사용하는 것을 '친위 쿠데타'라고 합니다. 위키피디아의 설명을 살펴보죠.

"친위 쿠데타(영어 self-coup 또는 autocoup) 또는 아우토골페(스페인어 autogolpe)는 합법적인 수단을 통해 집권한 정치 지도자가 더 큰 권력을 얻기 위해 불법적인 수단으로 스스로 벌이는 쿠데타이다. 위로부터의 쿠데타(coup from the top)라고도 한다. 보통 입법부를 해체(의회 해산)하거나 정상적인 상황에서는 허용되지 않는 극도로 강력한 권력(불법적인 비상 권한 행사)을 행사할 수도 있다. 다른 조치로는 국가의 헌법을 무효화하고, 법원의 기능을 정지시키고, 정부 수반에게 독재적 권한을 부여하는 것이 포함될 수 있다. 친위 쿠데타가 성공할 경우 대부분 그 지도자는 독재자가 된다."

더 나아가 위키피디아는 친위 쿠데타의 가장 최근의 사례이자 실패한 쿠데타로 한국에서 2024년 12월 3일에서 4일 사이에 일어난 12·3 쿠데타를 소개하고 있습니다. 만약 윤석열의 친위 쿠데타가 성공했다면 어땠을까. 위 인용의 마지막 구절이 답이 될 것입니다. "친위 쿠데타가 성공할 경우 대부분 그 지도자는 독재자가 된다."

탄핵, 우리 손으로 즐겁고 당당하게

평소 이런저런 이야기를 나누게 될 때면 저는 다른 사람들의 이야기를 유심히 듣습니다. 사람들이 이야기하는 상황들을 어떻게 유머와 해학, 풍자를 섞어 재미 있게 제대로 전달할 수 있을까, 생각하는 거죠. 그렇게 양념을 쳐서 이야기하면 아무래도 전달이 잘 되거든요. 심각하고 두려운 상황에 직면하거나 그런 분위기와 마주하면 저는 마음속으로 이렇게 생각해요.

'허, 웃기네, 그게 아닌데, 한번 질러 줄까?'

이렇게 마음먹고, 풍자나 위트를 섞어 쓱 들이대면 그 사람이나 상황이 주는 공포감, 그런 데서 쉽게 벗어날 수 있거든요. 그래서 심각한 사안일수록 가능한 한 해학과 풍자, 위트를 섞어 전환시켜야 됩니다. 그렇게 하면 사람들이 왠지 정신적으로 압도당할 수 있는 현실로부터 거리감을 유지할 수 있게 만들어 줄 수도 있거든요. 이번 국회에서 있었던 윤석열 탄핵 소추 의결 과정에서도 사람들이 가지고 있을 불안과 공포심을 해소해 줄 수 있지 않을까 기대하며 그런 방식의 글을 쓰려고 노력하기도 했습니다.

그렇게 쓴 글 중 하나가 12월 6일에 올린 [탄핵의 주역은 누구?]라는 포스팅입니다.

만일 12월 7일 1차 탄핵 의결 투표에서 윤석열 탄핵안이 통과되었다면, 그 의결의 가장 큰 주역은 한동훈이었을 거예요. 야권 192명에 8명의 의원이 합세해야 탄핵 소추안이 가결되잖아요. 그 8명이 어디서 오겠어요? 한동훈 쪽에서 오잖아요. 그렇게 탄핵 소추 의결되고 나면 모든 미디어의 헤드라인에 "한동훈, 결정적 역할로 헌정의 위기를 벗어

[탄핵의 주역은 누구?]

대통령의 탄핵은 국회의원 200+명, 헌법재판관 9인이 처리하도록 법 절차가 그리 되어 있습니다. 그러나 그들이 탄핵하는 게 아닙니다. 그들에게 잘하라고 심부름시키는 것은 온 국민입니다. 국민들은 헌법, 법률을 지키지 않고 내란을 저지르는 대통령(집단)에 대해

1. 국회에 대해 탄핵 소추를 하라 명하고
2. 이어 헌재에 대해 탄핵 심리를 잘 진행하여 탄핵 심판하라 명하는 겁니다.

국민의 확고한 의사는 여러 방법으로 끓어오르며 표출되고 있습니다.

이번에 국회는 아주 잘했습니다. 지금 탄핵 정족수(200명+)에 못 미칠까 걱정하는 분들이 적지 않은 것 같습니다. 걱정 없습니다. 국민의 뜻을 따르지 않는 정치 집단은 민심 쓰나미에 다 쓸려 사라질 것입니다. 헌재도 헌법과 법률로 정리된 국민의 의사를 잘 반영할 것입니다. 민심의 소재를 똑똑히 알도록, 국민들은 전화로, 문자로, 성명서로, 거리에서 각종 방법으로 표출해야 합니다.

국면 국면에서 어느 한 쪽의 정치 집단이 주도권을 쥔 양 자처하지만, 아닙니다. 오직 주권자 국민만이 명령할 수 있습니다. 그들은 주도자가 아니라, 주권자 국민 눈치를 보고 과오를 반성하며 향후 제 살아갈 궁리나 해야 합니다.

대통령은 법적 범죄자일 뿐 아니라 판단력도 대처 능력도 상실했습니다. 얼마나 포악하고 위험한지는 낱낱이 드러났습니다. 이런 자에게 나라의 명운(국군 통수권 등)을 하루도 더 맡겨서는 안됩니다. 벌써 대통령의 수족들(수방, 특전, 방첩)이 직무 정지되었습니다. 경찰(국수본)은 경찰청장 휴대폰을 압수했습니다. 국민 무서운 줄 아는 것입니다. 장관들도 더듬더듬 내뺍니다. 탄핵은 정당합니다. 대통령이 잘했다고 하는 공직자는 한 명도!!!! 없습니다. 정당성 면에서 완전히 몰락했습니다. 탄핵 소추안이 통과되면 다른 정당에 정국 주도권을 빼앗긴다며 주저하는 그런 정당에겐 더더욱 미래가 없습니다. 그것을 국민들이 똑똑히 일러줘야 합니다. 오늘이면 좋겠습니다. 탄핵 소추 투표 시간이 말입니다. 내일이어도, 국민 의지가 결연하면 충분합니다. 국민이 이깁니다. 국민 이기는 권력 없습니다.

덧글: 본문에 쓸 가치도 없지만, 대통령 경호실 병력을 통해, 국회 점거니 2차 계엄령이니 하는 소리도 있습니다. 경호실은 오직 대통령 신변 경호하라고 있는 기관이지, 다른 헌법 기관이나 국민을 향해 경호와 관계없이 총부리를 들이대라고 있는 조직이 아닙니다. 그런 짓하면, 4·19때 발포한 곽영주, 유신 말기 차지철의 불운한 말로를 겪게 될 것입니다.

나게 하다"라고 도배되고, 그렇게 박수를 받았을 거 아니에요. 저는 절대 그렇게 되어서는 안 된다고 생각해요. 탄핵의 주역은 시종일관 '국민!'이어야 합니다. 정치인들은 국민의 명을 받들어 실행하는 존재여야 합니다. 결국 12월 7일, 탄핵안 표결이 투표 인원 200석에 못 미쳐 투표함 개함을 못 했잖아요. 저는 당시 이렇게 생각했습니다.

'잘 됐다. 이 상황에서는 오히려 잘 된 것이다.'

저는 반드시 이러한 국면에서는 국민이 주역이 되어야 한다고 생각합니다. 그러면 어떻게 국민이 주인이 되는가? 국민은 윤석열의 처분에 대하여 국회에 다음과 같이 준엄하게 명해야 합니다.

하나, 국회는 윤석열을 탄핵 소추하라!

둘, 헌법재판소는 국회에서 넘어온 탄핵 소추 심리를 제대로 하라!

이렇게 국민이 명하고, 국회는 국민의 명을 받아 탄핵 소추하고, 헌재는 제대로 탄핵 심판에 나서야 한다, 이렇게 일이 진행되어야 하는 것입니다.

12월 7일, 탄핵 투표 정족수 미달로 온 국민이 심란해했죠. 심란할 수밖에요. 저도 수많은 인파와 함께 여의도로 몰려갔는데 안 되잖아요. 그래서 '이래서는 안 되겠다. 나 스스로를 고양시켜 이 사태를 정리해 알려야겠다', 생각했죠. 그래서 돌아와 주권자의 이름으로 보고서를 작성하면서 당시 상황을 돌아 봤죠.

우선 투표 불성립으로 국민의힘 세력들이 이겼느냐? 아니죠. 탄핵안 부결을 당론으로 결정하면서도, 일부 이탈표가 예상되었잖아요. 그러니 아예 투표가 성립하지 못하게 만들어 버렸어요. 그럼에도 일부 투표에 참석한 국민의힘 의원이 있었고, 이러한 과정은 앞으로의 균열을 예상하게 만들었죠. 그날 탄핵 의결에 도달했으면 좋았겠지만, 어쩌면 순진한 생각입니다. 대통령, 그리고 국민의힘 국회의원들이 그렇게 순진 순수한 사람들이냐? 아니잖습니까. 우리는 모두 알고 있잖아요.

박근혜 탄핵 과정을 돌아볼까요. 박근혜 탄핵 소추는 국회 탄핵 논의가 시작되었던 2016년 10월 말부터 국회 탄핵 소추 의결까지 7주 걸렸습니다. 헌법재판소 판결까지 포함하면 총 20주 걸렸습니다. 그런데 12월 3일 탄핵안 발의하고 12월 7일 탄핵 소추 의결이 가능할 거라고요? 당시 우리에겐 아직 그 정도의 에너지가 안 모였어요. 국민적 에너지가 모아지지 않은 가운데 탄핵하면 안 된다. 박근혜 탄핵 선례가 있으니 더 힘을 모아 국민의 뜻이 진짜 무엇인가를 확실히 알게 해 줄 만한 그런 과정이 있을 때 비로소 탄핵 소추의 승리가 온전히 국민 전체의 승리로 돌아갈 수 있다, 이렇게 생각하고 글을 올리면서 다음과 같이 마무리했습니다.

> "우리 주권자가 행진하는 만큼 저들은 물러서고 무너집니다.
> 우리가 초조해지지 않으면 저들이 초조해집니다.
> 우리가 단결하면 저들이 쪼개집니다.
> 이제 겨우 시작입니다.
> 2016~2017년처럼 위엄 있게 질책하고 육박합시다.
> 그러면 우리는 다시 한번 오롯이 주인임을 확인할 수 있습니다.
> 주인답게 당당하게! 즐겁게! 마음을 모아 갑시다!"

[주권자의 위엄으로 고고씽]

오늘 여의도 가는 길, 모두 힘드셨지요. 저는 터미널역에서 도저히 탈 수 없어, 신논현역으로 돌아가 겨우 탔는데, 여의도역 '정차 불가'라 하여 노량진에서 내려, 신길역으로, 샛강다리 건너 겨우 도착. 그런데 모두들 힘든 노정을 아무 불평없이, 힘차게, 웃으며 갔습니다.

그 추운 날, 우리 모두는 주권자로서 위엄과 책무를 갖고 모였습니다. 쉽게 도착한 분들이 없었을 만큼, 모든 교통수단은 발디딜 틈도 없이 꽉꽉. 그러니 여의도에 모인 분들, 그냥 한 명 한 명이 아닙니다. 꼭 여의도에 있지 않더라도, 전국 각처 세계 곳곳에서 함께했습니다. 고난을 즐겁게, 책무를 다하러, 우리 국민은 존재감을 우뚝 드러냈습니다.

저들이 오늘 이겼을까요. 당론 결정하고도 이탈표 자신 없어 투표조차 못하게 막은 반민주적 처사는 국민 분노를 배가시킬 것입니다. 내일부터 윤이 던져 준 뼈다귀("임기를 포함하여 당에 일임하겠다")의 해석, 적용 범위 둘러싸고, 아전인수 좌고우면 상호각축하며 내부 균열 일어날 겁니다. 그러면서 음흉한 속셈이 폭로되고, 윤은 대통령 권한을 행사하며 수사 방해하고, 법적 관여 권한 없는 한(韓)은 저절로 팽당할 것입니다. 국민 분노는 더 증폭되어 진짜 탄핵으로 한발 한발 나아갈 것입니다.

오늘 탄핵에 도달했으면 좋았겠지만, 그건 순진한 생각이고요. 그들이 그리 순수 정직한 줄 착각한 분은 없겠지요. 박근혜의 선례가 있습니다. 국회의 탄핵 소추에 이를 때까지 7주의 촛불 행진이 있었습니다. 헌재의 탄핵 심판까지는 총 20주의 주말 행진이 있었습니다. 근데 오늘까지 겨우 1주일입니다. 앞으로 6주 이상의 주말 행진이 쌓여야만, 검찰 군사 내란 정권의 아성을 무너뜨릴 수 있습니다.

➤ 주권자가 행진하는 만큼, 저들은 물러서고 무너집니다.
➤ 우리가 초조해지지 않으면, 저들이 초조해집니다.
➤ 우리가 단결하면, 저들이 쪼개집니다.
➤ 이제 겨우 시작입니다.
➤ 2016~2017년처럼 위엄있게 질책하고 육박합시다.
➤ 다시 한번, 우리가 주인입니다. 주인답게 당당하게! 즐겁게!

◆ 댓글

⌨ 그때 이 꼬마들이 대학생, 고1, 중1입니다^^ 지치지 말고 즐겁게!!! 주인답게!!!

2024년 12월 7일 국회 앞 1차 탄핵 집회

ⓒ 미디어 몽구

2024년 12월 14일 국회 앞 2차 탄핵 집회

ⓒ 미디어 몽구

제1장 ● 역사를 만드는 나날

2

계엄과 내란

좀, 잘하지 그랬어

우여곡절을 거쳐 12월 14일엔 여의도에 역대 최대 인파가 모였습니다. 한결같이 "윤석열을 즉각 탄핵하라"고 외쳤습니다. 그 결과 204명의 가결로 탄핵 소추 결의안이 국회를 통과했습니다. 마침내 한 관문을 넘어선 것입니다. 저는 사람들이 던지는 흔한 질문에도 즉각 답하기보다는 어떻게 답해 주면 더 낫고 이해가 쉬울지 생각하는 습관이 있습니다. 이번 사태 동안 일부의 사람들은 이렇게 항변합니다.

> "아니, 대통령 만들어 놓고 왜 이리 끌어내리지 못해 안달이야?"
> "5년 동안 좀 믿고 맡겨 두면 될 일을, 왜 이렇게 못살게 구는 거야!"

이런 질문, 또는 항변에 뭐라고 답해야 할까 고민했습니다. 그래서 이렇게 비유해 답했습니다.

윤석열이 대통령에 당선된 시점은, 비유하자면 이제 대학에 갓 입학한 신입생과 같습니다. 대학에 입학한 것만으로 졸업 자격이 자동적으로 부여되나요? 매학년 매학기 성적을 평가해 잘하면 A 학점 주고, 못하면 D 학점 주고, 규정에 미치지 못하면 유급되고, 그것도 안 되면 학칙에 따라 제적 처리도 가능하잖아요. 우리 국민은 대통령 당선자에게 5년 동안 무한대의 절대 권력을 위임한 적이 없습니다. 늘 그의 국정 운영 능력과 방식을 판단하고 평가해 어떤 경우는 B+, 어떤 경우는 A+, 이렇게 평가하는 거죠. 그런데 이 자가 국민에게 총칼을 들이대요? 그럼 바로 퇴학 조치해야 됩니다. 이렇게 비유하면, 그간의 대통령의 행위에 대한 주권자의 처벌로서의 답변이 될 수 있지 않겠습니까?

윤석열의 내란죄에 대해서는 이제 형법 조문을 확인해야 합니다.

우리가 상식적으로 알고 있는 내란은 전두환이나 박정희의 경우와 같이, 행위 당시 권력을 갖고 있지 않은 인물이 쿠데타로 정권을 탈취하고 정치적 반대자들을 잡아 넣은 후, 권력을 찬탈하는 것이라 생각하잖아요. 대통령이 방송에 나와 뭐, '소수'의 군 병력을 국회 주위에 '잠시' 출동시켰기로서니 그게 무슨 내란이냐라는 취지로 이야기했어요. 그렇게 들으니 일견 그럴싸하게 들리잖아요.

'글쎄, 그럼 내란까지는 아닌 것 같은데….'

뭐 그럴 수 있을 것도 같거든요. 야당이 너무 심하다는 것을 국민에게 호소하려고 했던 것이지, 내가 국민을 다 쏴 죽이고 권력을 탈취할 필요가 없지 않느냐, 내가 대통령인데…. 이렇게 얘기하잖아요. 그때는 조문으로 들어가 따박따박 살펴보아야 합니다.

형법 제87조(내란) 대한민국 영토의 전부 또는 일부에서 국가권력을 배제하거나 국헌을 문란하게 할 목적으로 폭동을 일으킨 자는 다음 각 호의 구분에 따라 처벌한다.

1. 우두머리는 사형, 무기징역 또는 무기금고에 처한다.
2. 모의에 참여하거나 지휘하거나 그 밖의 중요한 임무에 종사한 자는 사형, 무기 또는 5년 이상의 징역이나 금고에 처한다. 살상, 파괴 또는 약탈 행위를 실행한 자도 같다.
3. 부화수행(附和隨行)하거나 단순히 폭동에만 관여한 자는 5년 이하의 징역이나 금고에 처한다.

[전문개정 2020. 12. 8.]

긴박한 순간 찾아 낸 결정적 조항, 형법 91조

형법 87조에서는 내란 우두머리 및 종사자를 "…국헌을 문란하게 할 목적으로 폭동을 일으킨 자"라고 규정하고 있습니다. 그런데 '국헌' 이 뭐지? 애매하잖아요? 국헌을 다른 말로 하면 헌법입니다. 헌법을 문란하게 할 목적? 그럼 '문란'은 또 뭐지? 애매하잖아요. 실이 막 헝클어진 모양 있잖아요. 그러한 모습을 문란(紊亂)이라고 합니다. 그런데 형법 91조에 놀라운 조항이 있는 줄 윤석열은 전혀 모를 거예요. 대부분 모르니까요. 내란죄는 법학도들도 공부 안 하는 내용이예요. 공부할 필요도 없어요. 계엄법과 마찬가지로 내란죄 조문 또한 공부할 필요가 없습니다. 왜? 시험 문제에도 전혀 안 나오니까요!

> 형법 제91조(국헌문란의 정의) 본장에서 국헌을 문란할 목적이라 함은 다음 각호의 1에 해당함을 말한다.
>
> 1. 헌법 또는 법률에 정한 절차에 의하지 아니하고 헌법 또는 법률의 기능을 소멸시키는 것
> 2. 헌법에 의하여 설치된 국가기관을 강압에 의하여 전복 또는 그 권능 행사를 불가능하게 하는 것

형법 91조 2호가 규정하는 '국가기관' 하면 딱 떠오르는 기관이 있죠? 국회, 대통령, 국무회의, 법원, 선거관리위원회, 헌법재판소, 이 기관들이 바로 헌법에 의하여 설치된 국가 기관입니다. 경찰청, 검찰청, 국세청 단어를 헌법에서 찾아 보세요. 없을 거예요? 그건 법률에 나오

는 국가 기관이므로, 법률 기관입니다. 법률로써 조직을 통합하거나 명칭을 바꿀 수도 있습니다. 그런데 헌법 기관은? 헌법을 바꾸기 전에는 명칭도 바꾸지 못하고, 없앨 수도 없습니다.

이 조항을 만든 형법 제정자는 그중에서도 특히 '국회'를 염두에 두고 만든 것입니다. 이 말을 '국가기관'이라고 통칭해서 그렇지 그냥 '국회'라고 읽으면 됩니다. 그러면 이 조항을 "국회를 강압에 의하여 그 권능 행사를 불가능하게 한다"라고 읽을 수 있는 것이죠. 계엄 해제 표결은 오로지 국회에서만 할 수 있는 '권능'인데, 그 '권능 행사'를 불가능하게 국회를 틀어막아 버리면, 그게 국회 활동을 "조금 방해한" 게 아니라 그것이 바로 "내란"이란 말이야, 라고 확실하게 못 박아 규정한 것입니다.

'폭동'이 뭐냐? 사람을 때리면 폭행이라 하지요. 폭행과 폭동은 좀 다릅니다. 우리 법 조항에서 '폭동'이라는 개념은 내란죄, 소요죄에만 등장합니다. 폭행죄, 강도죄, 공무집행방해죄 등에는 '폭행'이라는 개념으로 표현됩니다. 폭행이 사람의 신체를 향해 물리적 공격을 하는 것인 데 비해, 폭동은 다수의 사람들이 기물을 부수거나 통행을 적극적으로 방해하거나 위협하거나 하는, 이런 모든 행위들을 의미합니다. 다수의 힘으로 한 지방의 평온을 해치게 하면 그걸 폭동이라 합니다. 폭동은 범위가 굉장히 넓습니다. 윤석열이 동원한 군·경이 한 짓은 폭동이라 규정하기에 충분합니다.

내란죄는 '국헌 문란의 목적'이 있어야 합니다. 그런 목적이 없이 다수가 폭동하면 '소요죄'가 되고요. 국헌 문란은 참 애매한 개념일 수 있는데, 1953년에 형법을 제정한 국회의원들이 정말 잘 판단해서 집어넣은 것이에요. 그 숨은 비밀이 바로 형법 91조의 삽입입니다. 형법 91

조의 제목은 '국헌 문란의 정의'라고 되어 있어요. 'OO의 정의'라고 하는 조항은 우리 형법에서 91조 이 조항 빼고는 어디에도 없습니다.

　　일반적으로 '내란'이라 함은 쿠데타를 통해 현 정권을 타도하고 권력을 찬탈한 세력이 철권 통치를 휘두르는 것으로 생각하게 되잖아요. 그런데 윤석열은 현직 대통령이니 당초에 정권을 타도할 필요가 없고, 오로지 대통령 독재를 획책하기 위해 그런 짓을 벌인 것입니다. 일부 윤석열 지지자들이나 궤변을 일삼는 윤의 변호사라는 자들이 이건 쿠데타가 아니다, 국헌을 문란하게 한 적이 없다고 강변합니다. 그런데 현행 헌법은 물리력으로 정권을 찬탈한 5·16 군사 쿠데타(박정희), 12·12 군권찬탈 쿠데타, 5·17 국권 찬탈 쿠데타(전두환) 같은 행위 외에도, 국헌 문란에 해당될 수 있는 부분을 "헌법에 의해 설치된 국가 기관의 권능 행사를 불가능하게 하는 것"이라고 명확하고 적용하기 쉽게 규정해 놓았습니다. 이 조항 하나로 이번 내란 사태는 논란의 여지 없이 명확히 '내란'이라 규정할 수 있게 된 것입니다.

[국회의사당 침탈은 무조건 내란죄다]는 확실한 증거… 추가

형법 제91조(국헌문란의 정의)를 설명한 적이 있습니다. 우리 형법은 1953년 제정되었는데, 바로 그 전 해(1952년)에 이승만 대통령이 〈비상계엄〉을 선포하고, 국회의원들을 협박하고 강압시켜 헌법 개정(발췌 개헌이라 불리는 제1차 헌법 개정)을 했고, 그러한 국회 권능 침탈 사태를 방지하기 위하여 국회는 1953년 형법 제91조를 만들어, 대통령의 헌정 파괴 책동을 내란죄로 처벌하도록 했습니다.

1953년 형법 제91조(국헌문란의 정의)를 신설한 엄상섭 의원은, 이후 "우리 형법전에 나타난 형법 민주화의 조항"(1955년)이란 논문을 썼습니다. 거기에 다음과 같이 쓰고 있습니다.

"제91조는, 내란죄와 같은 중대하고 정치성이 강한 범죄의 구성 요건의 중요 부분이 되는 '국헌문란'이라는 개념이 정치력의 영향에 의해 좌우되어서는 안 된다는 취의에서 설치된 조문"이다.

"이 조항이 있기 때문에…'헌법에 의하여 설치된 의회나 법원의 권능 행사를 불가능하게 할 목적으로 의사당이나 법원을 둘러싸고 폭동을 한 자'는 그 동기 여하를 막론하고 내란죄를 범한 것이된다."

어떻습니까?

➤ 국헌 문란에 대한 정의를 명규(明規)했다. 즉 명확히 규정했다.
➤ "국회의사당이나 법원을 둘러싸고 폭동"한 것은 무조건 내란죄가 된다.

더없이 명확하지요.
1953년 제2대 국회의원 여러분께 감사드립니다!!

내란죄 대표 판례의 주요 쟁점 및 판시 사항

대법원 1997. 4. 17. 선고 96도3376 전원합의체 판결 [반란수괴·반란모의참여·반란중요임무종사·불법진퇴·지휘관계엄지역수소이탈·상관살해·상관살해미수·초병살해·내란수괴·내란모의참여·내란중요임무종사·내란목적살인·특정범죄가중처벌등에관한법률위반(뇌물)]

(1) 상관의 위법한 명령에 따른 범죄 행위의 위법성 조각 여부(소극): 상관의 적법한 직무상 명령에 따른 행위는 정당 행위로서 형법 제20조에 의하여 그 위법성이 조각된다고 할 것이나, 상관의 위법한 명령에 따라 범죄 행위를 한 경우에는 상관의 명령에 따랐다고 하여 부하가 한 범죄 행위의 위법성이 조각될 수는 없다.

(2) 형법 제91조 제2호 소정의 '국헌 문란'의 의미: 형법 제91조 제2호에 의하면 헌법에 의하여 설치된 국가 기관을 강압에 의하여 전복 또는 그 권능 행사를 불가능하게 하는 것을 국헌 문란의 목적의 하나로 규정하고 있는데, 여기에서 '권능 행사를 불가능하게 한다'고 하는 것은 그 기관을 제도적으로 영구히 폐지하는 경우만을 가리키는 것은 아니고 사실상 상당 기간 기능을 제대로 할 수 없게 만드는 것을 포함한다.

(3) 내란죄의 구성 요건인 '폭동'의 의미와 정도: 내란죄의 구성 요건인 폭동의 내용으로서의 폭행 또는 협박은 일체의 유형력의 행사나 외포심을 생기게 하는 해악의 고지를 의미하는 최광의의 폭행·협박을 말하는 것으로서, 이를 준비하거나 보조

하는 행위를 전체적으로 파악한 개념이며, 그 정도가 한 지방의 평온을 해할 정도의 위력이 있음을 요한다.

(4) 비상계엄의 선포나 확대 행위가 사법 심사의 대상이 되는지 여부(한정 적극): 대통령의 비상계엄의 선포나 확대 행위는 고도의 정치적·군사적 성격을 지니고 있는 행위라 할 것이므로, 그것이 누구에게도 일견하여 헌법이나 법률에 위반되는 것으로서 명백하게 인정될 수 있는 등 특별한 사정이 있는 경우라면 몰라도, 그러하지 아니한 이상 그 계엄선포의 요건 구비 여부나 선포의 당·부당을 판단할 권한이 사법부에는 없다고 할 것이나, 비상계엄의 선포나 확대가 국헌 문란의 목적을 달성하기 위하여 행하여진 경우에는 법원은 그 자체가 범죄 행위에 해당하는지의 여부에 관하여 심사할 수 있다.

(5) 내란죄의 기수 시기 및 내란죄가 상태범인지 여부(적극): 내란죄는 국토를 참절하거나 국헌을 문란할 목적으로 폭동한 행위로서, 다수인이 결합하여 위와 같은 목적으로 한 지방의 평온을 해할 정도의 폭행·협박 행위를 하면 기수가 되고, 그 목적의 달성 여부는 이와 무관한 것으로 해석되므로, 다수인이 한 지방의 평온을 해할 정도의 폭동을 하였을 때 이미 내란의 구성 요건은 완전히 충족된다고 할 것이어서 상태범으로 봄이 상당하다.

역사가 만든 형법 91조 2항

그런데 형법에 유일한 조항으로 그 개념을 정의한 이 조문이 어떻게 들어갔던 것일까요? 이번 사태의 성격 규정을 위해 열심히 공부하다 제가 찾아냈습니다. 확인해 보니 이런 규정은 다른 나라에는 없습니다. 일본법에도 없어요. 1953년 우리 형법에 처음 도입된 조항이었습니다. 이 91조를 당시 국회의원들은 왜 삽입했을까요? 그 이유를 국회 회의록에서 찾을 수 있었습니다.

"국헌을 문란하게 하는 것이라는 목적은 막연한 것 아니냐. 그래서 이 조문이 신설된 것입니다(형법제정자료집)"

그렇게 우리 형법은 특히, 헌법 기관의 권능 행사를 불가능케 한 경우를 국헌 문란의 목적을 충족한다고 못 박고 있습니다. 왜 이 조항이 들어갔을까요?

1952년은 6·25 전쟁 중이었습니다. 이승만 초대 대통령의 4년 임기는 1952년에 끝납니다. 이승만은 4년 임기를 마치면서 대통령을 또 하고 싶었습니다. 그런데 당시 헌법(제헌헌법)은 대통령을 국회에서 선출한다고 되어 있었습니다. 당시 국회(제2대 국회)에서 이승만의 재선 가능성은 거의 없었습니다. 국회의원들 중 이승만 찬성파의 수가 매우 적었던 것이죠. 그리하여 이승만은 비상수단을 써서 대통령이 되고자 획책했습니다. 국회 선출 방식을 직선제로 바꾸는 헌법 개정을 하기로 말입니다. 그러한 의도로 헌법 개정을 하려면 국회를 통과해야 하는데, 국회가 찬성할 리 있겠습니까. 그러자 이승만은 비상계엄을 선포해 국회를 겁박하고, 국회의원들 중 강성 인사를 구속하고, 그들에게 '공산당'

딱지까지 붙였습니다. 군대, 경찰, 백골단 등으로 국회를 위협하고, 국회의원들이 탄 통근 버스를 크레인으로 끌어 헌병대로 연행하고, 의원들의 호헌 대회를 깡패들을 시켜 습격하는 등 만행적 헌정 파괴를 자행했습니다. 이를 '부산 정치 파동'이라고도 하는데, 그보다는 '반헌정 쿠데타' '1952년 친위 쿠데타'라고 해야 맞겠지요. 결국 국회의원들의 의지는 이승만 세력의 강압에 의해 꺾였고, 할 수 없이 헌법 개정안에 찬성 표결을 해야만 했습니다.

그로부터 1년 후, 당시 사태에 너무도 통분한 의원들이 내란죄 조항을 정비해야 되겠다고 생각했던 거예요. 그러면서 "헌법에 의하여 설치된 의회나 법원의 권능 행사를 불가능하게 할 목적으로 의사당이나 법원을 둘러싸고 폭동을 한 자"는 동기 여하를 막론하고 내란죄를 범한 것이라 규정해 놓은 것입니다. 1953년 형법 초안에 깊이 관여하고 이후 한국 형사법의 기초를 다진 엄상섭 의원이 형법 해설서에 "의사당을 둘러싸고", 이런 행태가 바로 국헌 문란의 정의에 해당한다고 써 놓았어요. 놀랍지 않나요?

1953년의 형법은 1952년에 자행되었던 대통령의 내란적 쿠데타가 재발해서는 안 된다는 의원들의 문제의식을 담은 것인데, 2024년에 다시 등장한 윤석열의 군대 동원 '내란죄'를 처벌하기 위해 안성맞춤으로 준비된 듯 보입니다. 그러니 우리 국민들은 제2대 국회의원들의 혜안에 감사하며 안심하고 이번 사태의 우두머리를 내란죄로 처벌하면 되는 것입니다. 헌정사의 축적이라고 하는 것이 이처럼 하나하나의 역사들이 쌓여 형성되었습니다. 그런데 이번 12·3 계엄의 와중에 이 형법 91조의 정의를 찾아냈습니다. 이렇게 급박한 상황에서 그 취지를 찾아 알림으로써 빼도 박도 못하게 만들어 냈습니다.

["현직 대통령은 내란죄를 범할 수 없다"는 궤변]

이런 말 나돌고 있지요.

"박정희, 전두환처럼 군권, 국권 찬탈 위해 쿠데타하는 게 내란이지, 이미 대통령직 갖고 있는데 국권 찬탈할 필요가 없지 않냐, 그래서 내란죄는 성립 안 된다"는 요설을 일각에서 퍼트리고 있습니다.

내란죄 조문 찾아 정리합니다. 민주 시민은 수시로 법 공부를 해야 합니다.

형법87조(내란죄): 국헌을 문란케 할 목적으로 폭동을 일으킨 자…

형법91조(국헌문란의 정의) 2.헌법에 의해 설치된 국가기관을 강압에 의하여…권능행사를 불가능하게 하는 것.

이제 풀이합니다.

1. 내란죄는 목적범입니다. "국헌 문란의 목적"이 있어야 합니다. 국헌 문란이 애매하니 형법 91조에 딱 정의 조항을 붙였습니다. "헌법기관의 권능행사를 불능케 하는 것"입니다.
   ① 국회, 선관위 다 헌법 기관입니다.
   ② 국회의원들이 국회 출입을 못하게 하고, 회의 소집과 표결을 가로막는 것, 모두 권능 행사 불능의 국헌 문란입니다.
   ③ 국회의원들을 체포하고, 군사 시설 내에 감금하는 것. 권능 행사 불능의 국헌 문란입니다.
   ④ 선관위를 습격하고, 서버 떼어 가려 했던 시도 모두 국헌 문란입니다.

2. 12월 3일 〈계엄포고령 1호〉 1.국회, 지방의회, 정당의 활동과 정치적 결사, 집회, 시위 등 일체의 정치 활동을 금한다. 여기서 결정적인 건 "국회"의 활동을 금한다고 한 것입니다. 대통령이 계엄 선포를 하면 즉시 국회에 통고해야 하고(헌법 77조 4항), 심지어 국회가 폐회 중일 때는 "대통령은 지체없이 국회에 집회를 요구해야 한다(계엄법 4조)." 대통령은 국회를 건드릴 수 없다는 게 헌법 규정입니다. 이 계엄포고령 1호 1은 그 자체로서 이미 위헌 위법의 계엄 선포라는 빼박 증거가 됩니다.

3. 내란죄의 행위는 "폭동"입니다. 국헌 문란 목적으로, 군대·경찰·정보 기관(최강의 폭력 수단을 가진 기관)을 동원해 국회를 습격하고, 의원을 체포하려 하고, 법관을 체포·감금케 하려 했던 행위 모두 폭동입니다. 5·18 재판 당시, 군대를 동원하여 국헌을 문란케 하면 그게 폭동이라고 판결하였습니다. 군·경·정보의 국회 침입, 요인 체포(심지어 김어준, 법관까지) 모두 폭동입니다.

4. 그래도 현직 대통령은 내란죄의 예외가 아닐까 하는 분들이 계실 수 있습니다. 이런 분들을 위해 헌법이 딱 답을 만들어 놓았습니다. "대통령은 내란…죄를 제외하고는 재직 중 형사 소추를 받지 아니한다(헌법 84조)." 이 조항에서 명백하지요. 대통령도 재직 중 내란죄를 범할 수 있다는 것, 그건 너무 엄중해서 재직 중이라도 바로 불소추 특권을 박탈하고, 내란죄로 소추해야 한다고요.

대통령이 뭔 내란이냐는 분들, 헌법, 형법 조문이라도 찬찬히 보고, 입술에 침이라도 바르고 읽어 보길 바랍니다. 조문 그대로. 해석의 여지는 전무!!

계엄 포고령 제1호, 그 자체로 내란죄 자인

이제 윤석열의 계엄 선포에 따라 그날 밤 11시에 발령되었다는 '계엄 포고령 제1호'를 볼까요.

지금 생각하면, 탄핵 소추단 입장에서는 참 잘 만들어 놓은 포고령인 셈입니다. "국회, 지방의회, 정당의 활동과 결사, 집회, 시위 등 일체의 정치 활동을 금한다." 여기서 결정적 문구는 "'국회'의 활동을 금한다"인데요. 이 한 장의 종이로 이들은 바로 '내란범'이 돼 버리는 거예요. 물론 단순한 종이 한 장이 아니고, 실로 무시무시한 내용을 담은 포고령이죠. 이제 윤석열을 위시하여 계엄 주동자들이 얼마나 공부를 안 했는지 알겠죠.

이와 관련해 윤 측 변호인단이 헌재에 제출한 변론이 있어요. 헌법재판소에서 한 변론을 보니 1980년도 계엄 포고령을 참고하여 이리저리 고치면서 '통행 금지' 조항만 지우고, '전공의 처단'이라는 조항을 넣었다는 거 아니에요. 통행 금지 조치는, 사실 술꾼들이 제일 싫어하는 조치이지요. 술맛 확 떨어지는 소리잖아요. 우스갯소리 하자면, 술 좋아하는 윤석열이 자신의 경험을 바탕으로 한 개인 맞춤형 수정인 거죠. 다른 건 무시무시하게 넣으면서, 통행 금지만 지웠다니까요. 저는 모든 개개인의 판단은 전 생애적 경험들이 다 녹아들어 나온다고 봐요. 그러니 윤석열, 그가 헌재에서 김용현과 나눈 이야기는 자기 생애에 걸친 체험이 포고령에 들어가 통행 금지 조치만 지웠다고 볼 수 있는 거죠.

그런데 변호인단이 고백했어요. 1980년도 포고령을 참고해서 이렇게 저렇게 고쳤다고 말이에요. 저들의 변론을 액면 그대로 받아들이면, 국회에 왜 들어갔는지 이해할 수 있어요. 1980년 당시에는 대통령에게 국회 해산권이 있었어요. 1972년 박정희의 영구 집권을 위해 만든 유신헌법 제59조에 "대통령은 국회를 해산할 수 있다"고 못 박아 놨어요. 대통령을 국회 위의 절대 권력자로 만들어 놓은 것이죠. 그로 인해 1980년 계엄 포고령에는 국회에 대해 언급할 여지가 그나마 있었어요. 한편으로 윤석열 입장에서는 가장 눈엣가시 같은 집단이 어디겠어요? 국회가 제일 미웠겠죠. 맨날 대통령 뜻과는 반대되는 온갖 골치 아픈 법률을 통과시켜 역대 최다 거부권을 행사하게 만들고, 대통령에게 충성하는 장관, 검사들 줄줄이 탄핵하고. 그렇게 국회가 미우니 현행 헌법에 계엄이라 하더라도 국회는 절대 건드릴 수 없다는 조항이 눈에 들어올 리 없었겠죠. 포고문 제1항이 빼도 박도 못 하는 위헌·위법인지, 전혀 생각할 겨를도, 필요도 없었던 거예요. 그러니 포고령에서 '국회'라고 하는 단어를 보는 순간, 저는 혼자 외쳤죠.

'하나님, 감사합니다!'

이 〈계엄 포고령〉 종이 조각 하나로 내란죄 확정!

계엄사령부 포고령(제1호)

자유대한민국 내부에 암약하고 있는 반국가세력의 대한민국 체제 전복 위협으로부터 자유민주주의를 수호하고, 국민의 안전을 지키기 위해 2024년 12월 3일 23:00부로 대한민국 전역에 다음 사항을 포고합니다.

1. 국회와 지방의회, 정당의 활동과 정치적 결사, 집회, 시위 등 일체의 정치 활동을 금한다.
2. 자유민주주의 체제를 부정하거나, 전복을 기도하는 일체의 행위를 금하고, 가짜 뉴스, 여론 조작, 허위 선동을 금한다.
3. 모든 언론과 출판은 계엄사의 통제를 받는다.
4. 사회 혼란을 조장하는 파업, 태업, 집회 행위를 금한다.
5. 전공의를 비롯하여 파업 중이거나 의료 현장을 이탈한 모든 의료인은 48시간 내 본업에 복귀하여 충실히 근무하고 위반 시에는 계엄법에 의해 처단한다.
6. 반국가세력 등 체제 전복 세력을 제외한 선량한 일반 국민들은 일상생활에 불편을 최소화할 수 있도록 조치한다.

이상의 포고령 위반자에 대해서는 대한민국 계엄법 제9조(계엄사령관 특별 조치권)에 의하여 영장 없이 체포, 구금, 압수수색을 할 수 있으며, 계엄법 제14조(벌칙)에 의하여 처단한다.

2024. 12. 3.(화) 계엄사령관 육군대장 박안수

[백골단이라니!]

갑자기 백골단이 부활하여 국민의힘 김민전 의원의 소개로 국회 기자회견장까지 진출했다. 백골단이라…. 과거의 악몽이 트라우마로 재생되는 사람들이 적지 않을 것이다. 백골단은 1980년대 중반, 사복 깡패인지 경찰인지 모를 정체불명의 집단이 쇠파이프를 휘두르며 무자비한 시위 진압을 물론 폭력과 살상을 자행한 자들로 알고 있다. 수많은 학생, 노동자, 시민들에게 폭력을 휘둘렀던 악명 자자한 집단. 그런데 연원을 거슬러 올라가면, 바로 1952년 이승만의 집권 연장을 위한 부산 정치 파동으로 거슬러 올라간다. 당시 국회의원들이 이승만 재집권에 반대하자, 이승만은 비상계엄을 선포하고, 시내에 깡패들을 내세워 공포감을 조성하고 의원들을 테러하는 만행을 저질렀다. 그 관제 깡패들의 명칭이 '백골단', '땃벌떼'였다.

윤이 내란적 비상계엄을 선포하고, 내란 범죄짓을 자행하니 그에 따라 딱 맞춤형으로 백골단이 함께 등장한다. 이 무슨 역사의 데자뷔인가! 시민들을 백골로 만들겠다는 폭력과 공포를 주입시키는 자, 너희들의 종말이 백골일지어다. 그리고 김민전 국민의힘 의원, 물의를 빚고는 "기자회견을 철회"한다고 한다. 철회란 말의 용법도 모르는 건가. 음주 운전하다 들키니 음주를 철회하겠다, 폭행 치사해 놓고 폭행을 철회하겠다, 이게 말이 되는 소리인가. 되돌이킬 수 없는 것은 철회할 수 없다. 그럼 어떻게? 잘못을 인정하고, 정식으로 사죄하고, 사퇴하는 것이 수순이다. 비례대표 의원은 의원직을 자진 '철회'해도 다음 순번으로 넘어가니 당 입장에서는 해당 행위가 아니라 구당 행위가 된다. 다음 순번은 일생동안 김민전 의원에게 고마워할 일일 터.

"검사가 보복하면 깡패지 어디 검사입니까?" 하신 분. 지금 법원이 발부한 영장을 공격하고, 온갖 패악질을 쳐 대며 깡패짓을 한다. 아니, 진짜 깡패는 영장이 발부되면 도망치지, 영장 자체와 싸우지는 않는다. 깡패만도 못 한 '한남 산채 백골단 총재 윤석열'로 본색을 드러내는 중이다. 아, 백골단이여!

위선과 아집이 체질화된, 내란 수괴

형법의 '수괴'라는 말이 '우두머리'로 바뀌었어요. 어느 결에 용어가 바뀌어 어리둥절했을 텐데 사실 저도 바뀐 줄 몰랐어요. 내란죄는 우리 같은 사람들도 볼 일이 없다고 했잖아요. 그래서 이번에 찾아보니 법률 용어들을 "국민의 눈높이에 맞추어 알기 쉬운 우리 말로 변경"한다는 취지에 따라 개정되었네요. 다만 군형법상 군사반란죄에는 수괴(首魁)라는 말이 여전히 남아 있습니다.

비상계엄 종사 주요 인물 중 군 장성들은 대부분 구속·기소되었고, 우두머리에 해당하는 윤석열은 2024년 12월 31일에서야 체포 영장이 발부되었습니다. 그럼에도 한남동 관저에서 저항하다 2025년 1월 15일에 이르러서야 근 보름에 걸친 우여곡절 끝에 겨우 체포할 수 있었습니다.

그런데 체포된 윤석열의 주장을 들으면 기존에 구속 기소된 인물들의 공소장 내용과 다 반대되는 말이에요. 애초에 윤석열은 진정성 있는, 진실을 말한 적이 없었죠. 그냥 한번 뱉어 내고 돌아서면 자기가 무슨 말을 했는지 생각도 안 하는 사람인 거죠. 처음에는 자기가 당당하게 법적·정치적 책임을 지겠다고 했어요. 그런데 헌재에서 하는 변명을 보면, 앞서 자신이 내뱉은 말에 아무런 책임도 지는 모습이 아니잖아요. 자신의 작은 이익에 입각해 상황에 따라 그때그때 말을 만들어 내는 사람이지 앞의 말과 뒤의 말의 맥락이 안 맞거나 충돌하는 데 개의치 않는 자입니다. 검사 시절에도 그랬습니다.

검사 시절 그의 수사 행태를 보면 피의자를 마냥 괴롭힌 끝에 결국 기소를 해요. 그런데 다른 검사들의 기소 건보다 무죄 판결이 많아요. 검사가 기소를 했는데 무죄 판결되면 그 기소는 잘못된 거잖아요. 그렇다면, 제대로 양심을 갖고 있는 검사라면 거기에 책임감이나 최소한의 죄책감이라도 생각하며 사후 처리할 텐데, 윤석열은 그렇지 않아요. 어떻게 하느냐. 일단 기소를 해요. 사실 일상의 삶을 사는 사람에게는 수사도 힘든데, 기소 자체만으로도 엄청 괴롭힘을 당하는 셈이거든요. 재판을 받으려면 불안하고 초조하고, 엄청난 시간과 비용이 들어요. 그렇게 일상이 무너지면서도 힘들게 무죄 판결이 나왔다고 하면 피고인은 기뻐하겠지요. 그런데 그걸로 끝나지 않아요. 검사는 상소해요. 항소하고, 상고해서 3심까지 가는 거예요. 그러니 검사의 수사권. 기소권. 상소권은 최종 재판 결과에 상관없이 그 자체로 당사자를 엄청 괴롭히는 방편이 되는 겁니다.

특수부에서 다루는 사건 중에는 수사 중 자살한 피의자도 적지 않아요. 충분히 변호사 조력을 받을 재력이 있는 기업가들조차 말입니다. 그만큼 수사 기소 과정이 피의자에는 더없이 괴로운 과정입니다. 특수부에서 표적 잡아 공세를 퍼붓는 사건이라면, 변호사비만 해도 최소 몇 억 심지어 몇 십억 들어갑니다. 그 과정에서 재산은 파탄 나고 사업체의 문을 닫는 지경까지 가는가 하면, 직장인이나 공직자의 경우 직장을 떠나야 하거나 업무 관계가 파탄에 이르게 됩니다. 그렇게 고생 고생 겨우 무죄를 받는다 해도 침해된 불이익이 복원되지는 못해요. 그런데 제 생각에는 최종 무죄 판결이 나왔다 해도 특수부 검사들은 수사 기소의 실패라기보다는 소기의 성과를 거둔 것으로 해석한다고 봐요. 자신들이 뜻한 바대로 혼내고 파탄 내고 사회적 평판을 추락시키는 데는 성공한 셈이니까요. 그러면, 그렇게 무리한 수사를 한 검사는 어떻게 될까요? 몇 년 있으면, 근무지를 이동해 자신이 담당했던 수사에서 손을 떼고, 해당 기소는 다른 검사가 담당하고 있을 테니 사후에 어떻게 진행되었는지 신경을 쓸 필요가 없어요.

　사람이 간이 붓고 배포가 크면 안 돼요. 문제가 있어요. 제대로 일을 하는 공직자라면 간이 작아야 돼요. 배포가 작아야, '내가 그때, 판단을 잘못해 문제가 있었던 건가? 내가 무엇을 잘못했나?' 하는 생각에 조심 조심 성찰하며 자신을 다듬어 가는데, 윤석열 류는 애초에 그런 부류의 사람들이 아니에요. 늘 거짓말이 체질화되어 있고, 나의 사전에 반성이나 사과 같은 건 없다는 오만이 체질화되어 있는 거죠. 자신들이 행한 표적 수사, 먼지털이식 수사, 가족 괴롭히기 수사로 당사자는 얼마나 힘들었을까에 대한 공감이나 연민, 반성은 애초에 없어요. 그렇게 커 왔고, 조직 내에서 집단 학습되어 왔고, 그것을 후배들에게 자랑스레 전수해 왔으니까요.

한 걸음 더 디뎌 볼까요

　2014년에 국회 법제사법위원회 홍일표 의원(새누리당)이 법무부로부터 제출받은 '최근 10년간 자살 사건 발생 현황' 자료에 따르면, 2004년부터 2014년 7월까지 검찰 수사 도중 자살한 사람은 모두 83명입니다.

　구체적으로 수사 중 자살자는 2005년 3명, 2006년 4명, 2007년 1명이었다가 2008년부터는 11명, 2009년 4명, 2010년 9명, 2011년 14명, 2012년 10명, 2013년 11명, 2014년 7월까지 11명 등 점차 증가하고 있습니다.

[김용현 공소장의 충격]

- ➤ "총을 쏴서라도 문을 부수고 들어가 끌어내라."
- ➤ "문짝을 도끼로 부수고서라도 안으로 들어가 다 끄집어내라."
- ➤ "이번 기회에 싹 다 잡아들여, 싹 정리해!"
- ➤ "이재명, 우원식, 한동훈 등 14명을 신속 체포하여 수방사 B1 벙커 구금 시설로 이송하라."

오늘 김용현 공소장을 보니 윤석열의 계엄 실행은 상상보다 훨씬 극악한 내란 범죄임이 틀림없네요. 21세기에 등장한 1980년의 전두환 같습니다. 이를 보고도 탄핵이 안 되니, 내란은 아니니 하는 말들 도저히 용납할 수 없습니다. 최상목 대행은 즉각 헌법재판관 임명과 특검법 공포를 통해 탄핵과 범죄 소추를 제대로 할 수 있게 조치해 주기 바랍니다. 이 공소장을 보고도 걸림돌을 또 놓겠다는 것은, 극악한 범죄를 방조·비호하는 반법치적 행위일 따름입니다.

공소장을 보니 경찰은 즉각 체포 영장을 발부하기에 충분하니 윤을 체포하여 엄정 수사하기 바랍니다. 48시간 유효한 영장이어도, 필요하면 또 소환, 거부하면 체포, 계속해도 됩니다. 절대로, 조금도, 속도를 늦추거나 용서해서도 안 됩니다. 정부와 수사 기관의 맹렬함을 촉구합니다.

2025년 1월 3일

[윤의 사법 처리 일정에 대하여]

➤ 2024.12.7. 탄핵 소추 실패
➤ 2024.12.14. 탄핵 소추 국회 통과
➤ 2024.12.31. 윤 체포 영장 발부
➤ 2025.1.3. 체포 실패
➤ 2025.1.( ). 체포 영장 집행(48시간), 혹은
➤ 2025.1.( ). 구속 영장 발부, 동시 집행

한 번만에 되는 일은 그리 많지 않습니다. 왜? 상대의 막가파식 행태, 무도함, 공격성, 파렴치함을 잘 알면서도 한 번에 될 거라 기대하면 그게 이상하지 않을까요? 저들의 정체성이 더욱 확연해졌습니다. 어떤 순진한 기대도 접어야겠습니다. '대통령까지 했는데 설마 이렇게까지…' 하는 생각, 다 틀렸습니다. 한 번도 잘못했다는 생각 따위 해 본 적도 없습니다. 필요하다면 상식을 뛰어넘어 제2, 제3, 제4 계엄이나 계엄보다 더한 짓을 서슴없이 할 자들임을 확인합니다.

무엇보다 검사=대통령은 남에겐 온갖 법을 강요하면서, 스스로는 한 번도 법이 자신을 제약하리라 생각해 보지 않고 산 인생입니다. 이제 법의 그물이 자신을 향해 다가오자 '절대로 그럴 리 없고, 그래서도 안 된다. 법은 남들 지키라고 만든 것이지, 감히 나를 옥죄다니. 있을 수 없어' 하는 불공정과 비상식의 삶이었음을 거듭 확인합니다. 그러니, 국민 주권의 나라임을 보여 주기 위해 더욱 더 피플 파워를 모아 가야 합니다. 그러면 그 보답으로 빈칸 ( )에 채워질 날짜는 더 앞당겨질 것이고요. 그러면, ( ) 안의 날짜를 앞당기기 위해 우리가 해야 할 일은 무엇일까요?

① 윤의 정체성을 더욱 폭로한다.
② 경호실 책임자 한 명 한 명에 대한 범죄를 추궁하고 체포한다.
③ 대통령 권한 대행자에게 사법권 발동을 침탈하는 자는 지위 고하를 막론하고 파면하라 압력을 배가한다.
④ 공수처의 무능함을 개탄할 수도 있지만, 그럴수록 힘을 실어 주고 지혜를 모아야 한다.
⑤ 집회·시위·여론·전화 등을 통해 국민의 뜻을 적극 알린다.
⑥ 헌법재판소의 구성을 9인 완전체로 완결하라고 각종 방법으로 주장한다.

왕(王)윤 놀이와 통치 행위

저는 윤석열이 실제 자신을 왕(王)이라 여긴다 생각합니다. 그래서 '왕(王)윤'이라 부릅니다. 제가 그의 이름을 입에 올리기 싫어 그냥 '윤'이라 부르다, 왜 앞에 '왕'을 붙였는가. 실제로 윤은 국민들을 위해 일하는 상머슴이 아니라 왕처럼 행동하는 듯 보이잖아요. 대통령 선거 방송 토론회에서 버젓이 손에 왕(王)자를 써 대놓고 흔드는 장면을 국민들도 다 봐서 알고 있잖아요. 그럼에도 국민들이 자신을 대통령으로 뽑아 주었어요. 그러니 윤은 이렇게 생각할 밖에요.

'국민들은 내가 왕이라는 걸 알고 뽑았잖아, 그러니 나는 왕 노릇해도 돼.'

다른 대통령들은 거부권 행사를 미안해하며 국민들에게 국회의 의결을 거부해 미안하지만 어쩔 수 없어 그랬다는 변명이라도 하는데, 이 사람은 역대 어느 대통령보다 거부권을 많이 행사해요. 여야 합의가 안 된 모든 법안은 거부권을 행사합니다. 총선 민의는 다 깔아뭉개고. 헌법상 대통령의 법률안 거부권이 있으니 그건 내 권한이야, 내 맘대로 행사하는데 뭐 어때, 이런 자세이지요. 계엄 선포 역시 마찬가지 마음가짐에서 나온 거죠. '계엄 선포, 내 권한인데 뭐가 어때.' 모든 권력을 다 행사하겠다는, 안하무인이잖아요.

이 지점에서 잠깐, 법률가들이 사람들을 현혹시키는 개념이 바로 '통치 행위'란 주장입니다. 그래서 또 이 문제를 어떻게 쉽게 설명할 수 있을까 고민했어요. 헌법학 교수와 같이 연구를 했어요. 그냥 쉽게 생각해 쓴 글이 아니고 주위 학자들과 깊은 토의 결과 풀어낸 글을 올렸어요.

미심쩍게도 윤석열, 이상민, 윤상현, 이런 자들이 "통치 행위, 통치 행위!" 하며 노래를 불러 대요. 그런데 이 '통치 행위'라는 개념은 우리 헌법 교과서에 지금은 흔적만 겨우 남아 있어요. 이들이 대학 다닐 때, 물론 저도 비슷한 시기에 대학을 다녔는데, 그때는 헌법 교과서에 이와 같은 개념이 있었어요. 이들이 대학 시절 공부하며 헌법 교과서를 읽은 후, 수십 년간 헌법 공부 하나도 안 했을 거예요. 그러니 머릿속에 해묵은 그 개념이 또아리를 틀고 있는 거죠. 그러면 이 사람들 머릿속에 있는 통치 행위란 게 도대체 무엇인지 해부해 볼까요.

왕과 의회가 권력을 분점하고 있는 나라를 생각해 봅시다. 명예혁명 이전의 대영제국, 바이마르공화국 이전의 독일제국을 생각할 수 있겠습니다. 법률은 물론 의회에서 만들어요. 의회가 만드는 법률에 여러 권리 의무 조항을 두는데, 그 의무 조항들이 왕에게는 해당이 안 됩니다. 다른 모든 사람에게는 해당되지만 왕에게는 해당이 안 돼요. 왜, 의회는 왕의 아래에 있는 기관이니까요. 왕 위에는 신만 있을 뿐, 인간 중에는 왕이 가장 높다. 현실 세계에서 왕은 최고 권력자이다. 의회니 법원이니 하는 기관은 다 내 밑에 있다. 이런 것을 왕권신수설이라 부르기도 하지요.

'나는 의회와 법원 위에 군림하는 왕이다. 의회에서 만든 법으로 나를 구속할 수는 없다. 하물며 법원이 무슨 재판이니 뭐니 하며 어떻게 나에게 유죄 판결을 내릴 수 있는가!'

왕국은 그렇거든요. 스스로를 그렇게 여기니 자신의 행위를 의회에서 왈가왈부하는 것도 견딜 수 없고, 자신의 행위에 무슨 내란죄 운운하며 사법 처벌되어야 한다는 주장 또한 용납될 수 없다는 겁니다. 왜? 왕은 통치자이고, 왕의 모든 행위는 '통치 행위'이므로, 법 밖에 법 위에 있다는 것입니다.

통치의 상대 개념이 '법치'입니다. 법치주의에서는 의회를 통해 법을 만들 수 있으며, 모든 사람은 그 법에 따라야 하며, 위반했을 때는 누구건 지위고하를 막론하고 사법적 판결을 받아야 한다는 것입니다. 그런데 느닷없이 '통치 행위'라는 단어를 끄집어내니 헌법 교수와 함께 옛날 책도 찾아보고 요새 책도 찾아 비교해 가면서 그 논리를 깨고자 글을 올렸던 거예요.

이런 글을 올렸더니 김경호 변호사가 아주 잘 정리하면서 더 잘 보강해 주셨어요. 김 변호사는 채수근 해병의 사망과 관련하여 집단 항명 수괴로 몰렸던 박정훈 대령의 변호인을 맡아 맹활약했고, 채 해병 입법청문회에서 정확하고 신랄하게 설명하면서 널리 알려진 분이죠. 군사법의 이해는 누구보다 정확합니다.

[비상계엄 선포는 대통령의 통치 행위라 사법 심사받을 수 없다?]

윤과 윤의 변호인들, 주변 인물들이 주구장창 떠들어 대는 '통치 행위'가 뭔지, 법적 기준을 가지고 찐하게 한번 공부해 봅시다. 그 유래도 생각해 가면서 말이에요.

Q. 우선 통치 행위란 게 뭐죠?

A. 치(治)자가 붙는 단어부터 살펴 봅시다. 통치, 정치, 법치, 이런 게 있죠. 법치는 법률 제정(국회), 법 해석 적용(사법), 법 집행(행정)으로 나뉘는데, 행정부는 국회의 법률에 따라 행정을 집행하고, 행정 행위의 잘잘못은 사법부에서 심리하여 취소, 처벌, 배상을 받게 됩니다.

Q. 대통령의 행위가 법치주의에 따른다는 의미는?

A. 당연히 대통령의 국법상 행위는 헌법과 법률의 제약에 따르고, 사법 심사를 받아야 한다는 거지요. 대통령의 행위도 위헌·위법하면 법원 판결로 취소될 수 있으며, 처벌을 받거나 배상도 해야 합니다.

Q. 그럼 법치와 통치는 어떻게 다른가요?

A. 전제주의 시기, 국왕은 법률 위에 있고, 잘못한 행위에 대해 어떤 처벌도 받지 않았어요. "Kings do no wrong(왕은 잘못을 범할 수 없는 존재다)." 자신을 王으로 착각하는 대통령은 자신의 행위를 법치가 아니라 통치라 생각하겠지요. 박정희, 전두환의 군사 통치 시대, "통치한다"는 개념에 빗대 대통령을 "영도자, 통치자"로 부르기도 했어요. 그런데 오늘 우리 사회가 그런 사회인가요?

Q. 그럼에도 일부에서 여전히 통치 행위란 말을 쓰고 있잖아요?

A. 그렇긴 하지만, 예전처럼 일상적으로 쓰지는 않죠. 이제 대통령의 행위는 헌법과 법률의 규정을 엄격히 따라야 합니다. 헌법은 국민이 만들고, 법률은 국회가 만듭니다. 그러니 대통령의 국사 행위는 국민, 국회의 법을 지켜야 합니다.

Q. 사법 심사는 어떤가요?

A. 대통령의 행위는 모두 사법 심사의 대상이 됩니다. 다만, 사법부는 제한된 자료·증거만 갖고 판단하므로 대통령의 행위에 대해 온전하고 세밀히 판단하기 어려운 경우가 있겠지요. 유·무죄, 합법·위법 등 일도양단의 기준만 적용하는 사법부로서는 복잡한 정치 작용, 충분한 정보가 필요한 영역에 대해 판단을 자제할 필요가 있는 경우에 '자제'하게 되는데, 이를 일컬어 '사법 자제설'이라 합니다.

Q. 어떤 경우가 사법 자제의 영역에 속할까요?

A. 우리 역사에서 예를 들어 보죠. 베트남전, 이라크전, 러시아-우크라이나전 파병 결정이나 7·4 남북 공동 성명, 남북 정상 회담, 오랜 적성국이었던 중·소와의 국교 수립 등과 같은 정책적 결정들이 기존 실정법에 어긋나는 경우는 꽤 많아요. 1972년 남북이 적대적 관계일 때 이후락 정보부장이 평양을 방문하고, 남북공동성명을 합의해 오잖아요. 이후락 정보부장의 평양행과 7·4 공동 성명의 경우는 반국가단체와의 회합 통신, 잠입 탈출, 고무 찬양에 다 걸리지만, 대통령의 고도의 정치적 결단일 수밖에 없습니다. 이런 경우 사법 처벌이 아니라 정치적 여론 형성과 정치적 평가에 맡겨지게 되겠지요.

Q. 그럼 그런 경우는 대통령 마음대로 해도 되나요?

A. 아니지요. 사법 심사에서 자제될 부분이 있다 해도 관련 규정이 많아요. 국회의 예산 심사도 받아야 될 것이고, 관련 법률에 따른 제약도 많고, 필요하면 국회의 법 개정 절차나 국회 동의 절차를 거쳐야 합니다. 그래서 기존의 법률과 절차를 따라야 하고, 후속 입법과 예산을 통해 통제받게 됩니다.

Q. 그럼 비상계엄은 어떤가요?

A. 계엄 선포권은 대통령만 발동할 수 있는 권한이죠. 그런데 계엄이란 문민 체제에서 군사 체제로의 전환을 의미하며, 국민의 자유와 인권, 국가 작용에 엄청난 충격을 주는 행위입니다. 따라서 우리는 민주화 과정에서 그에 대한 헌법·법률적 통제 장치를 많이 만들어 놓았어요. 그 발동 또한 국무회의의 심의를 거쳐야 가능하도록 했으며, 국무위원들의 부서도 필수 요건으로 규정한 것입니다. 요건(전시·사변 및 그에 준하는), 절차(국회 해제) 등을 지키지 않은 계엄은 당연히 위헌·위법한 행위가 됩니다.

Q. 비상계엄의 적법성에 대해 사법 심사를 받는 게 원칙인가요? 안 받는 게 원칙인가요?

A. 계엄 적법성에 대한 일차적 심사는 '계엄 해제 요구권'을 갖는 국회의 영역입니다. 그런데 국회의 계엄 심사를 무력으로 저지하거나 방해하면 곧 내란죄가 되고, 이 경우는 사법 심사도 받게됩니다.

Q. 사법 심사를 받는 경우, 헌법재판소와 법원의 권한은 어떻게 구분할 수 있나요?

A. 계엄 선포 행위가 위헌·위법이냐, 그것도 중대한 위법이냐에 대하여는 국회(탄핵 소추)를 거쳐 헌법재판소(탄핵 심판)에서 다루게 됩니다. 계엄 선포의 내용을 보고, 그것이 (내란죄, 반란죄, 직권남용죄, 건조물 침입 등과 국가 배상 여부에 대한)법률 위반인지는 법원에서 다루게 됩니다.

Q. 그럼에도 계엄 선포는 대통령의 권한이고, 통치 행위여서 사법 심사 대상이 안 된다는 주장은 왜 나오지요?

A. 첫째, 대통령, 행안부 장관이 대학 시절 배운 헌법 교과서엔 '통치 행위론'이 제법 나와 있었는데, 1990년대 이후 헌법 책에서는 분량이 줄고, 사법 심사에 있어 "처음부터 면제된 통치 행위란 없다", "가끔 사법 자제가 필요한 경우는 있다" 하는 정도로 바뀌었습니다. 44년 전의 헌법 교과서만 보고, 그 뒤에 한 번도 들여다보지 않았을 가능성이 있어 보입니다. 그러니 공직자는 과거에 안주하지 말고, 늘 열심히 공부해야 합니다.

Q. 다른 이유도 있나요?

A. 윤대통령은 국민의 득표를 호소하는 자리에서도 王자를 손에 쓰고 임했습니다. 그러니 입으로는 "나를 대통령으로 뽑아 주세요" 하면서, 속으로는 '나는 王이 될거야' 생각한 거죠. 국민은 대통령으로 뽑았다지만, 자신은 王이 된 거니 王통령은 '감히 나에 대한 사법 심사라니, 감히 경찰 따위가 나를 소환하느니 마느니 무엄하도다' 하는 생각이 확실하겠지요. 왕궁도 자기 맘대로 옮기고, 처소도 자기 맘대로 정했잖아요.

Q. 국민들은 어떻게 해야 하나요?

A. 윤은 일관하여 王 노릇에 진심이었는데, 국민은 손바닥의 王자를 보고도 찍어 줬으니 자책해야 합니다. 그 王통령이 王의 전유물인 '통치 행위론' 따위를 말하고 있으니 이번 기회에 우린 王國이 아니야, 왕 노릇하겠다는 자는 단호히 축출, 처벌해야 한다라고 주장해야 합니다. 더욱이 폭군방벌론은 국민 주권의 전제 조건입니다.

◆ **[댓글]**

✉ 김경호 변호사: 교수님 감동 깊게 잘 읽었습니다. 제가 대학 시절에 교수님 같은 이런 강의를 들었다면 대학교 중퇴 안 했을 겁니다.

[교수님 글 핵심 정리]

1. 통치 행위 개념의 변화

과거 군주제나 독재 정권 시절 '통치 행위'는 국가 원수의 고도의 정치적 결정이 사법 심사로부터 면제될 수 있다는 논리에 활용되었다. 그러나 현대 민주 헌정 질서 아래서는 대통령의 모든 행위가 헌법과 법률에 따라야 하며, '통치 행위'라는 이유로 사법 심사를 면제하는 개념은 사실상 사라졌다.

2. 법치주의 원칙 강조

대통령을 포함한 모든 국가 기관은 국민이 제정한 헌법과 국회가 만든 법률에 구속되며, 위헌·위법 행위는 사법부의 심사와 처벌, 배상을 통해 통제받는다. 대통령은 왕이 아니며, 법치 체제 하에서 견제와 균형, 사법 심사는 필수적이다.

3. 사법자제설의 한계

외교·전쟁 파병 결정 등 고도의 정치적 결단과 같이 사법부가 모든 정보를 갖추기 어려운 영역에서는 사법부가 일정 부분 자제할 수 있다. 하지만 이는 사법 심사 자체를 배제하는 것이 아니라, 단지 신중한 판단과 절제의 문제일 뿐이다.

4. 비상계엄 선포에 대한 통제

비상계엄은 대통령 권한이지만, 국민의 자유와 인권에 중대한 영향을 주므로 헌법과 법률의 엄격한 요건, 절차를 따라야 한다. 국회에 해제 요구권이 있으며, 이 절차를 무력으로 저지하면 내란죄 등 중범죄가 되어 사법 심사 대상이 된다.

5. 현행 헌법 체제에서 통치 행위론의 무용성

일부 인물들이 "대통령의 비상계엄 선포는 통치 행위라 사법 심사받지 않는다"는 주장을 펴지만, 이는 이미 학계와 판례에서 부정된 오래된 논리에 불과하다. 현대 민주주의 체제에서는 통치 행위로 명명해 사법 심사를 면제하는 사례는 인정되지 않는다.

6. 유권자와 국민의 역할

국민은 대통령을 선출했지만, 대통령이 스스로를 왕처럼 여기며 통치 행위를 운운하는 것에 단호히 대처해야 한다. 민주주의 원칙에 따라 권력을 견제하고, 위헌·위법적 행위는 정치·사법적 절차로써 제어해야 한다.

대통령의 국가 긴급권에 대한 사법 심사가 가능한가?

우리 헌법 제76조와 제77조에서는 대통령의 국가 긴급권 세 가지를 유형화하여 규정합니다. 첫째, 긴급재정경제처분·명령권(제76조 제1항)입니다. 대통령은 내우·외환·천재·지변 또는 중대한 재정·경제상의 위기에 있어서 국가의 안전보장 또는 공공의 안녕질서를 유지하기 위하여 긴급한 조치가 필요하고 국회의 집회를 기다릴 여유가 없을 때에 한하여 최소한으로 필요한 재정·경제상의 처분을 하거나 이에 관하여 법률의 효력을 가지는 명령을 발할 수 있다. 둘째, 대통령의 긴급명령권(제76조 제2항)입니다. 대통령은 국가의 안위에 관계되는 중대한 교전상태에 있어서 국가를 보위하기 위하여 긴급한 조치가 필요하고 국회의 집회가 불가능한 때에 한하여 법률의 효력을 가지는 명령을 발할 수 있다. 셋째, 대통령의 계엄선포권(제77조)입니다. 대통령은 전시·사변 또는 이에 준하는 국가비상사태에 있어서 병력으로써 군사상의 필요에 응하거나 공공의 안녕질서를 유지할 필요가 있을 때에는 법률이 정하는 바에 의하여 계엄을 선포할 수 있다(제1항).

국가 긴급권은 국가의 위기(예외 상태)에 있어서 이를 극복하기 위해 대통령에게 주어진 매우 강력한 권한입니다. 때문에 국가 긴급권의 위험성을 통제하고 대통령이 국가 긴급권을 통해 권력을 농단하는 사태를 막기 위해 헌법은 문언을 통해 그 행사의 실체적 요건과 절차적 요건을 두고 있습니다.

첫째, 실체적 요건. 긴급재정경제처분·명령권은 '내우·외환·천재·지변 또는 중대한 재정·경제상의 위기'하에서만 가능하고, 긴급 명령권은 '국가의 안위에 관계되는 중대한 교전 상태'하에서만 가능하며, 계엄 선포권은 '전시·사변 또는 이에 준하는 국가비상사태'하에서만 가능합니다.

둘째, 절차적 요건. 한편 헌법 제76조의 대통령 국가 긴급권은 반드시 '국무회의의 심의를 거쳐야' 하고(헌법 제89조 5호), '문서로써 하며, 이 문서에는 국무총리와 관계 국무위원이 부서한다'(헌법 제82조). 무엇보다 대통령은 '지체없이 국회에 보고

하여 그 승인을 얻어야 한다'(헌법 제76조 제3항)고 하여 국회의 사후적 통제를 강조합니다(절차적 요건). 계엄 선포권 또한 마찬가지로 대통령이 계엄을 선포하려면 반드시 '국무회의의 심의를 거쳐야' 하고(헌법 제89조 5호), '문서로써 하며, 이 문서에는 국무총리와 관계 국무위원이 부서'(헌법 제82조)해야 합니다. 또한 '계엄을 선포한 때에는 대통령은 지체없이 국회에 통고'하여야 하는데(헌법 제77조 제4항), 심지어 국회가 폐회 중인 경우라면 '대통령은 지체 없이 국회에 집회를 요구'(계엄법 제4조 제2항)하여야 합니다.

대통령의 국가 긴급권에 대해 헌법과 법률이 실체적 요건과 절차적 요건을 규정하고 있다는 그 사실이야말로, 비록 대통령의 국가 긴급권 행사가 고도의 통치일지라도 이에 대한 사후적인 사법 심사가 필요하고 가능하다는 점을 여실히 보여 줍니다. 이는 학계의 일관 확립된 견해이자 법원의 확고한 태도입니다. 관련해서 이른바 금융실명제라는 긴급 재정 경제 명령에 대한 헌법재판소 결정(93헌마186)과 이른바 유신헌법에 따른 대통령 긴급 조치권에 따른 대법원의 재심 판결(2010도5986)을 살펴볼 필요가 있습니다.

[헌법재판소 1996. 2. 29. 선고 93헌마186 전원재판부] "통치 행위란 고도의 정치적 결단에 의한 국가 행위로서 사법적 심사의 대상으로 삼기에 적절하지 못한 행위라고 일반적으로 정의되고 있는 바, 이 사건 긴급 명령이 통치 행위로서 헌법재판소의 심사 대상에서 제외되는지에 관하여 살피건대, 고도의 정치적 결단에 의한 행위로서 그 결단을 존중하여야 할 필요성이 있는 행위라는 의미에서 이른바 통치 행위의 개념을 인정할 수 있고, 대통령의 긴급 재정 경제 명령은 중대한 재정 경제상의 위기에 처하여 국회의 집회를 기다릴 여유가 없을 때에 국가의 안전 보장 또는 공공의 안녕질서를 유지하기 위하여 필요한 경우에 발동되는 일종의 국가 긴급권으로서 대통령이 고도의 정치적 결단을 요하고 가급적 그 결단이 존중되어야 할 것임은 법무부 장관의 의견과 같다.

그러나 이른바 통치 행위를 포함하여 모든 국가 작용은 국민의 기본권적 가치를 실현하기 위한 수단이라는 한계를 반드시 지켜야 하는 것이고, 헌법재판소는 헌법의 수호와 국민의 기본권 보장을 사명으로 하는 국가 기관이므로 비록 고도의 정치적 결단에 의하여 행해지는 국가 작용이라고 할지라도 그것이 국민의 기본권 침해와 직접 관련되는 경우에는 당연히 헌법재판소의 심판 대상이 될 수 있는 것일 뿐만 아니라, 긴급 재정 경제 명령은 법률의 효력을 갖는 것이므로 마땅히 헌법에 기속되어야 할 것이다."

[대법원 2010. 12. 16. 선고 2010도5986 전원합의체 판결] "입헌적 법치주의 국가의 기본 원칙은 어떠한 국가 행위나 국가 작용도 헌법과 법률에 근거하여 그 테두리 안에서 합헌적·합법 적으로 행하여질 것을 요구하고, 이러한 합헌성과 합법성의 판단은 본질적으로 사법의 권능에 속 하는 것이다. 다만 고도의 정치성을 띤 국가 행위에 대하여는 이른바 통치 행위라 하여 법원 스스로 사법 심사권의 행사를 억제하여 그 심사 대상에서 제외하는 영역이 있을 수 있다. 그러나 이와 같이 통치 행위의 개념을 인정한다고 하더라도 과도한 사법 심사의 자제가 기본권을 보장하고 법 치주의 이념을 구현하여야 할 법원의 책무를 태만히 하거나 포기하는 것이 되지 않도록 그 인정 을 지극히 신중하게 하여야 한다(대법원 2004. 3. 26. 선고 2003도7878 판결 등 참조)."

이러한 법리를 바탕으로 하여 볼 때, 평상시의 헌법 질서에 따른 권력 행사 방법으로는 대처할 수 없는 중대한 위기 상황이 발생한 경우, 이를 수습함으로써 국가의 존립을 보장하기 위하여 행 사되는 국가 긴급권에 관한 대통령의 결단은 가급적 존중되어야 한다. 그러나 앞에서 살펴본 바 와 같은 법치주의의 원칙상 통치 행위라 하더라도 헌법과 법률에 근거하여야 하고 그에 위배되어 서는 아니 된다. 더욱이 유신헌법 제53조에 근거한 긴급조치 제1호는 국민의 기본권에 대한 제 한과 관련된 조치로서 형벌 법규와 국가 형벌권의 행사에 관한 규정을 포함하고 있다. 그러므로 기본권 보장의 최후 보루인 법원으로서는 마땅히 긴급조치 제1호에 규정된 형벌 법규에 대하여 사법 심사권을 행사함으로써, 대통령의 긴급 조치권 행사로 인하여 국민의 기본권이 침해되고 나 아가 우리나라 헌법의 근본 이념인 자유 민주적 기본질서가 부정되는 사태가 발생하지 않도록 그 책무를 다하여야 할 것이다.

국가 긴급권은 국가가 중대한 위기에 처하였을 때 그 위기의 직접적 원인을 제거하는 데 필수 불가결한 최소의 한도 내에서 행사되어야 하는 것으로서, 국가 긴급권을 규정한 헌법상의 발동 요건 및 한계에 부합하여야 하고, 이 점에서 유신헌법 제53조에 규정된 긴급 조치권 역시 예외가 될 수는 없다. …(중략)… 유신헌법 등에 대한 논의 자체를 전면 금지함으로써 이른바 유신 체제에 대한 국민적 저항을 탄압하기 위한 것임이 분명하여 긴급 조치권의 목적상의 한계를 벗어난 것일 뿐만 아니라, 위 긴급 조치가 발령될 당시의 국내외 정치 상황 및 사회 상황이 긴급 조치권 발동의 대상이 되는 비상 사태로서 국가의 중대한 위기 상황 내지 국가적 안위에 직접 영향을 주는 중대한 위협을 받을 우려가 있는 상황에 해당한다고 할 수 없으므로, 그러한 상황에서 발령된 긴급 조치 제1호는 유신헌법 제53조가 규정하고 있는 요건을 결여한 것이다.

한편, 긴급조치 제1호의 내용은 민주주의의 본질적 요소인 표현의 자유 내지 신체의 자유와 헌법상 보장된 청원권을 심각하게 제한하는 것으로서, 국가가 국민의 기본적 인권을 최대한으로 보장하도록 한 유신헌법 제8조(현행 헌법 제10조)의 규정에도 불구하고, 유신헌법 제18조(현행 헌법 제21조)가 규정한 표현의 자유를 제한하고, 영장주의를 전면 배제함으로써 법치 국가 원리를 부인하여 유신헌법 제10조(현행 헌법 제12조)가 규정하는 신체의 자유를 제한하며, 명시적으로 유신헌법을 부정하거나 폐지를 청원하는 행위를 금지시킴으로써 유신헌법 제23조(현행 헌법 제26조)가 규정한 청원권 등을 제한한 것이다.

이와 같이 긴급조치 제1호는 그 발동 요건을 갖추지 못한 채 목적상 한계를 벗어나 국민의 자유와 권리를 지나치게 제한함으로써 헌법상 보장된 국민의 기본권을 침해한 것이므로 긴급조치 제1호가 해제 내지 실효되기 이전부터 유신헌법에 위배되어 위헌이고, 나아가 긴급조치 제1호에 의하여 침해된 위 각 기본권의 보장 규정을 두고 있는 현행 헌법에 비추어 보더라도 위헌이다.

대통령으로서의 권한만 있을 뿐, 권력은 없다

우리 헌법은 권력과 권한을 구분합니다. '권력'이란 단어는 딱 한 곳에 나옵니다. "모든 권력은 국민으로부터 나온다"(헌법 1조 2항). 즉 '권력'은 주권자인 국민이 갖고 있습니다. 대통령·국회·법관 등 공직자에겐 권력이 아니라 '권한'을 갖는다고 되어 있습니다. 권한은 헌법·법률상 한계가 설정된 직권입니다. 가령 국민이 뽑은 대통령은 대통령으로서의 한정된 직권을 행사한다는 것입니다. 대통령이 권한이 아닌 권력을 행사하면, 이는 헌법·법률을 초월한 권한 남용이 되고, 탄핵이나 처벌 사유가 됩니다.

국무총리나 부총리는 대통령의 '권한'을 '대행'할 수 있을 뿐, 대통령 권한의 한계를 넘어 마구 휘두른 권력(위헌·불법의 내란적 비상계엄 선포)을 대행할 수는 없습니다. 그러므로 그 역할도 '권력 대행'이 아니라 '권한 대행'이라 규정해 놓은 것입니다. 한편, 그 권한의 행사에 대해서도 '본행'이 아니라 '대행'에 그칠 뿐입니다.

헌법재판관 중 3인은 국회가 선출하고, 대통령이 임명합니다(헌법 111조). 이 경우, 대통령의 재량권은 전혀 없습니다. 국회에서 선출된 헌법재판관 후보자가 아무리 자기 마음에 들지 않는다 하더라도 대통령은 임명해야 할 기계적 권한밖에 없습니다. 이게 대통령의 '권한'으로 되어 있으니, 무슨 재량이 있는 듯 보이지만, 대통령 자격이 아닌 다른 사람이 헌법재판관을 '임명'할 직권이 없음을 규정한 데 불과합니다. 대통령, 또는 대통령 권한 대행자는 국회 선출 후보자를 임명할 의무밖에 없습니다. 가끔 저는 이 경우를 권의무(權義務), 즉 '의무를 행해야 할 권한'이라고 억지 조어를 만들어 쓰기도 했습니다.

계엄과 내란을 넘어_국민이 써 내려간 헌법 이야기

저들 인식의 흐름을 살펴볼까요. 헌재에서 말하길 이번 비상계엄 포고령이 1980년 계엄 포고령을 참조한 것이라 하잖아요. 지난 대통령 선거 당시, 윤석열은 "전두환이 그래도 정치는 잘했다"고 했어요. 그러면서 덧붙이길 전두환이 다른 것들은 다 잘했으면서도 잘못한 게 하나 있는데 그게 광주 5·18이라고요. 이처럼 윤석열은 전두환이 광주 5·18을 빼고는 다 잘했다고 생각하는 것 같아요(그 점 하나는 다른 극우 집단과는 다른 모양새였습니다. 극우 집단들은 광주 5·18을 빨갱이들의 준동이나, 심지어 북한군이 내려와 조종하고 감쪽같이 사라졌다느니 하는 얼토당토 않은 조작설을 예사로 읊조리고 있으니까요). 그러니 전두환을 흉내 내느라 이런 통치 행위니 계엄 포고령이니 하는 류까지 갖다 쓰는 것이겠죠.

나는 사람에게 충성하지 않는다?, 王尹의 심리

지금의 윤석열을 있게 만든 왕년의 어록이 있죠.
"나는 사람에게 충성하지 않는다."
이 말 한 마디를 언론에서 엄청 띄우면서 오늘의 윤석열을 만들었다 해도 과언은 아닐 겁니다. 사실 당시 이 말의 전후 관계를 보면, '특정인에게는 충성 않는다'는 정도였다고 봐요. 검찰 조직에 대한 충성은 한결같았는데, 그 점을 간과하고 한 인물 띄우기에 나섰던 것이라 봅니다. 나름 윤을 아는 저로선 그때나 지금이나 그 말을 이렇게 이해합니다.

"나는 다른 사람에게 충성하지 않는다. 나는 나에게만 충성한다."

한 걸음 더 디뎌 볼까요

"누가 더 나쁜가···전두환 vs. 윤석열"*

『전두환의 마지막 33년』을 쓴 작가 정아은은 다음과 같이 전두환과 윤석열을 비교한 적이 있습니다. 그녀는 먼저 나쁜 지도자를 '노골적인 폭력 행사형', '경제적 고통 투하형', 그리고 '사적 이익 추구형' 세 가지 유형으로 나누고, 각각의 경우를 전두환, 김영삼, 윤석열로 매칭합니다. 그러면서 그녀는 윤석열과 같은 '사적 이익 추구형' 지도자가 제일 나쁘다고 단언합니다. 그 이유를 그녀의 글 「누가 더 나쁜가...전두환 vs. 윤석열①」에서 조금 길게 인용해 보겠습니다.**

"자기 성찰 능력이 없기에, 외치는 제 말을 스스로도 굳게 믿고 있을 것이다. 세 번째 유형의 지도자가 위험한 것은 이 유형이 언제든 1번과 2번을 넘나들 수 있기 때문이다. 사심으로 가득찬 지도자는 때에 따라 폭력을 유용하거나, 공동체의 곳간을 제 곳간처럼 마구 쑤셔 빼돌릴 수 있다.

이는 내가 쉽사리 윤석열보다 전두환이 더 나쁘다! 라고 외칠 수 없는 이유와 연결된다. 세 번째 유형의 지도자는 어떤 일을 저지를지 그 폭과 정도를 예상할 수 없다. 공·사에 대한 인식이 아예 없기 때문에, 무엇이든 할 수 있다. 또한 아무 것도 하지 않으려 들 수 있다. 모순되는 것 같은 이 말을 다시 풀어 보면 이런 말이 된다.

'사익에 도움이 되는 경우엔 뭐든 다 한다. 하지만 사익에 도움이 되지 않는 건 어떤 것도 하지 않는다.'"

같은 제목의 연이은 두 번째 칼럼 「누가 더 나쁜가...전두환 vs. 윤석열②」에서 그녀는 다음과 같은 질문을 던집니다.***

"이제 우리는 이런 질문을 해 보아야 한다. 쿠데타를 획책하던 당시 윤석열의 뇌리에 빈번하게 출몰했을 전두환의 모습이 다른 것이었다면 어땠을까. 골프를 치러 다니고 고급 음식점에서 쿠데타 동지들과 만찬을 즐기는 모습 대신, 감옥에서 수의 차림으로 평생을 보내는 모습이었다면, 과연 윤석열이 그 밤의 해프닝을 벌였을까? 시민의 희생으로 이어질 수 있었던 그 위험천만한 소동을 아무렇지도 않게 내질렀을까?"

---

* 이 칼럼과 두 번째 칼럼을 쓰고 며칠 후, 정아은 작가는 2024년 12월 17일 돌연 타계했습니다. "누가 더 나쁜가···전두환 vs. 윤석열" 칼럼은 정아은 작가와 김대근 박사, 그리고 출판인 오성준이 함께한 저녁 식사에서 김대근이 정아은에게 한 질문에서 시작되었습니다. 명민했고 치열했던 고인의 명복을 빕니다.

** https://www.thecolumnist.kr/news/articleView.html?idxno=3369

*** https://www.thecolumnist.kr/news/articleView.html?idxno=3373

물론 당연히 김건희는 그에게 있어 금기시해야 할 존재일 테니 다시 해석하면 이렇겠죠.

"나는 김건희와 나에게만 충성한다."

그런데 계엄 해제 후 TV에 나와 "모든 책임은 내가 진다"고 했죠. 심지어는 트루만 대통령이 말했다는 "The Buck stops here"라는 명패를 바이든 대통령에게 받아와서는 보란 듯 떡 하니 책상 위에 얹어 놓았잖아요. 그런데 보세요. 윤의 지시에 따라 계엄에 동원되었던 장군들, 모두 구속되어 처벌 위기에 놓여 있어요. "모든 책임은 내가 진다" 했으면, 최소한 립싱크일지언정 "그 사람들에겐 죄가 없다. 전적으로 내 책임이다"라고 해야 되는 거잖아요. 그런데 그렇지 않으니 윤석열의 저 말 "모든 책임은 내가 진다"를 그의 입장에서 올바로 해석하면 이런 말이죠.

1월 15일 윤석열이 공수처의 2차 체포 집행으로 체포된 후 SNS를 통해 자필 편지를 공개했습니다. 이 자필 편지를 통해서도 그의 정신 세계와 자폐적 인식 구도를 이해할 수 있습니다. 극우 중에도 한심한 유튜브의 세계의 틀 속에 갇혀 살고 있었음이 잘 확인되는 것이죠. 그가 부분 부분 말했던 것들의 전체 맥락이 이랬구나 이해할 수 있는 내용으로 마치 헌법재판소와 형사 법정의 최후 진술을 예행연습한 것처럼 보이기도 합니다.

범죄 수사에 있어 제일 어려운 부분이 피의자의 주관적 인식을 입증하는 일입니다. 내란 수사에선 '국헌 문란의 목적' 인식, 고의 인식 등이 입증해야 할 범위인데, 윤은 공수처에선 진술 거부권을 행사했지만, 체포 집행 이전에 이미 영상을 녹화하고 자필 진술서를 작성해 언론에

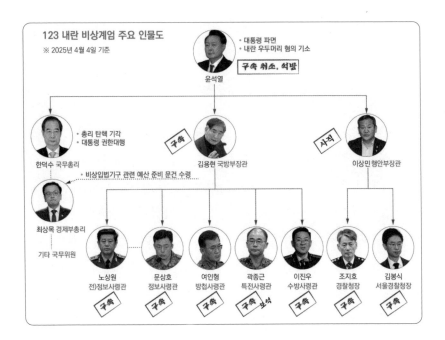

123 내란 비상계엄 주요 인물도
※ 2025년 4월 4일 기준

윤석열
• 대통령 파면
• 내란 우두머리 혐의 기소
구속 취소, 석방

한덕수 국무총리
• 총리 탄핵 기각
• 대통령 권한대행

김용현 국방부장관
구속

이상민 행안부장관
사직

최상목 경제부총리
기타 국무위원
• 비상입법기구 관련 예산 준비 문건 수령

노상원
전)정보사령관
구속

문상호
정보사령관
구속

여인형
방첩사령관
구속

곽종근
특전사령관
구속 보석

이진우
수방사령관
구속

조지호
경찰청장
구속

김봉식
서울경찰청장
구속

공표했습니다. 하루종일 진술을 받아내도 어려운 주관적 인식 부분을 술술 자백해 놓은 셈인 것입니다. 이 자필 편지는 수사기관은 물론, 헌재와 법원에서 그의 주관적 인식을 확인하는 데 있어 매우 활용할 만한 증거입니다. 그야말로 "탱큐, 윤"인 것이죠.

　범죄의 객관적 요건은 이미 방송을 통해 선포했으니 증거 확보에 아무 어려움이 없고, 주관적 요건은 체포되면서 발표한 영상과 심지어 자필 진술서로 술술 불기까지 했으니, 이제 남은 건, "구속 영장 발부한다." "기소한다." "파면한다." "유죄 선고한다." "항소를 기각한다." "상고를 기각한다." 이렇게 차례 차례….

[王윤의 어록 분석]

여태껏 윤의 말에 많이들 속아 왔다. 실은, 윤이 진심을 언듯언듯 드러냈는데, 순진한 국민들이 그 표피만 보고 지지표를 준 것이었다. 주로 언론들의 편파적 찬사가 국민들을 오도시킨 탓이다. 이제 충분히 알게 되었으니 오류를 교정하고, 정확히 독해(정해)해 보자.

➤ 윤: 나는 사람에게 충성하지 않는다(2013년).

　→ 정해(正解): 나는 (다른) 사람에게 충성하지 않는다. 오직 나에게만 충성한다.

➤ 윤: 모든 책임은 내가 진다(2022년).

　→ 정해: 책임이 있는지 없는지는 내가 알아서 정할 테니, 다른 사람들은 왈가왈부하지 말라.

➤ 윤: (계엄 관련 기자회견)법적·정치적 책임을 회피하지 않겠다(2024년 12월 7일).

　→ 정해: ① 오늘은 탄핵 소추 표결하는 날이니 이 정도 립서비스하겠다. ② 대통령으로서 나의 책임은 방해 세력을 처단·수거하고, 지하 벙크에 끌고가 혹독하게 문초하는 것인데, 그런 책임을 조금도 회피하지 않겠다. 요컨대, 王은 어떤 책임도 지지 않는다, 책임의 여부, 정도, 방법은 오직 내 소관이다. 이기적 인간의 본질을 알고 싶다면, 나를 봐라.

이런 그에 대한 파훼법은 무엇일까?

① 국민들은, 잠시 속아 그에게 맡긴 대통령 직책을 회수하고,

② 탄핵·내란의 중죄를 지은 자가 마땅히 가야할 곳으로 가도록 하는 것 뿐이다.

➤ **오늘의 교훈:** ① 뿌린 대로 거두리라.

　　　　　　　② 칼쓰는 자, 칼로 망하리니.

3

탄핵

참, 잘 만들어진 헌법

헌법에 계엄 관련 조항이 있습니다. 평소엔 거의 관심도 두지 않던 조항입니다. 법 공부하는 학생들도 잘 안 봅니다. 왜? 시험 문제에도 전혀 안 나오니까요. 마지막 계엄(1981년 1월 24일 해제)으로부터 43년이 지났으니 관심도 없어요. 그래서 한때 낡은 조문이다 했는데, 이 조문이 오늘 뜬금 없이 살아난 거예요. 헌법 제77조 ①항에 "대통령은 전시, 사변 또는 이에 준하는 국가 비상 사태에 있어…계엄을 선포할 수 있다"고 규정되어 있습니다. ③항에는 "…정부나 법원의 권한에 관하여 특별한 조치를 할 수 있다"고 되어 있죠. 그런데 ③항에 국회는 빠져 있습니다. 계엄을 하더라도 국회에 대한 특별한 조치를 할 수 있다는 조항이 헌법

헌법

제77조 ① 대통령은 전시·사변 또는 이에 준하는 국가비상사태에 있어서 병력으로써 군사상의 필요에 응하거나 공공의 안녕질서를 유지할 필요가 있을 때에는 법률이 정하는 바에 의하여 계엄을 선포할 수 있다.

② 계엄은 비상계엄과 경비계엄으로 한다.

③ 비상계엄이 선포된 때에는 법률이 정하는 바에 의하여 영장제도, 언론·출판·집회·결사의 자유, 정부나 법원의 권한에 의하여 특별한 조치를 취할 수 있다.

④ 계엄을 선포한 때에는 대통령은 지체없이 국회에 통고하여야 한다.

⑤ 국회가 재적의원 과반수의 찬성으로 계엄의 해제를 요구한 때에는 대통령은 이를 해제하여야 한다.

제82조 대통령의 국법상 행위는 문서로써 하며, 이 문서에는 국무총리와 관계 국무위원이 부서한다. 군사에 관한 것도 같다.

에는 없어요. 이어지는 ④항에 따르면, 국회는 대통령으로부터 계엄 선포를 "지체없이" 통고받는 위치에 있고, 해제를 요구할 수 있으며, 이 경우 "해제하여야 한다"라고 되어 있어요.

계엄이 터지는 순간, 이제 법리적 싸움에 나서야 하니, 저희 같은 사람들은 반사적으로 법 조문부터 확인하게 되거든요. 일반적으로 아는 조문이지만 항상 다시 확인을 합니다. 그래서 급하게 다시 확인했죠.

헌법 77조 ①항에 규정된 '사변'이 무엇입니까? 과거 한국전쟁을 6·25전쟁, 6·25동란, 6·25사변 이렇게 많이 불렀습니다. 그러니 이 조항은 6·25와 같은 상황에 이르렀을 때 비로소 계엄을 선포할 수 있다고 규정한 것입니다. ③항 특별한 조치에 관한 규정에 '국회'는 빠져 있습니다. '국회'에 대해서는 특별한 조치를 할 수 있다는 말이 없습니다.

'거 참, 잘 만들어진 헌법이네!'

새삼 감탄하며 보는데, ④항과 ⑤항에서 국회가 그 계엄에 대해 견제할 수 있는 규정을 만들어 놓고 있습니다. 이 조항에 따르면 대통령의 이번 행위는 온갖 지점에서 헌법을 위반한 게 맞습니다. '지체없이 통고'해야 된다고 규정되어 있잖아요. 그런데 '통고' 안 되었습니다. 끝까지 통고 안 되었어요. 그냥 TV에 나와 방송으로 선포하고, 군경을 국회에 투입했을 뿐이지, 국회에는 전화 한 통도 하지 않았고, 문서도 보내지 않았어요. 헌법 82조가 규정한 바와 같이 대통령의 국회에 대한 통고는 '문서로써' 해야 합니다. 그런데 국회로 전달된 문서가 없어요. 이어서 헌법 82조 말미에 "…군사에 관한 것도 또한 같다"고 규정하였습니다. 대통령이 TV 화면을 통해 "비상계엄 선포합니다"고 했지만, 이 조문에 따르면 현재까지도 그것은 대통령의 국법상 행위가 아닙니다. 국법상 행위 요건 중의 하나는 문서로써 되어야 한다는 것이에요. 심지어

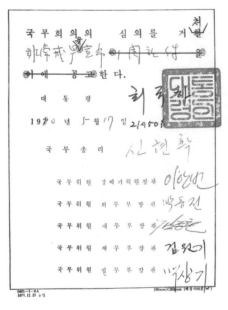

전두환 신군부에 의한 비상계엄 전국 확대 선포
국무회의 부서 문서

1980년 5월 17일 전두환 등이 비상계엄을 전국으로 확대하는데, 거기에도 국무총리와 관계 국무위원들의 부서가 다 들어 있습니다. 정부 기록물을 보면 그게 다 나와요.

그런데 지금 헌법재판소에서 "계엄을 선포했으면 문서가 있을 거 아니냐, 그러니 문서를 제출하라"고 하는데 문서를 내놓지 못하고 있잖아요. 문서는 사후 조작을 하려 해도 국무총리와 관계 국무위원이 부서가 돼야 비로소 문서로 성립이 됩니다. 문서가 있고 대통령 사인이 있고 국무총리 한덕수 등 이렇게 부서(副書)되어 있어야 일단 절차적인 면에서 합법적인 계엄령이 되는 건데, 한덕수 총리 본인은 어떤 부서도 한 적 없다고 합니다. 다른 장관들 또한 누구도 부서한 적이 없다고 합니다. 그런데 계엄을 선포한 거다? 아니에요. 합법적인 계엄령을 선포한 게 아니에요.

그러니 오히려 윤석열 입장에서는 "계엄을 선포한 적 없습니다"라고 우기는 게 맞을 수도 있습니다. 부서된 문서가 없으므로 아무것도 한 게 없다고 주장하는 게 오히려 맞는 거 아니에요? 그런데 그런 주장은 안 하더라구요. 이렇게 말이에요.

"저는 아예 계엄 선포와 관련해 아무 일도 한 적이 없습니다. 국회에 지체없이 통고하도록 되어 있는데, 국회에 통고한 적도 없습니다. 그러니 당일 밤 국회의 해제 의결 또한 원인 무효입니다."

이렇게 주장하고 나서면 색다른 쟁점으로 재미라도 줄 수 있을 텐데 말이에요.

그런데 이 내란 세력들이 뭐라고 이야기합니까. 선관위 기능에 문제가 있으니, 야당의 횡포가 너무 심해 경각심을 고취하기 위해 계엄을 선포했다느니, 국민에게 심각성을 알려주기 위한 이른바 '계몽령'이라는 신조어를 만들어 정당화한다고들 하는데, 법률가 입장에서 보면 정말 우스운 변명이예요. "지금 실전 상황입니다. 북한, 중국이 막 공격하려 하고 있습니다. 그래서 불가피하게 계엄을 선포합니다"는 등, 이러한 이유를 대야 할 텐데, 투개표 과정이나 선거 과정의 문제가 있으며, 야당의 횡포에 대한 경각심을 주려했다는 이야기를 하니, 이거야말로 헌법적 요건에 충족되지 않았음을 자인하는 꼴이잖아요.

게다가 앞서 얘기한 헌법 조항 너무 잘 만들었잖아요. "군사에 관한 것도 같다"라고 명기되어 있습니다. 이 조항이 없었다면 막 우길 수도 있을지 몰라요. 예컨대,

"계엄은 군사적으로 워낙 급박한 상태에서 선포되는 일이므로 군사 부분은 계엄 선포권자에게 예외가 되는 거 아니야!"

그런데 우리 헌법에는 "군사에 관한 것도 또한 같다"라고 명확하게 못박아 놓았어요. 이런 류의 헌법 조항들이 이런 상황에서 비로소 눈에 들어오게 되는 거죠. 거 참, 잘 만들어진 헌법이에요.

["계몽"으로 말하고 "미몽"이라 독해하다]

계엄령을 "계몽령"이라 해 한갓 농담인줄 알았더니, "나는 계몽되었다"고 자수하는 변호사까지 생겨나네요. 이쯤에서, "계몽이란 무엇일까?" 질문으로 들어갑니다.

1. 계몽은 어둠으로부터 빛을 발한다는 것입니다. 한자로 열 계(啓), 어두울 몽(蒙)이니, 어둠을 밝힌다는 것입니다. 계몽은 enlightenment의 번역어입니다.

2. 계몽 시대(the age of enlightenment)의 반대말은 암흑 시대입니다. 계몽주의자들이 본, 서양의 중세는 암흑기이고, 계몽이란 말을 쓸 때는 그러한 어두움(암흑)으로부터 벗어나자는 강렬한 지향을 보여 줍니다.

3. 무엇이 암흑일까? 중세의 어둠, 종교적 압제, 국왕의 전제(앙시앙 레짐)가 암흑입니다. 종교적 광기, 주술적 세계관, 왕권신수설 등이 그 전제-압제의 영속화를 뒷받침합니다.

4. 특히 주술과 미혹의 정체를 폭로하자는 의미에서 탈주술화(disenchantment) 혹은 탈신화화(demythification)를 강조합니다. 주술과 신화의 허위를 벗겨 내고, 이성의 빛, 진리의 빛으로, 주술·광기·편견·억압을 깨트리자는 것이지요.

5. 이번 윤석열-김건희 정권은 각종 주술에 사로잡혀 정치 활동을 해 왔습니다. 용산 이전 등 각종 불가해한 행태는 주술을 대입하면 바로 납득됩니다. 간첩, 중국, 선관위 등에 대한 집착은 사태를 이성적으로 보기를 거부하고, 망집과 편견의 사슬에 스스로를 가두고 있습니다. 거기다 계엄을 통치 행위니 하며 왕권신수설로 회귀한 듯합니다. 정상적 민주·법치 국가의 정상적 정치인의 행태와는 한참 거리가 먼데, 그게 다 왕권=주술 체제에서 비롯된 것입니다.

6. 그러한 윤=김의 주술 체제로부터 벗어나는 것이 탈주술화이고, 계몽입니다. 계몽은 이성과 지식으로 인도되는 삶입니다. 김모 변호사의 "나는 계몽되었다"" 변설을 정확히 하자면, "나는 윤=김의 주술 체제에 흑화되었다. 미몽과 주술로 사로잡혔다"는 자기 고백으로 보는 게 맞을 겁니다.

7. 21세기 개명천지에 무슨 주술이고 미몽이냐 하지만, 오히려 그런 주술·미몽이 유튜브의 폐쇄 회로 속에서 날개 돋친 듯합니다. 종교적 외골수와 광기도 한몫하고요. 하지만, 이제껏 축적된 이성과 지식과 진리의 깨우침은, 그런 주술·광기·미몽의 사조들을 한쪽 구석으로 밀어낼 것입니다. 인간의 불완전성 때문에 완전 퇴치는 못 하더라도, 그것들이 공공 영역의 판단 기초로서 준동하지 못하도록 하는 노력은 늘 필요한 법이지요.

한 걸음 더 디뎌 볼까요

계몽이란 무엇인가

"계몽이란 무엇인가"를 주제로 근대와 탈근대를 사유했던 시대의 사상가가 있습니다. 시대 순으로 칸트, 호르크하이머와 아도르노, 푸코가 그렇습니다. 먼저 칸트의 글은 정확히는 "질문에 대한 대답: '계몽이란 무엇인가'"입니다. 칸트는 1783년 성직자 요한 프리드리히 췰너(Johann Friedrich Zöllner)의 "계몽이란 무엇인가?"라는 질문에 대한 답으로 다음 해인 1784년 『베를린 월보(*Berlinische Monatschrift*)』 12월호에 "질문에 대한 대답: '계몽이란 무엇인가(Beantwortung der Frage: Was ist Aufklärung?)'"를 썼습니다. 이 글에서 칸트는 이성의 공적 사용과 자유에 대한 확립된 논의를 제시합니다. 그에 따르면 계몽이란 독립된 지성을 통해 스스로 미몽에서 벗어나는 것입니다. "계몽이란 인간이 스스로 책임져야 할 미성년의 상태에서 벗어나는 것이다. 미성년의 상태란 다른 사람의 지도 없이 자신의 지성을 이용하지 못하는 상태이다. 미성년의 상태를 스스로 책임져야 하는 것은, 그 원인이 지성의 부족에 있는 것이 아니라 다른 사람의 지도 없이 지성을 사용하려는 결단과 용기의 부족에 있는 경우이다. 그러므로 과감히 알려고 하라(Sapere aude)! 너 자신의 지성을 사용할 용기를 가져라! 하는 것은 계몽의 표어다." 이 글에서 빈번하게 인용되는 또 다른 질문과 답은 다음과 같습니다. "우리는 지금 계몽된 시대에 살고 있는가? (leben wir jetzt in einem aufgeklarten Zeitalter?)" 그에 대한 대답은 다음과 같습니다. "아니오. 그렇지만 우리는 계몽의 시대(in einem Zeitalter der Aufklarung)에 살고 있다(여전히 계몽되어야 할 시대라는 뜻-저자 주)"

푸코는 칸트의 "질문에 대한 대답: '계몽이란 무엇인가'"를 읽으면서 '근대의 태도'에 주목했습니다. 푸코는 칸트에서 현재와 관련하여 비판적으로 생각하는 새로운 방법의 시작을 확인하는 것입니다.[*]

푸코에게 근대의 태도는 진정 당대의 순간을 지향하는 새로운 철학적 태도로 구

---

[*] 미셸 푸코, "계몽이란 무엇인가?", 『푸코의 핵심 저작들, 제1권: 윤리: 주체성, 그리고 진실(The Essential Works of Foucault, Vol.1: Ethics: Subjectivity, and Truth)』 폴 라비나우 편집(뉴욕: The New Press, 1997), pp. 303~319 참조

성됩니다. 태도에 의해서 푸코는 "나는 당대의 현실과 관련된 방식, 특정한 사람들에 의해 만들어진 자발적인 선택, 결국 사고와 느낌의 방식, 그리고 동시에 소속 관계를 표시하고 그 자체를 과업으로 제시하는 행위와 행위의 방식을 의미한다"[*]고 설명했습니다.

호르크하이머와 아도르노가 1944년 5월 전쟁 중에 완성한 『계몽의 변증법』은 이성의 과잉과 이성의 칸트적 한계를 고려한 인간의 무능에 대한 회의와 의심, 그리고 이데올로기 문제에 대한 동족적 관심으로 점철되어 있습니다. 이 책에서 호르크하이머와 아도르노는 우리 본성에 대한 지배와 우리가 자초한 미성숙함으로부터의 해방으로서 계몽은 피할 수 없고, 파괴적이며, 필연적으로 퇴보를 초래하는 지배의 형태를 수반한다고 강조합니다. 그들의 말에 따르면, 이것은 "본성에 대한 사회적 지배의 피할 수 없는 강박"을 반영하는 것입니다.[**]

그렇다면 윤석열과 그의 변호인들이 주장하는 자칭 '계몽'은 무엇을 말하는 것일까요?

나는, 오늘 계몽되었습니다. 세계 4대 계몽철학자의 뒤를 이어 드디어 한국에서 제5의 계몽철학자가 등장한 것을 알았습니다. 그 이름, 윤!석!열! 이렇게라도 웃고픈 답답한 나날입니다.

---

[*] 미셸 푸코, "계몽이란 무엇인가?", 309.

[**] 막스 호르크하이머, 테오도어 아도르노, 『계몽주의 변증법』, 34, 34.

시작부터 위헌·위법의 빼박 증거들

이제 계엄법을 살펴볼까요. 헌법재판소에서 이 계엄법 위반 여부에 대해 계속 따지게 됩니다. 계엄은 국가 비상 사태하에서 행정·사법 기능이 마비되고 경찰력으로 수습할 수 없을 때 군사력으로 사회 질서를 유지하겠다는 대통령의 국사 행위입니다. 계엄이 선포되면 민정이 아니라 군정이 실시되는 것입니다. 계엄을 규율하는 법이 계엄법입니다. 계엄법 2조 ②항에는 "…행정 및 사법 기능이 현저히 곤란한 경우에…"라고 규정되어 있습니다. 그리고 이어지는 ⑤항에는 "대통령이 계엄을 선포하거나 변경하고자 할 때 국무회의 심의를 거쳐야 한다"라고 되어 있습니다. 그 당시 나온 얘기들이 "결정은 대통령이 하는 거 아니냐" 하는 초기 주장들도 있었어요. 하지만 헌법 절차상으로는 어떻게 되나요? 대통령이 선포하기 전에 국무회의 심의를 거쳐야 하고, 국무위원들이 부서해야 하는 것입니다. 그런데 그런 절차가 없었잖아요. 그러니 그냥 자기 멋대로 선포한 거다, 이렇게 규정될 수밖에 없는 거죠.

그 다음, 계엄법 4조에 국회에 통고해야 하는 규정이 있고, 5조에 "계엄사령관은 … 국무회의 심의를 거쳐 대통령이 임명한다"라고 규정되어 있습니다. 그러니 국무회의 의제로 올릴 때 '계엄사령관을 ○○○으로 한다'는 안건을 올려야 돼요. 그런데 국회 국정 조사에서 국회의원들이 물어봐요. 장관들에게 계엄사령관 임명 건을 물어보는데 아무도 들은 적 없다 하잖아요. 그러니 계엄사령관 임명 자체가 무효이고, 계엄사령관으로부터 나간 모든 지시 명령이 다 무효가 되는 것입니다.

그런데 이 사람들이 이토록 무식하고 어리석을 수 있는가? 하물며 이 사람들 다 법률가들이잖아요. 법률가라면 법전을 펼쳐 놓고 요건에 해당되는지 안 되는지 딱딱 짚어가며 실행해야 될 거 아니에요. 그런 초보적인 것도 안 했다? 왜 안 했을까요? 그 주역인 사람들이 다 검사 출신들이죠. 이런 검사들은 수사를 통해 피의자를 공격할 줄만 알지, 자신의 행위가 법률 요건에 해당되는지 안 되는지, 이런 고민을 하지 않습니다. 어떤 건으로 피의자를 잡아 공격하다 안 되면 다른 건으로 못 살게 굴어요. 그렇게 10개 중 1개만 유죄 만들어 내면 되는 거 아니냐, 이런 류의 시각으로 살아 온 대표적인 사람이 지금의 윤석열이에요. 앞서 말했듯, 당시의 행위들이 지금 법률적으로 따져 보면 뻔한 요건들 아니에요. 그 뻔한 요건들을 제대로 충족하지 않았다? 그러니 윤의 비상계엄이라는 것이 헌법과 법률 위반이라고 하는 '빼도 박도 못하는' 증거가 수두룩하게 있는 겁니다.

그러니 헌법재판소 재판관들은 심리하기가 너무 편할 것입니다. 저는 헌법재판관들의 마음속 결정은 이미 다 돼 있다고 봐요. 아니, 전 국민들이 TV나 유튜브를 통해 지켜보지 않았습니까? 헌재에서 "그 문서 좀 내놓으세요", 하니 변호인단이 뭐라고 이야기합니까. "전후 경위를 말씀드려야 되겠습니다" 그래요. 재판관들이 "아니, 그러지 말고 12월 3일 국무회의에서 무슨 결의가 있었는지. 그 문서를 제출하세요. 포고된 문건 주세요" 이러는데 못 내놓잖습니까. 물론 그 문건 내놓으면 탄핵 심판은 해 볼 것도 없이 끝나 버리는 것이죠.

비상입법기구?

"비상입법기구란 게 무엇입니까?"

윤석열에 대한 구속 영장 실질심사에서 영장 담당 판사(차은경 부장 판사)가 윤에게 유일하게 물은 질문입니다. 윤이 최상목 기획재정부 장관에게 '비상입법기구'를 만들 테니, 예산을 확보하라는 '금낭지계'를 전해 줘서 나온 비상입법기구. 도대체 어디에서 불쑥 나온 생각이며, 그 의미는 뭘까요? 같이 연구 검토할 필요가 있습니다.

'비상입법기구'란 말은 12·3 비상계엄 선포 직전에 열린 국무위원 모임(국무회의 요건을 갖추었다고 볼 수 없어 이렇게 칭하겠습니다)에서 대통령이 최상목 장관에게 전달한 이른바 '쪽지'에 쓰여 있던 문구입니다. 쪽지엔 "예비비를 조속한 시일 내 충분히 확보"하라는 것, "국회 관련 각종 자금을 완전 차단하라"는 것과 함께, "국가비상 입법기구 관련 예산을 편성할 것"이라는 지침이 적혀 있었습니다. 최상목은 그 쪽지를 받고도 어떻게 했는지 모르겠다며 어물어물했고, 12월 12일 경찰 국수본에 제출했습니다.

윤은 위의 재판부 질문에 얼마간 침묵하다 답했습니다.

"(쪽지는)김용현이 쓴 것인지 내가 쓴 것인지 기억이 가물가물하다. 비상입법기구를 제대로 할 생각은 없었다."

재판부가 재차 물었습니다.

"비상입법기구가 국회

기획재정부장관

o 예비비를 조속한 시일내 충분히 확보하여 보고할 것.

o 국회 관련 각종 보조금, 지원금, 각종 임금·등·현재 운용 중인 자금 포함 완전 차단할 것

o 국가비상 입법기구 관련 예산을 편성 할 것

© MBC캡처

의 기능을 대신하는 것인가?"

그에 대해 윤대통령은 "정확히 기억이 나지 않는다"며 답변을 회피했습니다. 누가 썼는지도 답변을 회피하고, 그 내용에 대해서도 답변을 회피한 것입니다. 그런데 이 점은 너무 중요합니다. 그 쪽지에는 국회의 기능을 사실상 정지시키고, 비상 기구를 통해 입법과 국회 활동을 대행하겠다는 뜻이 담겨 있기 때문입니다. 12·3 계엄 쿠데타의 장래 방향의 일각이 거기 숨어 있거든요. 그리고 그에 대해 윤은 자신의 원래 의도를 답변할 수 없습니다. 그 답변 하나 하나가 자신을 내란죄로 옭아맬 직접 증거가 되거든요.

여기서 비상입법기구란 무엇인지 짚어 보겠습니다. '비상'과 반대되는, '정상' 입법 기구가 어디입니까? 당연히 국회이지요. 국회가 입법권을 가지고 있으니까요. 민주 국가에서 국회 이외에 입법권을 갖게 하는 조치는 위헌·위법의 핵심입니다. 국회를 배제하고 '비상한' 입법 기구가 입법권을 갖게 하자. 이게 12·3 내란 계엄의 한 필수 부분입니다. 그 말이 하도 생소해 덜 주목받았지만, 윤 계엄 집단의 내심에는 국회의 권능 행사를 불가능케 하고(즉 사실상 폐지하고), 대통령의 뜻대로 움직이는 비상입법기구를 만들어 맘대로 하자는 것이니까요.

우리 역사에서 비상입법기구는 모두 세 차례, 전부 내란적 쿠데타 집권 상황에서 만들어져 운용되었습니다.

첫째, 군대 동원 내란 쿠데타의 모델은 5·16군사 쿠데타입니다. 1961년 5·16 군부 집단은 합헌적 민간 정부를 전복시키고, '국가재건최고회의'란 비상 기구를 만들었는데, 입법권과 행정권을 독점적으로 행사하는 최고 통치 기관이었습니다. 국가재건최고회의에서는 2년 반 동안 법률을 1,008건이나 통과시켰습니다. 이는 당시 전체 법률의 2/3

이상을 차지할 정도였습니다. 이를 '초헌법적 기구'라 자칭했지만, 정확히는 '헌법·법률·민주주의에 명백히 반하는 불법 통치 기구'였습니다.

둘째, 박정희는 종신 집권을 위해 1972년 유신 친위 쿠데타를 일으켜 국회를 해산시켰습니다. 당시 대통령에게 국회 해산권이 없으므로, 그 자체로 내란 범죄였습니다. 그리고 '비상국무회의'에 입법권을 주어 그 비상국무회의에서 각종 통치 악법을 일방적으로 통과시켰습니다. 그 뒤 유신 국회 선거를 통해 국회에 입법권을 돌려줍니다.

셋째, 전두환이 군사 통치를 위해 1980년 5월 17일에 비상계엄을 전국으로 확대하고는, 통치권 장악을 위해 '국가보위비상대책위원회'를 만들었습니다. 5·16 후 박정희의 '국가재건최고회의'처럼 최고 통치 기관으로 운용한 것이죠. 그리고 그해 1980년 10월 28일부터 1981년 4월 10일까지 156일 동안 '국가보위입법회의'를 만들어, 215건에 달하는 법률을 통과시키는데, 각종 악법이 다 들어 있었습니다.

그런데, 이런 법률이 위헌으로 판정날 게 아닌가 자기들도 찜찜하겠지요. 그래서 그 직후 개정된 헌법 부칙에 비상입법기구에서 재·개정한 법률의 효력은 다툴 수 없다고 못박아 버렸습니다. 5·16 세력들이 1963년 개정 헌법 부칙에 넣은 조항은 다음과 같습니다.

"국가재건비상조치법에 의거한 법령과 조약은 이 헌법에 위배되지 아니하는 한 그 효력을 지속한다."

1972년 개정된 유신헌법 부칙 제7조는 더 노골적입니다.

"비상국무회의에서 제정한 법령과 이에 따라 행하여진 재판과 예산 기타 처분 등은 그 효력을 지속하며 이 헌법 기타의 이유로 제소하거나 이의를 할 수 없다."

전두환의 5공화국 헌법은 유신 헌법 규정을 그대로 복사했고요. 헌법적 근거가 없기에, 위헌임이 명백해질 수 있기에, 헌법에다 못을 박아 버린 것이지요.

그렇지만 1987년 민주화 이후, 이 비상입법기구의 법률들은 국회의 악법 개폐 과정을 통해, 헌법재판소의 위헌 판정을 통해 하나씩 폐지 또는 개정되었습니다. 헌재에서 위헌 여부를 판단할 때, 비상입법기구에서 통과한 법이냐 아니냐는 것도 중요한 판단 기준 중 하나였습니다. 그만큼 악법의 집약체가 비상입법기구에서 만들어진 법률이었던 것이죠.

현 시점에서 비상입법기구는 이렇게 약효가 다할 대로 다하여, 그 용어도 아는 사람이 거의 없습니다. 저는 청년 학자 시기에 악법·불법을 극복하기 위해 비상입법기구의 법령을 분석해 놓았던 경험이 있었기에 이 정도의 이야기를 할 수 있습니다만, 요즘 학자들에겐 관심거리도 아니지요. 그런데 우리 헌정사의 창고 속에 방치된 유물인 '비상입법기구'를, 또한 헌법의 조문에만 존재하고 있던 '비상계엄'을 끄집어내 마구 휘두르고자 했던 망상적 대통령이 현실에서 등장할 줄 누가 알았겠습니까?

요컨대, 윤이 말한 비상입법기구는, 이렇게 군사 통치하에서 만들어진 '국가재건최고회의', '비상국무회의', '국가보위입법회의' 등을 2024년에 재현시키자는 것입니다. 말하자면, 국회를 거의 식물화시키는 수준으로 깡그리 무시하고, 대통령이 철권을 휘둘러 맘대로 입법 기능을 행사하겠다는 것입니다. 계엄 내란 쿠데타를 획책한 것은, 바로 이렇게 자기 맘대로 입법하고, 행정하고, 처단하고, 재판하는 절대 철권을 쥐겠다는 그런 뜻입니다. 윤은 "전두환이 그래도 정치는 잘했지"라고 말한 적이 있습니다. 그 말이 진심이었음이 여기서 확인되는데, 윤의 비상입법기구 구상은 전두환 따라하기의 예가 되는 것입니다.

영장 담당 판사가 이 문제를 직접 질문했을 때, 윤은 어물거리기만 할 뿐, 정상적 답변을 할 수 없었습니다. 내란죄의 핵심이니까요. 헌법재판소에서도 재판관들이 이 비상입법기구의 실체에 대해 질문을 했습니다만, 답변다운 답은 나오지 않았습니다.

또 한 가지, 이른바 '쪽지'의 작성 경위가 중요합니다. 최상목은 물론, 조태용 외교부 장관, 이상민 행안부 장관 등 여러 장관들에게 서로 다른 쪽지가 갔습니다. 이상민 장관은 당일 집무실 원탁에서 '소방청장', '단전·단수'가 적힌 쪽지를 봤다는 증언을 국회에서 했습니다. 이런 내용은 그야말로 내란 주요 임무 종사죄에 해당할 만한 주요 증거이기에, 장관들은 그 내용과 소재에 대해 어물어물하고 있습니다. 그런데 그 쪽지를 누가, 어디서 작성했는지는 대통령실과 국방부 장관실을 압수수색해야 확인할 수 있는데, 압수 수색이 이루어지지 않아 그 경위를 현재로선 알 수 없습니다. 그 내용을 파악해야, 그 내용을 작성한 모의 집단을 확인할 수 있고, 그 집단을 정확히 파악했을 때, 내란 계엄의 핵심 실체를 파악할 수 있습니다. 김용현이나 윤석열이 직접 하나하나 타이핑했을 리는 없고, 치밀한 기획자 내지 기획 집단이 있을 텐데, 그 점에 대한 수사가 제대로 이루어지고 있는지 의문입니다. 특별 검사가 필요한 이유가 바로 이런 지점이지요. 아직도 특검의 필요성은 충분합니다.

법률가들의 궤변과 시민의 상식

탄핵 심판 과정에서 매일같이 온갖 미디어, 유튜브를 통해 법에 관한 이야기들을 많이 듣게 되죠. 그런 뉴스들을 접할 때마다 '나는 법을 잘 모르는데', '나는 헌법을 잘 모르는데', 생각할 수 있습니다. 하지만 '나는 잘 모른다' 하는 자조적 관점이 사실은 굉장히 위험한 생각입니다. 소위 '안다'는 자들이 '너희는 모르지' 무시하며 자꾸 전문적 용어나 조문을 집어넣어 말을 하잖아요. 그런데 가만히 들어보면 그 사람들이 쏟아내는 말 중에 제대로 된, 합리적이고 상식적인 좋은 말이 있던가요?

윤석열 변호인이라는 사람들이 매일 뱉어내는 말들이 전부 궤변, 허상이라 잠시 지나 생각하면 '에이, 그게 아닌데', 여러분들의 상식, 민주 시민의 상식과 양식으로 생각할 때 '이거는 도저히 말이 안 되는데' 하는 것들이 금방 드러나잖아요. 예컨대 법관이 영장을 발부했으면, 발부된 영장에 대해 정식 절차를 밟아 불복하는 게 아니라 그냥 아무말이나 막 쏟아내요.

> "저 영장은 엉터리다."
> "저 판사는 엉터리다. 그래서 저 영장은 불법 영장이다."
> "저 저 판사는 그냥 불법 판사다."

이렇게 주장해요. 뭔가 이상하지 않아요? 그런데 그런 말을 스스럼없이 뱉어 내요. 그것도 변호사라는 자들이 말이에요. 그러면 '아, 내가 모르는 뭐가 있나?' 생각하게 되죠. 그렇게 생각하면 안 됩니다. 이 시대 민주 시민은 모두가 판단의 주체자이자 주권자예요. 비록 조문 하나하나에 대해 상세히 알 필요는 없지만, 법이라고 하는 것은 좋은 의미의 '상식과 양식의 결집체'인 거예요. 그러니 저런 말을 들으면 이렇게 말해야 합니다.

> "에잇 아무리 그래도, 저건 말이 안 되지, 그건 말이 안 되지!"

이렇게 시민적 양식과 상식에 입각해 평가하고, 비록 조문은 모르지만 당당하게 들이대야 합니다.

"우리가 판단의 주체다. 우리는 한 사람 한 사람이 민주 시민이다. 말도 안 되는 소리 하지 마!" 하고 당당하게 임하고, 설명을 요구하고, 불합리한 것은 지적하고 비판하고 해야지요.

'아, 나는 잘 모른다. 법 조문은 잘 모른다', 또는 '저 사람들이 뱉어내는 용어가 무엇인지 잘 모르겠다' 그래서는 안 됩니다. 우리 모두가 국가를 구성하는 주체입니다. 그런 주체와 주체 간의 대화에서 저런 현혹에 속지 말아야 합니다.

제가 대학에서는 형법을 전공하는 형법학자입니다. 누가 그래요.

> "형법학자인 한인섭, 당신이 왜 헌법을 논하느냐?"
> "헌법 교수가 헌법을 논해야지, 다른 전공 교수가 이야기하면 되느냐?"

그러면 저는 이렇게 답해요.

> "'헌법학자'에서 '헌' 자를 빼면 법학자잖아. 법학자에서 '법' 자를 빼면 어떻게 돼? 학자잖아. 다음 '학' 자를 더 빼면 어떻게 돼? '자(者)'잖아."

그렇습니다. 자(者), 즉 우리 모두(everyone)가 되는 거예요. 자(者)의 무리, 즉 우리 시민 중에 약간 학술적 언어를 구사하는 '학자'가 있고, 그중에 약간 법적 언어를 구사하는 '법학자'가 있는 것입니다. 그 사이에 저는 어떤 질적 차이도 없다고 생각합니다. 법학 전문가는 시민들에게 친절하고 정확하게 설명할 의무를 지고 있습니다. 평소에 저는 그렇게 '자꾸 아는/모르는' 식의 계층을 만드는 말에 속지 말아야 된다, 생각합니다.

질서 있는 퇴진? 탄핵만이 답이다

탄핵 국면의 처음부터 지금까지 온갖 궤변이 쓰나미처럼 밀어닥칩니다. 이번 사태 전개의 과정에서 매일 매시간 '이 사람들이 도대체 법률가들에 대한 혐오라도 불러일으키기로 작정한 것인가?' 여겨질 지경이었습니다. 온갖 꼼수, 신박한 논리들이 매일매일 쏟아졌어요. 물론 법을 아는 사람과 모르는 사람이 있을 수 있습니다. 모든 국민들이 어떤 법 몇 조 몇 항에 무슨 조항이 있는지 다 알아야 합니까? 아닙니다. 국민들이 어떤 법 몇 조 몇 항을 떠나 상식적으로, 합리적으로 말이 안 되는 것 같잖아요? 그럴 때는 상식선에서 판별해 당당하게 외칠 수 있어야 합니다.

"말도 안 되는 소리 하지마!"

법률가들은 흰 것을 "검다"하고, 검은 것을 "희다" 할 수 있는 온갖 잔재주를 가진 사람이라는 걸 알아야 합니다. 한 예로 12월 7일, 처음 탄핵 소추 투표가 있던 날, 윤석열이 TV에 나와 담화문인지, 국민들의 화를 돋우는 '방화문'인지를 발표했죠.

"임기 문제 포함 정국 안정 방안은 우리 당에 일임하겠다."

윤석열의 이 말을 듣고 당시 여당 대표란 사람이 이제 대통령 임기 등에 대한 결정이 자기에게 위임되었다고 생각했겠죠. 그러니 국무총리하고 둘이서 이른바 '한-한 회동'이라는 걸 하고 기자회견도 했잖아요. 저는 그 상황이 하도 어처구니 없어 우습지도 않은 거예요. 왜냐, 당시 대통령이 "하야한다"는 말을 했나요? "사퇴한다"는 말을 했나요? 아니면, "임기 단축하겠다"는 말이라도 직접 약속했나요? 아무 말도 안 했어요.

"임기 문제를 포함하여 정국 안정 방안을 '우리' 당에 일임하겠다."

이 말뿐이었잖아요. 그렇게 당에 일임하면 어떻게 됩니까? 친윤파, 반윤파, 한동훈파 등등이 있는데 그 속에서 막 논의가 이루어지겠죠. 결론이 나겠습니까? 그런 과정들이 지지부진하게 이어지면 윤석열이 다시 등장해 할 이야기는 뻔하잖아요.

"당에 일임했지만, 어떠한 결론에도 이르지 않았습니다. 심기일전하여 맡은 바 소임을 다하겠습니다."

이렇게 나올 거 아니에요. 그래서 저는 '하야'라는 말을 절대로 믿지 않습니다. 그래서 페이스북에 포스팅했어요. 제 주장은 이렇습니다. "하야는 없다!" "지금 이 시점에 내가 바로 하야 한다"라는 발표만 유일한 효력을 가질 뿐, 예컨대, "한 달 뒤에 하야하겠습니다" 이러고 나서 25일쯤 지나 "정국이 너무 혼란스럽습니다. 그러니 정국이 안정될 때까지 좀 더 임기를 유지해야 되겠습니다" 이렇게 둘러대면 바로 끝이에요. 사람들이 "당장 하야한다고 했잖아"라고 항변하면, "아니, 그때는 내가 지켜보자고 한 것이지 하야한 게 아니다" 그럴 거잖아요. 그러니 하야에는 '현금'만 있지 '약속어음'이나 '예고편' 같은 건 있을 수 없습니다. 제가 쭉 지켜 본 윤석열은 '하야' 이런 걸 떠올리는 그런 사람이 아닙니다. 직접 사퇴? 꿈 깨십시오. 그는 절대, 그런 인물이 아닙니다. 이제 우리가 그 사람의 정체를 조금 조금씩 양파 껍질 벗겨내듯 알게 되었잖아요. 관저에서도 그냥 나오질 않았잖아요. 그런 자의 말 잔치는 무의미한 장난질에 지나지 않습니다. 이런 주장들도 있었습니다.

"일정 시간 내에 질서 있는 퇴진이 이루어지게 해야 하지 않겠느냐?"

'질서 있는 퇴진'은, 단 하나뿐입니다. '헌법적 절차에 따른 퇴진'이 질서 있는 퇴진이고, 그게 바로 '탄핵'입니다. 이렇게 주장하면, 항변하는 사람들이 간혹 있습니다.

"탄핵이 무슨 질서 있는 퇴진이냐? 오히려 무질서한 퇴진 아니냐!"

단호히 답합니다. 헌법적 절차에 따르면 하나도 무질서하지 않습니다. 헌법에 요건, 절차, 시기 등 모든 게 규정되어 있습니다. 헌법적 절차를 따르지 않는, 그 외의 나머지 방안은 모두 논란을 부채질하고, 무질서하며, 그게 바로 위헌입니다.

법 바깥의 예외 상태를 바로 잡는 유일한 합법적 폭군 축출법

우리 헌법과 법률이 스스로를 보호하기 위한 제도는, 형법상 내란죄와 그에 따른 형사 처벌이 있지만, 특히 고위 공직자의 헌법 침해에 대해서는 탄핵 제도가 유용하다. 국민의 대표이자 민주적 정당성을 가진 국회가 소추하고 헌법재판소가 심판하는 탄핵 제도는 헌법을 수호하는 시의적절한 제도라고 할 수 있다. 탄핵이야말로 법의 바깥에서 벌어지는 고위 공직자의 위헌, 위법, 범죄에 대해서 이들의 법적 권한을 정지시키고 민주적 법치 국가를 회복할 수 있는 주권자의 합법적 결단이기 때문이다.

혹자는 반복되는 탄핵에 피로감을 언급하기도 합니다. 그러나 반복되는 위헌, 위법, 범죄를 직시하지 않은 채, 그 효과인 탄핵만을 피로하다고 할 수는 없다. 오히려 반복의 학습을 통해 보다 성찰적이고 세련된 제도 운용이 가능할 수 있다고 믿는다. 2024년 비상계엄의 모든 과정을 지켜본 시민들이 숙고 끝에 내릴 수 있는 결단이라는 점에서 더욱 그렇다._김대근, "법 바깥의 '예외 상태'를 바로잡는 폭군 축출 합법적 '방벌'은 탄핵뿐–비상계엄 이후, 법이란 무엇인가", 한겨레, 2024.12.13.

[이어지는 꼼수들, 탄핵·처벌만이 답이다]

1. 국방장관은 "모든 책임을 지고 사임하겠다"고 했다. 계엄령은 전적으로 대통령의 권한이고 대통령이 책임져야 할 사안이다.

2. 그런데 대통령이 사임 의사를 받아들여 면직시켰다고 한다. 비겁한 꼼수의 점철이다.

3. 대통령의 면직 결정은 국회의 탄핵 소추 의결을 막기 위한 기습 묘책이라 여기겠지만, 국회의 탄핵 소추권 행사를 불가능케 한 책임도 추가로 져야 한다. 국회는 국방장관 탄핵 소추도 가결시켜 헌재로 가서 따져 봐야 한다(현재 공직자·판사·검사는 직무상 징계 건이 있을 때 사표를 수리하지 못한다).

4. 계엄령 선포와 포고령 내용, 국회 침탈(셋 다 내란 범죄의 기수) 모두 대통령의 짓이다. 그러니 사표를 내야 할 사람은 대통령 자신이다. 이후 부하들은 자기 관여에 대한 탄핵 등 징계 절차가 따라야 한다. 그들과 같은 사람으로 취급되고 싶진 않기에 "처단"은 말고, '처벌·징계·탄핵'하면 된다.

5. 그런데 대통령의 기질과 태도로 볼때 사표(하야) 가능성은 제로이니, 오직 절차대로 탄핵·처벌·수사·재판의 외줄기 길뿐이다.

사악하고 무능한 법률가들

윤석열의 변호인이라는 자들이 너무도 많은 궤변을 늘어 놓고 있어요. 연일 말도 안 되는 소리들을 쏟아 내고 있어요. 체포 영장에 관한 주장만 해도 그렇습니다. 윤석열의 체포 영장에 대해 변호인들이 헌법 재판소에 '권한 쟁의 심판'을 청구한다는데, 그럴 방법은 없습니다. 체포 영장을 발부받아 체포된 사람이 할 수 있는 이의 제기 방식은 체포적부심사제도를 통하는 방법 외에는 없습니다. 체포도 안 된 사람이 체포 영장에 대해 다툴 방법이 있느냐? 없습니다. 구속 영장의 경우, 영장을 청구할 때 반드시 영장 실질 심사를 거칩니다. 검사 측에서는 이 피의자를 구속해야 된다 주장하고, 변호인 또한 판사에게 이러저러한 사유로 구속 영장을 발부해서는 안 된다고 주장하는 심사 절차가 있는데, 체포 영장에는 그런 절차가 없어요. 왜냐? 체포 시한이 48시간으로 제한되므로 그런 복잡한 절차를 거칠 필요가 없다는 취지로 법이 규정한 것입니다. 체포와 구속의 차이, 절차, 불복 방법, 이런 것은 우리 시민들도 잘 알아야 할 필요가 있기에, 표 한 장으로 정리해 봅니다.

항목	체포	구속
요건	• 범죄 혐의에 대한 상당한 이유 • 출석 불응 또는 불응 우려 • 긴급 체포, 현행범 체포 가능	• 범죄 혐의에 대한 상당한 이유 • 주거 불명, 증거 인멸 우려, 도주 우려 중 하나
절차	• 체포 영장 발부: 검사의 청구 후 법관 발부	• 구속 영장 청구(사법경찰관이 검사에게 신청 후): 검사가 법관에게 청구 • 영장 실질 심사 필수: 판사가 피의자를 심문하여 구속 여부 결정
기간	• 최대 48시간	• 경찰 단계: 10일 • 검찰 단계: 10일(1회 연장 가능) • 최대 30일(10+10+10일)
불복 방법	• 체포 적부심 청구 가능	• 구속 적부심 청구 가능 • 구속 취소 신청 가능(변호인, 피의자 등)

법률 전문가인 변호인들도 그런 내용 당연히 압니다. 알면서도 법에도 없는 방법을 억지 주장하는 거죠. 그런 이의 신청 방법이 있는 양 지지자들을 현혹하는 겁니다. 그런 절차가 없으니 판사는 당연히 각하하겠죠. 그러면 그 결정을 한 판사들을 향해 문제 있는 판사, 불법 판사라며 덮어 씌우기 공격에 들어갑니다.

무지에서 나온 주장이라면 그나마 이해해 줄 여지라도 있겠는데, 뻔히 알면서 억지 주장을 강변하는 것은 법적 효과가 아니라 오로지 정치적·정략적 효과를 노린 것입니다. 그래서 지금 윤의 변호인단은 법률적 논쟁이 아니라 정치를 하고 있는 겁니다.

급기야는 한남동 관저에서 체포 영장을 집행하려 하는데, 윤의 변호인이 경호처 경호관들에게 법률적 조언을 했다잖아요. 그게 있을 수 있는 일인가요. 그 사람은 다만 윤석열을 변호할 뿐이지, 경호처 사람들을 대상으로 어떤 법률적 조언을 할 수 있는 권한이 없어요. "체포 영장 집행을 위해 관저로 들어오는 경찰을 체포할 수 있다", 뭐 이런 식의 억지 주장까지 늘어놓는 행태를 보면 해도 너무하다는 생각이 들어요. 참다못해 다른 변호사들이 이 사람들을 대한변호사협회에 징계 신청했다는 거 아니에요. 공무집행방해죄의 교사 내지 방조죄 같은 형사 처벌도 검토될 수 있다는 의견들이 있어요. 그래서 류제성 변호사가 징계를 요구하는 신고서를 대한변협에 송부했습니다. 그렇게 정치 주장을 하기에 바쁜 변호인들이 정작 윤석열을 위한 변론에는 무능하기 짝이 없어 보이죠.

예컨대 윤 측 변호인이 체포 영장을 둘러싸고, "대법원이 진상 조사하라, 영장 발부 판사를 직무 배제, 징계하라"고 주장했습니다. 기세등등하네요. 마치 담당 판사는 물론 대법원의 꼭대기에서 지시, 질책하

계엄과 내란을 넘어_국민이 써 내려간 헌법 이야기

2024년 12월 31일

[체포 영장 발부…전후의 법?]

공수처가 대통령에 대해 체포 영장을 청구하고, 판사가 영장을 발부했습니다. 그를 둘러싼 법(이때는 형사소송법입니다)과 관행이 어떤지 한번 학습해 봅시다.

A. 체포 영장 심사에 33시간이나 걸렸네요. 우리 국민들 잠 못 자게 말입니다.

B. 이례적이지요. 체포 영장의 경우, 통상은 한나절도 안 되어 발부될 텐데요. 판사의 체포 영장 발부율은 98%쯤 된다고 하네요.

A. 왜 이리 오래 걸렸을까요?

B. 대통령이니 신중한 검토를 요하는 점도 있겠고, 그보다는 변호인들이 체포 요건, 즉 공수처가 영장 청구권자가 될 수 있느냐는 주장을 냈으니, 그것을 검토한다고 시간이 걸렸을 수도 있겠네요.

A. 발부 안 될 가능성도 있었을까요?

B. 판사는 "헌법, 법률, 그리고 양심에 따라" 재판합니다. 형사소송법상 체포는 ① 죄를 범했다고 의심할 만한 상당한 사유가 있고, ② 정당한 이유 없이 출석 요구에 응하지 아니하거나 응하지 아니할 우려가 있는 때에 체포 영장을 발부받을 수 있다고 규정합니다.

A. 윤석열은 ①, ②에 해당하는 사유가 너무 명백하잖아요.

B. 내란죄 사유는 매우 구체적이고 명백하니 ①은 문제없고요. 출석 불응은 출석 요구에 3번이나 불응했고, 그 전엔 서류 접수조차 거부했으니, 자발적으로 출석할 것이라고 도저히 생각할 수 없죠. 그러니 ①, ②번 요건 충족엔 어려움이 전혀 없지요. 그동안 오불관언, 수사에 불응하고 출석 요구를 거부했으니까요. 자승자박, 자기 올가미를 자기가 매는 꼴이겠네요.

A. 윤 측 입장에서 다른 방법은 있었을까요?

B. 변호인을 통해 계속 출석 불응의 사유를 소명하고, 날짜 조정하자 하고, 또 헌재에 답변 준비가 필요하다는 등, 이렇게 시간 끌기하되 계속 무언가 답변을 주고받고 하면 체포 영장까지 치킨 좀 어려웠을지 모르지요. 그러나 윤은 늘 모든 기관(헌재, 법원)보다 자기가 위에 있다는 왕(王) 사상을 갖고 있으니, 이번 체포 영장 발부는 자업자득인 셈이죠.

A. 그런데, 이번엔 대통령 경호실에서 체포하러 온 수사관들의 출입을 막거나 큰 싸움이 벌어질지 모른다는 우려가 계속 나옵니다.

B. 경호실 공직자들은 대통령의 신변 경호 직분을 맡고 있을 뿐, 윤석열의 개인 사병이 아닙니다. 법의 강행 규정을 따르게 되겠지요.

A. 체포 영장 들고 와도 "우리는 사람, 장소에 대한 경호권 차원에서 막겠다"며 법조문을 들이대면요? 군사상 비밀을 요하는 장소다, 1급 보안 시설이니 안 된다고 하면서요.

B. 사람을 체포하겠다는 것이지, 비밀을 체포하겠다는 게 아니잖아요. 인신 구금 영장(체포 영장, 구속 영장)은 모든 장벽을 다 뚫고 나가는 국가의 제일 막강한 사법 권한입니다. 그것을 막는 자는 공직자의 기본 자격이 안 되어 있는 것이고, 용병 집단이나 무슨 깡패 집단이 되어 버리는 것일 텐데, 그런 용병·사병 집단은 고려 말 무신 정권 때나 있었던 일 아닌가요? 그리고 경호원들은 상부에서 시킨다고 절대복종하면 안 됩니다. 그러한 행위 역시 불법이고 처벌받을 수 있어요. 현대 한국에서 도저히 있을 수 없는 현상일 텐데, 어찌하는지 한번 두고 볼까요?

A. 영장이니 뭐니 다 필요없고, 우리는 상부 명령만 받겠다, 한 걸음도 못 들어온다고 버티면요?

B. 그럼 경호처장과 최상급 간부부터 직위 해제 및 전출 조치하고, 징계 절차 회부하여 파면과 평생 연금 수령액 절반으로 고생하고, 또 중대 범죄(공무집행방해죄, 직권남용죄, 강요죄)로 하나하나 처벌하면 됩니다. 그리고 대통령 직무대행에게 지휘 감독 책임을 추궁하면 됩니다. 부총리 탄핵 사유에 추가될 수도 있어요.

A. 윤이 완강히 체포 거부하면 받는 법적 불이익이 추가로 있을까요?

B. 체포 영장에 따른 체포는 48시간 유효합니다. 수사기관은 체포 직후부터 구속 영장 청구할 준비를 할 것이고요. 체포 거부하고 버티는 반법치적 태도는 판사가 구속 영장 발부할 때 불리한 사유로 추가되겠지요.

A. 그러니까 억지로 버틸수록 자기를 묶는 오랏줄이 되는 거군요.

B. 그렇지요. 버틸수록 법 집행이 어려워지는 게 아니라 버틸수록 더 쉬워지지요. 그리고, 체포는 그냥 48시간으로 끝나는 게 아니라, 이후 구속 영장까지 받아 내면 윤석열은 그냥 구치소에서 1년 이상 구금됩니다. 유죄 판결 확정되면 길고 긴 옥살이가 예정됩니다. 그러면, 그를 옹위·추종하는 세력들의 힘이 쭉쭉 빠지고, 자기들도 걸려들까 봐 움츠리게 됩니다. 이제 그 첫 단계로 진입하기 시작한 거지요.

A. 대통령은 지금 체포 영장 발부가 "위헌, 무효!"라고 하는데, 적법하게 다툴 방법은 혹시 없나요?

B. 판사가 체포 영장 발부하여 체포되면 그 효력은 48시간입니다. 체포 자체의 적법성을 다투면서 풀어달라는 것으로 '체포적부심사제도'가 있습니다. 그 방법을 통해 다투면 또 법원이 답하게 되겠지요.

A. 요는 별로 걱정할 게 없다 이건가요?

B. 걱정은 매순간 되지요. 오늘 새벽까지 영장 발부될지 안 될지 걱정하면서 잠 설치는 시민들이 많았잖아요. 별별 저항과 궤변을 늘어놓고 버티니까요. 하지만, 계속 강조하는데 국민들이 그런 발버둥에 대해 정당한 분노의 표출로써 국민 의사를 계속 확인시켜 가야지요. 저들의 발버둥은 분노하는 국민들에게 불쏘시개를 제공하는 것이겠고요.

는 군주의 방자한 대리인인 양 보이지 않나요. 이거는 뭐, 王통령 측근에 있다 보니, 변호사가 아니라 王당파의 권신(權臣)처럼 설치는 형국입니다. 아마 그들이 오래 몸담았던 검찰에서는 통했을지 몰라도(물론 그조차 잘못된 관행이었지만), 법관의 재판은 법관 자신의 것이고 법원장이나 대법원장도 뭐라 할 수 없는 것입니다. 이에 대해 대법원은 어떻게 반응해야 할까요. 아무 반응을 할 가치가 없다고 여기겠지요. 여기서 잠깐 역사 공부 들어가 봅니다. 이승만 대통령이 판사의 판결을 못마땅해하며 비난하니, 당시 김병로 대법원장이 의연히 응수했습니다.

> "판사가 내린 판결은 대법원장도 이래라 저래라 할 수 없는 것이다. 판결이 잘못되었다고 생각하면 절차를 밟아 항소하시오."

이것으로 끝!

탄핵 정족수? 거 참, 말이 많네

대통령이 국회에서 탄핵 소추되면 대통령 권한 대행이 대통령의 직무를 수행합니다. 그런데 지금 대통령 권한 대행은 국회가 선출한 헌법재판소 재판관을 임명하지 않고, 여야 합의를 해 오라고 합니다. 한덕수 대행은 헌법을 무시하고 국민 뜻을 거스르며, 내란 우두머리의 뜻을 거스르지 않는 한도 내에서 권한을 수행하고 있습니다. 국회의 의결 절차는 의원 간에 합의를 위해 힘쓰되, 공식적으로는 표결을 통해 확정합니다. 국회에서 표결을 통해 헌법재판소 재판관이 선출되었으면, 그건 국회의 정식 결정입니다. 그런데 이를 다시 여야 합의해 오라고 대통령

(권한 대행)이 말하는 것은 3권 분립에도 맞지 않는 명백한 월권이고 위헌입니다. 그래서 한덕수 총리(대통령 권한 대행)에 대해 국회는 탄핵 소추에 돌입했습니다.

권한 대행 탄핵 문제를 가지고 의결 정족수가 몇 명이냐며 논란을 부추겼죠. ① 재적의원 2/3인 200명이다, ② 아니다 과반수다. 이렇게 말이에요. 지금이야 지난 일이려니 하지만, 국면 국면마다 논란을 만들어 전 국민의 가슴을 며칠간 졸이게 했잖아요. 이럴 때는 법률가가 법적 답을 내려 줘야 된다는 생각에, '탄핵 정족수, 거 참 말이 많네'라는 제목으로 글을 썼습니다. 그랬더니 순식간에 800개 이상의 반응과 댓글이 이어지고 순식간에 공유되어 퍼져 나가는 거예요.

이 문제에 대한 답은 간단명료합니다. 윤석열이 탄핵된 12월 14일 자로 한덕수가 대한민국 대통령이 됐습니까? 아니잖아요. 국무총리잖아요. 한덕수가 우리 국민들 앞에, 아니면 혹시 우리 모르게 대통령 취임 선서라도 했나요? 안 했잖아요. 그렇다면 한덕수는 여전히 국무총리일 뿐이잖아요. 국무총리의 탄핵 정족수는 151명입니다. 그런데 저들이 강변해요.

"대통령 권한 대행은 대통령이니, 그 탄핵 정족수는 재적의원 2/3인 200명이 되어야 하는 것 아니냐."

국회의 의결 정족수 문제는 매우 정확해야 합니다. 우리 헌정사에서 가장 악명 높은 사례로 소위 4사5입 논쟁이 있잖아요. 이승만 대통령의 종신 집권의 길을 열어 준 1954년 헌법 개정안에서, 국회 투표 결과 재석 202명 중 가 135표가 나왔습니다. 이승만이 속해 있던 정당(자유당) 국회 부의장이 "부결되었습니다"고 선포하고 산회했습니다. 헌법 개정 정족수는 재석의원의 2/3를 넘어서야 하는데, 당시 재석 202명의 2/3는 135.333...입니다. 국회 부의장은 개헌 찬성(가)이 136명에 달하지 못했으므로 부결 선포를 한 것입니다. 그런데 그 소식을 들은 이승만 대통령은 0.333은 버려야 할 숫자이다. 그래서 4사5입의 수학 공식에 따라 개헌 정족수는 135명이니, 개헌안은 통과되었다고 강변했습니다. 그에 대해 국민 여론이 들끓었지만, 이승만 정권은 개헌이 되었다며 밀고 나갔습니다. 그런 역사적 교훈을 가져와서 보면, 정족수는 법 조문에 의거하되 정족수 해석은 대통령이 아니라 국회 자체에서 일차적으로 해결하면 될 문제입니다. 그러면 조문 한번 살펴볼까요.

> 헌법 제65조 ① 대통령·국무총리·국무위원·행정 각부의 장·헌법재판소 재판관·법관·중앙선거관리위원회 위원·감사원장·감사위원 기타 법률이 정한 공무원이 그 직무집행에 있어서 법률을 위배한 때에는 국회는 탄핵의 소추를 의결할 수 있다.
> ② 제1항의 탄핵소추는 국회재적의원 3분의 1 이상의 발의가 있어야 하며, 그 의결은 국회재적의원 과반수의 찬성이 있어야 한다. **다만, 대통령에 대한** 탄핵소추는 국회재적의원 과반수의 발의와 국회재적의원 3분의 2 이상의 찬성이 있어야 한다.

헌법 65조 ①, ②항에 권한 대행이니 뭐니 하는 규정이 있나요?
없습니다. 그러면 우리는 한마디로 이렇게 물어봐야 해요.

"한덕수는 국무총리입니까, 대통령입니까?"

대통령이 아니잖아요. 지금 국무총리잖아요. 국무총리로서 대통령
이 없으니 그 역할을 대행하는 것뿐인 것이에요. 국무총리의 직책으로
국무총리 역할과 대통령 권한 대행의 역할을 하는 거잖아요. 이렇게 말
하면 그 사람들이 또 물어요.

"헌법 본문 조항입니까? 단서 조항 아닙니까?"

이게 헌법 본문에 버젓이 들어 있는 조항인데, 여기에 무슨 다른 해
석이 있을 수 있겠습니까. 이렇게 이 문제는 정리가 됩니다. 이 사람들
이 벌이는 논쟁이나 논란이 얼마나 허무맹랑하며, 자신들의 정략적 이
해를 포함하는지 알 수 있겠죠?

국무총리 탄핵심판사건에서 헌법재판소 결정

- 국무총리는 국민으로부터 직접 선출된 대통령의 민주적 정당성과 비교
하여 상당히 축소된 간접적인 민주적 정당성만을 보유하고 있어 대통령
권한대행자로서 국무총리는 대통령과는 확연히 구분되는 지위에 있다.
- 대통령 권한대행은 헌법과 법령상으로 대행자에게 미리 예정된 기능과
과업의 수행을 의미하는 것이지 이로써 권한대행 또는 권한대행자라는
공직이나 지위가 새로이 창설되는 것이라 볼 수 없다.
- 해당 공직의 박탈을 통하여 헌법을 수호하고자 하는 탄핵심판 제도의 취
지를 종합하면 국무총리에 대한 탄핵소추에는 본래의 신분상 지위에 따
라 헌법 제65조 제2항 본문에 의한 의결정족수를 적용함이 타당하다.
(2025.3.24., 2024헌나9)

2024년 12월 19일

[계엄과 한덕수]

한덕수 국무총리는 윤 정권 처음부터 지금까지 유일 총리로서,

1. 계엄 선포를 막지 못한 정치적 책임이 있고, 계엄에 대한 법적 책임도 조사 대상이다.
2. 2년 반 동안 대통령의 수많은 독단적 국정 운영을 시정하지도 못했고, 총리 자리를 향유하기만 했기에 대통령의 잘못을 동조 혹은 방조한 책임이 크다.
3. 대통령 탄핵의 상황에서 권한 대행을 한다고 갑자기 대통령으로서의 적극적 권한(거부권 등)을 행사할 수 없다. 선출 권력이 아닌 대행자가 갑자기 무슨 절대 반지라도 얻은 양 착각하여 휘두를 권력은 없다.
4. 한 총리는 지금 국무총리이지 대통령이 아니다. 국무총리로서!! 대통령의 권한을 대행!할 뿐이다.
5. 그는 대통령이 아니고 국무총리다. 국무총리!의 탄핵 소추 요건은 국회의원 200명이 아니라 과반수이다.

덧붙여 질의 응답:

Q. 총리라지만 대통령의 계엄 선포 고집을 어떻게 막을 수 있나요?

A. 대통령의 국법상 행위는 문서로써 하고, 총리가 부서해야 성립됩니다. 계엄은 국무회의 심의를 거쳐야 하는데, 총리가 회의록에 부서하지 않으면 대통령의 선포는 절차적 위법입니다.

Q. 그러면 사표를 내야 하는 거 아니에요?

A. 사표를 내도 되고, 안 내고 버티다 짤려도 됩니다.

Q. 총리가 대통령 뜻에 반하는 정책이나 의견을 펴기 위해 사표를 내는 경우도 있나요?

A. 제대로 된 총리 노릇하려면, 양복 안주머니나 책상 서랍에 늘 사직서를 품고 임해야 합니다. 대통령의 전횡을 막기 위해 면전에서 사직서를 6번 제출한 총리도 있었습니다.

Q. 한 총리도 그랬을까요?

A. 한 번이라도 그럴 만한 위인이었다면 윤통이 임명도 안 했을 걸요.

Q. 근데 한 총리의 탄핵 요건은 대통령(권한 대행)이니 2/3라는 주장에 대해 반론을 보강해 주세요?

A. 탄핵 요건은 헌법상 명문 규정에 따르는 겁니다. 헌법에는 대통령만 2/3입니다. 국무총리가 감히!

[국무총리의 탄핵 소추 정족수?]

Q. 국힘 쪽에서는 대통령 권한 대행이니 200명이 탄핵 정족수라고 합니다.

A. 헌법 조문을 봐야지요. 국무총리는 151+명이고, 대통령은 200+명입니다.

Q. 그럼 권한 대행은요?

A. '국무총리'로서 대통령의 권한을 '대행'하는 것이지, 대통령 그 자체가 되는 게 아닙니다.

Q. 권한을 행사하니까 대통령 자체가 된 게 아닐까요?

A. 그럼 대통령이면, 현 대통령의 잔여 임기 전체를 대통령시켜야 되지 않나요. '제21대 대통령 한덕수' 이렇게는 절대 안 되잖아요. 한국의 국무총리는 어떤 경우도 대통령을 승계할 수 없습니다. 대통령 궐위 확정 후 2개월 내에 대통령 선거를 치러야 합니다.

Q. 미국의 부통령은 대통령의 궐위 시 대통령직을 승계하여 잔여 임기 다 채우잖아요. 닉슨이 사임한 뒤, 제럴드 포드는 대통령이었던 것 같은데, 그건 왜죠?

A. 미국에선 대통령+부통령을 함께 '선출'하잖아요. 그러니까, 대통령이 궐위되면 선출된 부통령이 '대통령' 자체가 되는 거지요. 제32대 루스벨트 대통령이 재임 중 사망한 뒤, 트루만 부통령은 바로 '제33대 대통령'이 되어 무려 3년 9개월간 대통령을 합니다. 한국의 국무총리는 그런 선출된 부통령이 아니고, 단순히 대통령이 임명한 국무총리인 겁니다.

Q. 그런데 만일 정족수 논쟁이 해소되지 않고, 국회에서 탄핵 소추안 표결하면 어떻게 되나요?

A. 가령 국회에서 표결해 180표가 나오면, 국회의장이 "탄핵 소추안이 가결되었습니다"며 토르 망치를 세 번 힘차게 두드리고, 탄핵소추결의문을 헌법재판소에 보내면 국무총리 탄핵의 법적 효과는 즉각 발휘됩니다.

Q. 그게 말이 안 된다고 국힘이 주장하면요?

A. 그거야 국힘이 헌재에 가서 열심히 다툴 문제이겠지요. 효력 정지 가처분 신청도 내 보고요. 어쨌든 대통령 권한은 한시도 비워 둘 수 없으니, 즉각 최상목 부총리가 권한 대행의 책임을 수행합니다.

Q. 최 부총리나 내각이 "아니다, 한덕수에 대한 국회 표결·의장 망치·효력은 틀렸다. 그러니 우리는 한덕수를 대통령 권한 대행으로 인정하고, 그의 주재로 국무회의도 하고, 대통령 직인도 찍고 하도록 하겠다"며 버티면요?

A. 뭐, 한 총리에 대한 충성심이 뻗칠 리도 없고요. 뭐라 하는지, 그때는 다시 두고 봅시다.

대통령과 권한 대행의 차이, 하늘과 땅 사이

우리 헌정사에는 대통령-부통령 체제였던 적도, 대통령-국무총리 체제였던 적도 있습니다. 국민 주권 차원에서 국무총리는 부통령과 결정적 차이가 있습니다. 2024년 12월 30일에 제가 쓴 글을 가져와 정리해 봅니다.

이 시점에 국무총리 아닌 대통령·부통령제의 헌법하에서는 어떻게 될까? 이런 의문에 대해 심화 학습해 봅시다. 다른 나라 예를 가져올 것 없이, 우리의 제1공화국은 정·부통령제가 도입되었습니다. 그중 1954년 헌법과 현행 헌법을 비교해 보면 이해가 쉽습니다.

1. 1954년 헌법에서는 "대통령과 부통령은…투표에 의해 각각 선거한다(53조)"고 되어 있었습니다. 미국은 정·부통령 후보가 러닝메이트가 되어 투표를 한꺼번에 합니다. 그래서 대통령이 궐위되면 부통령이 대통령이 됩니다. 그런데 우리는 달랐습니다. 1954년 헌법에서는 정·부통령은 '각각' 선거한다고 되어 있었습니다. 그 조항이 1956년 선거에서 희한한 결과를 만들어 냈습니다. 당시 대통령 후보는 '이승만 : 신익희 : 조봉암'이었는데, 선거 직전 유력한 민주당의 대통령 후보 신익희가 급서했습니다. 결국 자유당 이승만 대 진보당 조봉암의 대결로 선거가 치뤄졌는데, 민주당 지지자들의 표가 기권과 조봉암 지지로 분산되면서 유효 득표율이 이승만 69.9%, 조봉암 30.1%로 나타났습니다. 이승만 당선은 기정사실처럼 여겨졌지만, 놀라운 것은 조봉암의 선전이었습니다. 이 결과에 놀란 이승만 정권에 의해 3년 뒤 진보당 해산과 조봉암에 대한 간

첩죄 처형이라는 정적 숙청으로 이어졌습니다.

2. 민주당 신익희 후보가 사망하니 1956년 선거에서의 관심의 초점은 부통령에 있었습니다. 민주당 장면(46.4%)이 자유당 이기붕(44.0%)을 이겨 부통령으로 당선되었습니다. 그 결과 자유당 대통령에 민주당 부통령 체제가 만들어졌습니다. 고령인 이승만이 사망하거나 궐위 시 상대 당 출신 부통령인 장면이 대통령이 되는 상황이 되어 버린 겁니다. 이 체제에 좌불안석이었던 이승만과 자유당은 장면 부통령을 향해 권총 저격이라는 테러까지 감행했습니다.

3. 1960년 대통령 선거 후보는 이승만(자유당) 대 조병옥(민주당)이었습니다. 직전 해인 1959년에 진보당이 해체되고 조봉암은 처형당했으므로 이승만, 조병옥 두 후보밖에 없던 셈인데, 조병옥이 또 급서하면서 이승만의 당선은 뻔한 일이었습니다. 따라서 당시 문제가 되었던 3·15 부정 선거는 이승만 대통령 만들기가 아니라 장면(민주당)을 누르고 상대적으로 인기가 없던 이기붕을 부통령으로 만들기 위한 부정 선거였습니다. 선거 결과 이기붕 79.2%, 장면 17.5%로 이기붕이 당선되면서 문자 그대로 부정 선거의 산 표본이 되었지요. 그 선거 결과가 4·19로 무너지지 않고 그대로 이어졌다면 1960년 8월 15일부터 1964년 8월 14일까지 이승만-이기붕 체제가 되었을 겁니다. 이렇게 정·부통령을 '각각' 선출하도록 한 헌법은 여러 정치적 불협화음을 만들어 냈습니다. 이후 대통령 다음 순위를 '각각' 선출하는 제도는 더 이상 도입되지 않았습니다.

4. 1954년 헌법에 따르면, "대통령이 궐위된 때에는 부통령이 대통령이 되고, 잔임 기간 중 재임한다"(55조)고 되어 있었습니다. 부통령은 국민의 투표로 선출되었으니, 대통령 궐위 시 부통령은 대통령

계엄과 내란을 넘어_국민이 써 내려간 헌법 이야기

의 권한 대행이 아니라, 바로 '대통령'이 됩니다. 미국도 마찬가지여서 루스벨트 대통령이 사망했을 때, 부통령이던 트루만이 바로 '대통령'이 되어 잔임 기간(3년 9개월)을 대통령으로 재임했습니다.

5. 현재 우리 헌법에서는 국무총리가 대통령은 못 되고, 그 권한만 대행합니다. 왜 그럴까요? 현행 국무총리는 국민의 직선으로 선출된 공직자가 아니기에 민주적 정통성에 결정적 취약성을 가집니다. 그러니 부통령과는 전혀 다릅니다. 그래서 탄핵 정족수도 대통령이 아닌 국무총리의 정족수에 맞출 수밖에 없습니다.

6. 대통령이 탄핵으로 직무 정지되고, 국무총리나 부통령도 직무 정지되면 그 다음 순위는 누가 될까요? 1954년 헌법을 보면, "대통령, 부통령이 모두 궐위된 때에는…법률이 규정한 순위에 따라 국무위원이 대통령의 권한을 대행하되, 궐위된 날로부터 3개월 이내에 대통령과 부통령을 선거하여야 한다(55조)"라고 규정하였습니다. 선거로 선출된 정·부통령이 모두 궐위되었다면, 그때 비로소 국무위원(당시 1순위는 외무장관)이 이어받지만, 이는 대통령이 되는 게 아니라 권한을 대행할 뿐이고, 그 기간도 일시적(3개월)이다. 즉 부통령과는 차원이 전혀 다르다는 이야기입니다. 현행 헌법에서는 대통령 궐위 시 국무총리, 법률이 정한 국무위원의 순(이때 1순위는 경제부총리)으로 그 권한을 대행합니다. 다시 말해, 그 누구도 대통령이 될 수 없고 그 권한을 대행할 뿐입니다. 그 기간도 60일 이내에 후임자를 선출해야 하므로 3개월도 아닌 2개월의 일시적 기간입니다. 이런 점에서, 부통령제(선출)와 국무총리제(임명) 사이에는 천양지차가 있습니다. 탄핵 소추 요건에서도 천양지차가 있을 수밖에 없지요. 다시 말해, 우리 헌법은 대통령과 총리 등 국무위

원 사이에 결코 넘을 수 없는 장벽을 쌓아 둔 셈입니다. 왜일까요? 국민이 주권자이고, 주권자는 선거로 선출하는 대표자에게 주권의 일부를 일정 기간 위임하는 것이기 때문입니다.

7. 1960년 4월 현재, 대통령은 이승만, 부통령은 장면이었습니다. 이 승만이 하야하면 장면이 대통령이 되어 정권 교체가 곧바로 가능하지 않았을까요? 실제로 그렇게 될 수 있었지요. 1960년 4·19 때 이승만이 하야하면, 다음 순위로 장면이 대통령이 됩니다. 이를 도저히 용납할 수 없었던 이승만 정권으로서는 즉각적인 하야를 택할 수도 없었던 것입니다. 국민들은 3·15 부정 선거, 4·19 발포·살상에 대한 책임을 지고 "이승만은 하야하라"고 명령했습니다. 그런데 이승만은 물러날 수 없다며 버텼습니다. 그 교착 상태를 깨트리기 위해 장면은 4월 25일, 부통령직 사퇴를 단행합니다. 그 다음 날인 4월 26일에 이승만이 비로소 하야하였습니다. 부통령이 하루 전에 사퇴하였으므로 외무장관(허정)이 대통령 권한 대행이 되었고, 그 대행 기간은 3개월로 그해 7월말 이전에 새로운 대통령이 선출될 수 있게 됩니다(물론 그 사이에 헌법이 개정되어, 이승만 정권과 같은 제왕적 대통령제 자체가 없어지긴 했습니다).

8. 이같이 대통령을 승계 혹은 대행하는 정치 과정은 실로 복잡하고, 온갖 경우의 수가 나올 수 있습니다. 그때그때 헌법 해석을 둘러싸고 아전인수, 견강부회식 주장이 막 쏟아집니다. 국민들은 그런 궤변 잡설에 현혹되지 말고 방향을 똑바로 잡아 국민이 주인임을 일깨워 줘야 합니다. 지금도 온갖 궤변·잡설·현혹이 매일같이 쏟아지지만, 주권자 국민은 의연하게 간계를 일삼는 정치인을 지도편달해야 합니다.

헌법재판소의 시간

국회가 탄핵 소추 결의안을 통과시키고 나면, 이제 헌법재판소의 시간입니다. 국회에서 세 명의 헌법재판관 후보자를 추천했는데, 한덕수 권한 대행이 "단 한 명도 임명하지 못하겠다"며 여야 간 합의를 요구하면서 결국 한덕수 총리도 탄핵 소추되었습니다. 최상목이 권한 대행을 이어받아 세 명의 재판관 중 두 명을 임명했어요. 그런데 야당 추천 재판관 두 명 중 왜 마은혁 재판관만 꼭 집어 임명을 안 했죠? 정계선, 조한창은 되고 마은혁은 왜 안 되는 건지, 그 이유가 없잖아요. 셋 다 같은 날 국회에서 선출했는데 말입니다.

이 사안 역시 우리 헌법 조문에 따르면 권한 대행이 달리 따르지 않을 방법이 없습니다. 국회에서 의결된 재판관의 임명에 대한 대통령의 재량권이 없습니다. 대통령은 9명의 헌법재판관 중 자신이 지명할 수 있는 3명의 재판관에 대해서만 재량권을 가질 뿐, 국회에서 의결된 3명의 재판관에 대해서는 사후적으로 도장 찍어 임명하는 수밖에 없어요. 대법원장 추천 몫 3명에 대해서도 마찬가지로 기계적으로 도장 찍어 임명하는 방법밖에 없습니다. 그런데, 대통령이 무슨 재량권이 있어 그중 누구는 임명하고 또 누구는 임명 거부할 수 있는가, 이 말입니다.

시국이 시국이다 보니 주위 사람들과 탄핵 관련 런치 토크를 했어요. 사람들이 여러 가지 이야기를 하길래 메모해 두었다 그 답을 한 번 정리해 보자 해서 질문과 답변 형식으로 글을 올렸습니다.

[탄핵 런치 토크]

Q. 이번 탄핵 심판이 박근혜의 경우보다 오래 걸릴까요?

A. 오래 끌 이유가 없습니다. 왜냐하면 최순실 국정 농단 사건은 최순실이 뇌물받은 사건이잖아요. 최순실은 민간인이었어요. 따라서 그 뇌물을 박근혜가 받았다고 할 수 있느냐 하는 해석에 있어 다루어야 할 복잡한 부분이 많았습니다. 그런데 윤석열 탄핵 건은 12월 3~4일의 상황만 이야기해도 돼요. 그러니 매우 간단한 문제입니다.

Q. 아마도 내로라하는 센 변호사들이 붙어 온갖 꼼수 책략을 동원하지 않겠습니까?

A. 걱정할 필요가 없습니다. 우리는 다만 '인간의 두뇌가 어디까지 작동하는지 한번 보자' 맘먹고 관조하며 즐기면 됩니다. 그런데 이 자들이 제대로 된 변론을 거의 못 하고 있어요. 제가 보니까 진지하게 변론할 생각도 없어 보여요. 정치적 프로파간다에 함몰되어 있을 뿐이죠.

Q. 헌법재판에서 주심 선정이 잘못되어 걱정입니다.

A. 걱정할 거 없다고 봅니다. 박근혜 탄핵 심판 시 8명의 재판관 전원이 이명박 혹은 박근혜에 의해 임명된 재판관이었습니다. 그 전 9명 재판관 완전체로 있을 때 9명 중 그 8명이 전부 통진당 해산에 찬성했고, 김이수 재판관 혼자 기각 의견을 냈어요. 통진당 해산을 인용한 똑같은 그 8인의 재판관들이 8:0으로 박근혜 탄핵안에 찬성했던 겁니다. 저는 8명의 재판관으로 심판할 때 내릴 수 있는 결론은 두 가지라 생각합니다. 8:0 인용 또는 5:3 기각. 재판관들이 6:2의 결과를 내지는 않으려 할 거예요. 두 명의 재판관이 외롭게 기각 의견을 내겠다? 김이수 정도의 결연한 의지를 가진 재판관이라면 혹시 고고하게 의견을 낼 수 있을까, 이 건은 그럴 만한 정도의 사안도 못 돼요. 5:3의 의견이 나온다면 혹시 모를까. 그런데 3이 모일까? 그럴 가능성은 거의 없습니다. 그래서 8:0으로 끝날 것이다! 라고 예측하는 것입니다.

Q. 그래도 매일 매일 뭔가 불안합니다.

A. 시민들이 "우리는 이러이러한 결과를 원한다"는 확고한 자세를 견지하면 됩니다. 불안하고 일손이 안 잡히면 종로, 금남로, 서면, 동성로 집회에 나가 외치고, 야광봉 흔들며 탄핵 축제에 참석하면 됩니다. 나가서 "와! 와!" 소리 한번 시원하게 지르면 뭔가 될 것 같잖아요. 그런 거예요.

Q. 매주 그래야 된다고요? 피곤해 죽겠는대요.

A. 나라의 주인되기가 그리 쉬울 리 있나요? 주권자 국민으로서 이 상황을 어떻게 즐길 수 있을까, 하는 생각을 가져 봐도 좋지 않겠습니까.

Q. 언론이나 어떤 이들은 국내 시위 사태로 외국인들의 출장이나 해외 친구들의 방문이 줄지 않겠냐 걱정합니다.

A. 무슨 얘기예요. "웰컴, 와이 낫(Welcome, why not?)" 하세요. 이 시점에 한국을 방문하면, 민주주의 축제를 즐길 수 있다. 세계 어느 나라보다 안전하고, 시위 현장에 쓰레기 하나 없으며, 운 좋으면 공짜 커피도 마실 수 있잖아요. 야광봉 하나 사 들고 무료 K-Pop 거리 축제에 동참하여, 'K-민주주의가 이런 거구나!' 생각하다 보면, 자신들 나라의 딱한 처지와 비교도 하게 될 거 아니에요.

Q. 헌법재판소 탄핵 소추에서 '내란죄'를 뺐다고 또 일부에서 난리잖아요.

A. 형법상 내란죄의 요건을 충족시키려면 탄핵 심판 과정에서 증인을 많이 불러야 되고, 배제돼야 되어 할 증거와 채택할 증거들을 심의해야 하는 등 시간이 많이 걸립니다. 헌법 재판은 헌법과 법률의 위반에 대해 심의하는데, 앞서 이야기했다시피 다 위배됐잖아요, 내란 주체인 자기들이 위반에 걸리기 딱 좋게 만들어 놓았어요. 그러니 헌법과 법률에 위반됐죠. 그 다음, 그들의 행위가 상당히 중대한 위반이어서 대통령직을 유지하기 어려울 정도의 사유냐, 하는 게 남는데, 그 답은 이렇습니다. "탄핵을 기각한다"는 결정이 나오면 어떻게 되겠어요? "앞으로 대통령이 이 정도의 계엄은 해도 돼!"라고 인정하는 꼴이잖아요. 그럼 국민이 다시 반대하여 들고 일어나야 하는데, 그래서야 되겠습니까? 그런 판결이 내려지면 이 무도한 사람들이 돌아와 그 정도의 규모로 또 시도할 거예요. 3월에도 하고, 4월에도, 5월에도 하고. 참 편리하게 써 먹을 수 있잖아요. 그러니 탄핵이 될 수밖에요.

4

박근혜 탄핵으로부터
윤석열 탄핵까지

데칼코마니, 박근혜·윤석열의 탄핵 열차

- ❖ 2016년 12월 9일: 박근혜, 국회 탄핵 소추 가결.
- ❖ 2024년 12월 14일: 윤석열, 국회 탄핵 소추 가결.
- ❖ 2017년 2월 27일, 박근혜 탄핵 심판 절차, 헌재의 변론 종결.
- ❖ 2025년 2월 25일, 윤석열 탄핵 심판 절차, 헌재의 변론 종결.

2017년 3월 10일(금), 헌법재판관 8:0 전원 일치 판결로 박근혜 탄핵 소추안이 인용되었습니다.

"피청구인, 대통령 박근혜를 파면한다!"

이러한 절차와 시간대에 따르자면 2025년에는 3월 14일(금)경, 늦어도 3월 21일(금)경 역시 헌법재판관 8:0 전원 일치의 인용이 예상됩니다.

"피청구인, 대통령 윤석열을 파면한다!"

박근혜 탄핵 심판은 헌법재판소장의 퇴임으로 소장 대행 체제와 8인 체제로 이루어졌습니다. 윤석열 탄핵 심판 역시 헌법재판소장 대행 체제이며 재판관의 구성 또한 완전체에서 1인 모자란 8인 체제로 진행되었습니다. 여러 모로 살펴도, 참으로 평행선을 그리며 나아가고 있습니다. 변론 종결일부터 재판 선고일까지 대략 2주 정도의 시간이 소요됩니다. 증거는 너무도 명료하니 별 미룰 것도 없고요. 윤 자신의 언행이 다 직접 증거니까요. 그 언행이 모두 계엄 요건에 위배되어 내란죄 요건엔 딱 맞아 떨어집니다.

박근혜·윤석열 탄핵 평행 열차

	2016년	날짜	2024년
		12.3	비상계엄 선포
		12.4	국회, 비상계엄 해제 요구 결의안 통과
		12.7	1차 탄핵 소추안 의결 정족수 부족으로 투표 불성립
	국회, 탄핵 소추안 가결. 탄핵 소추 의결서 헌재 접수	12.9	
	헌재, 탄핵 심판 준비 절차 회부 결정	12.14	2차 탄핵 소추안 국회 가결, 탄핵 의결서 헌재 접수
		12.16	헌재, 첫 재판관 회의 개최-정형식 재판관 주심 지정
	탄핵 심판 1차 준비 기일	12.22	
	탄핵 심판 2차 준비 절차 기일	12.27	탄핵 심판 1차 변론 준비 기일-쟁점 정리
	탄핵 심판 3차 준비 절차 기일	12.30	최상목 권한 대행-헌재 재판관 조한창·정계선 임명. 마은혁 보류

	2017년	날짜	2025년
	대통령, 기자단 신년 인사회에서 탄핵 소추 사유 전면 부인	1.1	
	헌재, 대통령 및 국회 측 증인 신청서 접수 완료.	1.2	
	탄핵 심판 1차 변론. 박 대통령 불출석	1.3	탄핵 심판 2차 변론 준비 기일, 국회측 '내란 죄 성립 여부' 철회. 공수처 , 윤석열 체포영장 집행 불발
	탄핵 심판 2차 변론. 윤전추 증인 신문	1.5	
	탄핵 심판 3차 변론. 최순실·안종범·정호성 증인 신문 불석석	1.10	
	탄핵 심판 4차 변론. 이영선 등 4인 증인 신문	1.12	
		1.14	탄핵 심판 1차 변론. 윤석열 불출석으로 4분에 종료
		1.15	윤석열 공수처에 체포
	탄핵 심판 5차 변론. 최순실·안종범 증인 신문	1.16	탄핵 심판 2차 변론
	탄핵 심판 6차 변론. 검찰 수사 자료 증거 채택	1.17	
	탄핵 심판 7차 변론. 김상률·정호성 증인 신문	1.19	서울서부지법, 윤석열 구속영장 발부. 법원 난입 폭동
		1.21	탄핵 심판 3차 변론, 윤석열 최초 직접 출석
	탄핵 심판 8차 변론. 김종·차은택 증인 신문	1.23	탄핵 심판 4차 변론, 김용현 증인 신문
	탄핵 심판 9차 변. 유진룡 증인 신문	1.25	
		1.26	검찰 특수본, 윤석열 내란 우두머리 혐의 기소
	박한철 헌재소장 퇴임	1.31	
	탄핵 심판 10차 변론. 김규현·유민봉·모철민 증인 신문. 이정미 재판관 헌법재판소장 권한 대행 선출	2.1	
		2.4	탄핵 심판 5차 변론, 이진우·여인형·홍장원 증인 신문
		2.6	탄핵 심판 6차 변론, 곽종근·김현태·박춘섭 증인 신문
	탄핵 심판 11차 변론. 정현식·김종덕 증인 신문	2.7	
	탄핵 심판 12차 변론. 조성민·문형표·박헌영·노승일 증인 신문	2.9	
		2.11	탄핵 심판 7차 변론, 이상민·신원식·백종옥·김용빈 증인 신문
		2.13	탄핵 심판 8차 변론, 조태용·김봉식·조성현 증인 신문
	탄핵 심판 13차 변론. 이기우 증인 신문	2.14	
	탄핵 심판 14차 변론. 정동춘 증인신문	2.16	
		2.18	탄핵 심판 9차 변론, 소추인·피소추인 측 주장 및 서면 증거 요지 정리
	탄핵심판 16차 변론. 헌재 최종 변론 27일로 연기	2.20	탄핵 심판 10차 변론, 한덕수·홍장원·조지호 증인 신문
	탄핵 심판 15차 변론. 방기선 증인 신문	2.25	탄핵 심판 11차 변론-소추인, 피소추인 최종 변론
	대통령 대리인단, 8인 재판관 체제 선고 위법 주장	3.7	서울중앙지법 윤석열 구속 취소 청구 인용, 석방
	탄핵 심판 최종 변론. 대통령 불출석, 대리인단 서면 제출	2.27	
	박근혜 탄핵 심판 선고	3.10	
		3.24	한덕수 국무총리 탄핵 기각 선고
		4.4	윤석열 탄핵 심판 선고

그 사이 우리가 해야 할 일을 역사적 경험 속에서 찾아 봅니다.

2017년 2월 23일, 헌법재판소는 헌법 재판관 8명을 선고일까지 24시간 근접 경호해 달라고 경찰에 요청했습니다. 대통령 측 변호인이 공공연하게 내란을 선동하는 지경에 이르렀으니, 정족수 미달로 재판 불능 상태가 되지 않도록 확실한 경호 태세에 돌입해야 한다는 것이었죠. 그 전날인 2017년 2월 22일, 이정미 헌법재판관은 박근혜 측 대리인에게 강력히 경고했습니다.

"사법권 독립 훼손 시도에 매우 우려를 표한다."

2025년 헌법재판소의 탄핵 심판 결정 과정에서도 8년 전과 거의 같은 상황이 예상됩니다. 과거로부터 배울 것은 배우고, 예측하여 대비하고, 주권자로서 해야 할 일을 차근차근 해 나가면 됩니다. 주권자의 뜻을 명확히 밝히고, 헌재 결정을 기대하면 됩니다. 그런 의미에서, 2016~2017년 박근혜 대통령의 탄핵 과정을 복기하면서, 교훈을 얻어 내는 일도 좋을 듯합니다. 아래 글은 2016년 12월 16일 한겨레 토요판에 실렸던 저의 특별 기고 칼럼입니다. 국회의 탄핵 소추 직후에 쓴 글입니다.

'주권자 혁명' 시대로 행진하기

"대한민국은 민주 공화국이다."

텍스트로만 이해하던 헌법 제1조를 이젠 온 국민이 노래 부르며, 온몸으로 써 내려가고 있는 시대입니다. 7주간에 걸쳐 서울 한복판에서 시작되어 전국으로 퍼져 나간 촛불 시위의 대행진. 국내뿐 아니라 한국인이 있는 세계 곳곳에서 동시에 울려 퍼진 함성의 대열. 이는 1919년 3·1대혁명에 필적하는 세기적 사건으로 봅니다.

샴쌍둥이처럼 일체화된 순실근혜의 국정 농단은 보통 시민들의 상상을 뛰어넘는 엽기적 행각들입니다. 그 때문에 드라마는 죽었고, 영화도 시들합니다. 모처럼 언론들이 진실 폭로에 경쟁적으로 뛰어들었고, 경악스런 뉴스들은 주말 대집회의 동력을 끌어올렸으며, 주권자의 함성은 다시 주간의 정치권과 언론을 강타했습니다. "촛불은 곧 꺼지기 마련"이라는 일각의 기대를 비웃으면서, 국민의 소리는 갈수록 뜨거워지고 널리 퍼져 갔습니다. 두 달 전에는 전혀 예상할 수 없었던 대통령 탄핵안 가결에까지 이르렀습니다.

탄핵안 가결은 국회의원 234명의 작품인가요. 그렇지 않습니다. 주역은 바로 우리 국민이었습니다. 그 국민은 시민이나 유권자라기보다는 이번엔 주권자의 모습으로 나타났습니다. 대통령이 국민의 생명을 도외시하고, 집무실엔 나오지도 않고, 국정 농단의 공동 정범으로 준동한 경악스런 사태를 깨닫고, 국민은 주권자의 이름으로 대통령의 권한을 회수합니다. 정치권의 복잡한 셈법에 주권자들은 동요하지 않았습니다. 주권자들이 한결같이 외쳤던 것은 대통령의 "하야, 퇴진, 즉각 퇴진"이었습니다.

A: 오늘은 2백만보다 더많이 232만이 모였단다.
단군이래 최대치를 경신했네.

B: 그래도 4768만명은 안왔다고 또 생까는 분들이
있던데.

A: 그 자들은 피검사할 때 제 피를 몽땅 뽑아다놓고
검사하는지 물어봐.

한인섭 서울대 법학전문대학원 교수

2016년 12월 5일 박근혜 탄핵 소추안 통과 사흘 전 토요일 밤 광화문

계엄과 내란을 넘어_국민이 써 내려간 헌법 이야기

2025년 3월 15일 광화문 백만 집회   ⓒ 임재근

'87년의 산물' 헌재, 국민에 응답해야

탄핵의 법적 절차에서 국회는 탄핵 소추를, 헌법재판소는 탄핵 심판의 임무를 수행합니다. 그러나 탄핵의 진정한 주체는 주권자인 우리 국민입니다.

"국민은 명령한다, 박근혜는 퇴진하라!"

이것이 광장의 일치된 구호였습니다. 탄핵의 성사 여부가 국회의원의 손에 있는 듯 보였을 때, 탄핵의 캐스팅보트는 새누리당 비박계가 쥐고 있었습니다. 비박계는 흥정의 꽃놀이패를 쥔 듯 보였습니다. 대통령의 3차 담화에 정치권이 동요될 때, 주권자는 232만 명이라는 고금에 볼 수 없는 절대 인원으로 응답했습니다. 탄핵이 국민의 명령임이 명확해지자, 비박은 잠잠해지고 오히려 친박이 쪼개졌습니다. 통상 대의기관인 국회에 주권자의 권한을 위임하고 그 결과에 탄식이나 했던 수동적 국민들이 이번엔 전혀 달랐습니다. 국민이 주권자로서 나서자, 청와대의 정치 공작이 무력화되었습니다. 국회는 주권자의 명령을 겸허히 받아들였기에 탄핵 가결의 순간, 의원들은 엄숙했습니다. 탄핵의 환호성은 바로 국민의 것이었습니다.

주권자는 촛불을 통해서뿐 아니라 실로 다양한 수단으로 자신의 뜻을 알렸습니다. 의원의 휴대전화에 불이 나도록 전화를 해 댔고, 사회관계망서비스(SNS), 우편, 플래카드, 스티커를 통해 뜻을 전달했습니다. 주권자의 탄핵 의지가 국회의 득표 수와 일치하는 정도에 이를 때까지 말입니다.

이제 탄핵의 공은 헌법재판소로 넘어갔을까요? 재판관 각각의 성향이 거론되고, 탄핵 심판의 일정, 정족수 문제 등이 복잡하게 꼬여듭니다. 그러나 탄핵이 국민의 명령으로 발의되었고, 탄핵 추진의 힘이 국민이었던 만큼 공은 여전히 국민이 갖고 있습니다. 주권자인 국민은 국회에 이어 헌재에 심부름을 시키고 있는 것이지요. 헌재는 전 역량을 모아 국민의 부름에 신속히 응할 준비를 하고 있습니다. 우리의 헌재는 1987년 민주 헌법 쟁취의 산물입니다. 30년에 가까운 역사를 지닌 헌법재판소는 주권자의 의지를 존중하여 소임을 다해 낼 것으로 봅니다. 다만 이제부터는 헌재가 알아서 할 테니 국민은 가만히 있으면 된다는 견해는 옳지 않습니다. 국민이 주권자임을 여러 방면으로부터 재확인시켜 줘야 합니다.

촛불은 바람에 흔들리는 여린 빛입니다. 그러나 캄캄한 밤일수록 촛불 하나는 어둠을 그만큼 몰아내는 빛입니다. 촛불은 염원입니다. 그렇게 연약한 촛불들이 모여들면, 흑암의 나라는 광명의 천지로 바뀌어 갑니다. 또한 촛불은 작은 횃불입니다. 주권자의 의지가 결연할수록 촛불은 비폭력의 절제로 자기 무장합니다. 주권자의 결연한 촛불 앞에 법원은 금단 구역을 점점 좁혔습니다. 경찰은 점점 물러섰습니다. 이렇게 주권자들은 '청와궁'에 육박했습니다. 주권자가 어깨를 펼수록 권부(權府)는 점점 고개를 숙였습니다. 만일 국회가 주권자의 탄핵 명령을 거역했다면, 그때는 촛불의 인내심이 바닥나면서 1987년처럼 국민 저항권의 횃불로 폭발했을지 모릅니다. 200만이 모여도 비폭력으로 일관한 것은 주권자의 자신감의 발로에 다름 아니었습니다.

저는 이번의 흐름을 "주권자 혁명"이라 부릅니다. 남용되고 농단된 대통령 권한을 회수해야겠다고 결단한 것은 주권자로서의 자각이었습니다. 흔들리는 국회에 대하여 정당, 의원의 뜻대로가 아니라 촛불 민심을 받들라고 명한 것은 주권자의 당당함이었습니다.

대법원장·헌재소장 임명 과정 바꾸자

박근혜 퇴진을 주장한 첫 주인공은 뜻밖에도 '중고생 혁명'의 기치를 내건 청소년이었습니다. 아직 유권자가 아닌 무권자인 중고생부터 시작되었기에 유권자 혁명으로 부를 수 없습니다. 경제·사회적 변혁을 전면화하지 않았기에 앙시앵레짐(구체제)을 타파하는 시민 혁명의 상을 대입하기엔 뭔가 어색합니다. 우리 국민이 "주권자"로서의 확신을 갖고, 민주 공화국의 주인으로서의 자기 모습을 드러내는 과정으로 저는 이해합니다.

"가만있지 말라"는 건 세월호가 우리 모두에게 안겨 준 뼈아픈 교훈입니다. 주권자들은 "이게 나라냐"고 거듭 묻고 있습니다. 순실근혜의 국정 농단에 대해 주권자들이 가만히 있지 않았습니다. 핵심 의제의 선정과 진행 과정에도 뜨겁고도 묵직하게 개입했습니다. 그리하여 불가능한 장벽처럼 보였던 탄핵의 일차 관문을 돌파해 낸 것입니다.

주권자 혁명이라면 앞으로의 전개도 주권자 혁명의 내실을 채워가는 과정이어야 합니다. '제왕적 대통령제'가 만악의 근원이라면 그 '제왕'의 왕관을 벗겨 내야 합니다. 실은 그 '제왕'은 우리 헌법의 문자로는 없습니다. 청와궁을 대통령 집무실로 바꾸고, 대통령 비서실은 그냥 부속실 정도로 축소해야 합니다. 대통령의 업무는 내각과 관료를 통해 이루어지는 게 정상입니다. 경복궁의 배후에 숨어 있는 청와궁의 위치부터 시민 속으로 내려와야 합니다. "공주"와 "시녀", "배신"과 "충성" 따위의 왕조적 기풍은 싹부터 도려내야 합니다. 제왕적 대통령을 '시민 대통령'으로 확 바꿔 놔야 합니다.

주권자 혁명의 효과는 국가 곳곳에 파급되어야 합니다. 대통령의 전횡적 인사권도 큰 문제입니다. 예컨대 대법원장, 헌법재판소장은 삼권 분립의 국가 틀에서 핵심적 인사입니다. 그런데 이들 대법원장, 헌재소장의 임명은 오로지 대통령의 의중에 달려 있습니다. 대법관만 해도 후보추천위원회를 통해 추천된 복수 후보 중에서 선정하는 데 말입니다. 우리 헌정사에서 내내 그랬던 것이 아닙니다. 이승만 대통령 때만 하더라도 대법원장은 법관 회의의 제청을 거쳐 대통령이 임명하는 것으로 규정되었습니다. 대통령이 사법부 수장의 임명을 지배할 수 있도록 해서는 안 됩니다. 당장 내년 초에 닥칠 헌법재판소장의 임명만 하더라도 대통령의 일방적 지명이 아니라 각계 인사로 제청위원회를 구성하도록 법률화할 필요가 있습니다. 모든 대통령의 인사권에는 직간접의 국민 참여와 사후 통제를 거치도록 해야 할 것입니다.

대통령이 탄핵될 만한 사유가 드러났다면 그 책임은 대통령 1인의 것이 아닙니다. 대통령을 잘못 보좌한 총리와 내각은 총사퇴해야 마땅합니다. 내각 인사부터 최순실의 입김이 가득합니다. 최순실 의혹이 제기될 때마다 모르쇠와 방패막이에 앞장선 총리이고 장관입니다. "새누리당도 공범이다, 새누리당 해체하라"는 것 역시 광장의 민심이었습니다. 그런데 누구보다 책임져야 할 집권당과 내각은 모르쇠와 적반하장으로 일관하고 있습니다. 주권자는 이런 무책임을 준엄히 심판할 것입니다.

주권자 혁명 행렬에 개헌 요구는 없다

주권자 혁명의 내용을 알차게 채워 가려면 개헌이 시급하지 않느냐고 주장할 수 있습니다. 그런데 이번 주권자 혁명의 행렬 속에서 개헌 주장은 들리지 않았습니다. '직선제 개헌'을 명시적 목표로 내걸었던 1987년과는 다른 모습입니다. 지금의 헌정 위기는 헌법 탓이 아니라 대통령 탓입니다. 더 중요한 것은 탄핵 일정입니다. 박근혜 탄핵은 끝난 게 아니라 진행 중입니다. 앞으로 어떤 간계와 술수가 작동할지 공동 감시해야 할 시점에 백가쟁명식 개헌 논의는 불화의 사과를 던지는 꼴입니다. 현재의 열기는 대통령의 즉각 퇴진과 주권자 혁명의 제도화에 집중되어야 할 것입니다.

우리가 거듭 확인한 바는 역대 최악의 불통 대통령 모습입니다. 비서실장, 수석들도 대면 보고 한번 제대로 못 했습니다. 장관들은 수첩에 받아적기만 했습니다. 간언(諫言)은커녕 상언(上言)할 기회조차 허락되지 않았습니다. 그러니 일반 국민과의 소통이야 오죽했겠습니까. 대통령은 그저 최순실의 메시지만 입력하고 그가 시킨 대로 지시했습니다. 이런 불통의 시대는 끝장내야 합니다. 이제부터는 주권자가 직접 공직자에게 소통의 압력을 열어 가야 합니다. 때로는 "제 핸드폰이 뜨거워서 못 사용하겠다"(이완영 의원)고 불평할 정도로, 뜨겁게 국민 의사를 전달해야 합니다. 일 잘하는 의원에겐 후원금, 군림하고 배신하는 정치인에게는 '18원의 후원금' 등 다양한 지도 편달을 해 가야 합니다. 공직자에게 소통과 경청을 체질화하도록 하는 것 역시 주권자의 몫입니다.

1919년 대한민국이 '수립'된 이듬해 도산 안창호 선생은 "오늘날 우리나라엔 황제가 없나요?" 하고 질문한 적이 있습니다. 그러곤 "황제란 주권자를 일컫는 이름이니, 대한민국에서는 온 국민이 바로 황제"라 자답합니다. "대통령이나 총리나 다 국민의 노복"일 뿐이니 "군주인 국민은 노복을 선하게 인도하는 방법을 연구해야 하고, 정부 직원은 군주인 국민을 섬기는 방법을 연구해야 한다"고 일깨웠습니다. 이게 민주공화국의 핵심입니다.

이 주권자 혁명의 시대에 대통령은 섬김받는 존재가 아니라 주권자를 섬기는 노복임을 재확인합시다. 대통령은 "군주인 국민을 섬기는 방법을 연구"하고, "군주인 국민"은 노복인 공직자들을 "선하게 인도하는" 방법을 연구합시다. 때로는 참여로, 때로는 감시로, 때로는 탄핵으로 말입니다. 이번에 국회의원들을 선하게 인도했던 것처럼, 앞으로도 우리 국민은 주권자 혁명의 정신이 국가 작용의 곳곳에 스며들도록 국가 대개조를 해 가야 합니다.

왜냐고요? "대한민국의 모든 권력은 국민으로부터"(헌법 제1조 2항) 나오는 것이니까요.

2016~2017년 박근혜 탄핵 과정에서 제가 쓴 한겨레 칼럼과 페북 글을 인용해 봤습니다. 어때요? 지금 그대로 활용해도 되지 않을까요. 피소추인 측은 온갖 쟁점을 내걸어 트집 잡고, 속도를 지연시키려 하고, 공범들은 타인에겐 불리하게 자신에겐 유리하게 말을 조작합니다. 개헌론 끄집어내 논점 흐리기 시전하고, 반대 세력도 결집하고 있습니다. 탄핵 절차가 지연된다 싶으니 지치기도 하고요. 그런데 크게 보면, 헌재의 탄핵에 3개월여 소요되는 시간도 관행화되는 것 같고, 그 과정에서 생겨나는 일도 대동소이합니다. 과정상의 여러 우려들은 탄핵 결정이 내려지면, 탄핵 결정에 대한 불복 우려 같은 것은 이후의 초고속으로 진행되는 새로운 정치 일정에서 주변 이슈로 밀려날 수밖에 없습니다. 개헌론 역시 모든 이슈를 빨아들이는 대선 이슈 앞에 큰 힘을 쓸 수 없습니다. 대선 중간에 나오는 개헌안 합의는, 우리의 몇 십 년 정치사에서

[왜 탄핵 지경에 이른 박근혜에 대해 책임지고
'사퇴'하는 관료가 왜 한 명도 없을까요?]

➤ 박근혜: 왕은 책임지지 않는 거다. 잘못은 신하에게 있다. "궁극적으로 제 책임입니다"라는 말은 태생이 낮은 사람이 하는 것이야.

➤ 최순실: 그거 다 박근혜가 한 일이지, 난 조언하거나 조종했을 뿐이고, 나는 공적 책임을 질 감투가 아예 없어.

➤ 청와대 사람들: 우린 받아쓰기하고, 그것대로 실행한 것밖에 없어. 시킨 사람에게 뭐라 책임 물어야지, 왜 내가?

➤ 관료들: 난 대통령, 청와대가 시킨 대로 한 것뿐이야. 우린 원래 영혼이 없기에, 우리는 책임 질 주체가 애초에 아니야.

➤ 김기춘·우병우: "저는 알지 못합니다", "기억이 안 납니다", "모릅니다, 모릅니다."

➤ 그러니, 주권자 혁명은 '각자에게 그의 것(책임)을 정확히 매겨 주는 것'이다. 이게 정의다!

[국민이 정치 9단이 되어야 합니다]

주권자 혁명의 기세는 계속 되어야 합니다.

"언론이 무슨 힘이 있나요?"

오직 국민들 파워에 밀려 연일 폭로전을 하고, 1천 킬로미터를 하루에 주파합니다.

"특검이 무슨 힘이 있나요?"

오직 국민들 파워에 용기백배하여 온갖 곳을 압수 수색하고, 무서움 없이 밀고 갑니다.

"헌재가 무슨 힘이 있나요?"

오직 국민들 파워를 등에 업어 속도전을 펼치고, 대통령 일당에 무서움 없이 밀고 갑니다.

"그런데 박근혜 일당이 죽었나요?"

아닙니다. 대행 권력도 있고, 박사모도 있고, 국정원도 있습니다. 잠시 꼬리를 내렸을 뿐, 호시탐탐 반격의 기회를 노리고 있습니다.

"새누리가 삭았나요?"

국민들 파워 탓에 쪼개졌지만, 99명의 의원들이 있습니다. 언제 어떻게 되살아날지 호시탐탐 기회만 노리고 있습니다. 이런 형국입니다. 탄핵 절차가 진행 중이지 결판 난 게 아닙니다. 복잡 무비한 개헌 이슈를 내걸고, 정치 9단 아닌, 정치 9급들이 달라붙어 자파 증식을 위한 비책을 내놓고 합종연횡, 오월동주, 조령모개에 열중합니다. 현재 불고 있는 개헌론의 위험성은, 정치적 이해관계로 국민들을 유도하여 탄핵과 주권자 혁명의 기세를 분열시키는 것입니다. 탄핵하고 정권 교체까지, 정글 숲을 헤치고, 늪 지대를 통과해 가야 합니다. 정치 9급들의 놀음에 놀아나지 않는 정치 9단의 국민이 되어야 합니다. 그 비결이요?

정치인들의 입술을 보지 말고, 그 말 뒤에 숨은 흑심을 투명하게 꿰뚫어 보는 겁니다. 순실근혜 국정 농단의 숨통을 끊어 놓지 않고서는, 언제 어떻게 권토중래할지 모를 일입니다. 단계 단계, 확실하게 합시다!!

[대통령의 "하야?", "사퇴?"]

박정희 대통령은 '18년간' 집권했다고 합니다. 대충 맞지만 정확한 이야기는 아닙니다. 박정희는 '종신 동안' 대통령을 했습니다. 김재규가 아니었으면, 국민이야 죽든 말든 '종신토록' 대통령을 했을 겁니다. 김재규이건, 국민이건, 직접 끌어낼 때까지.

박근혜에게 '하야, 사퇴'를 바랐습니다만, 그런 '박씨 대박'은 없습니다. 박정희근혜는 이승만과 DNA가 다릅니다. 박근혜의 '5년'은 박정희의 '종신'과 같습니다. 김종필이 단언했듯이 "5천만이 하야하라 해도 하야 할 성질의 사람"이 아닙니다. 그냥은 단 하루도 '5년 종신'을 단축할 생각이 없을 겁니다. 추호도. '하야'나 '사퇴'는 없습니다. 그렇다고 김재규의 거사나 루이 16세, 찰스 1세 시대 같은 혁명 상황을 생각할 수도 없습니다.

그러면 길은? 탄핵 절차밖에 없는 겁니다. 탄핵은 힘들고 긴 과정이지만, 그것은 탄핵의 손쉬운 남용을 막기 위한 법적 장치이기도 합니다. 그래서, 탄핵의 성사를 위해 국민적 에너지를 모으고 지혜를 모아 가야 하는 겁니다. 농간에 속지 않고, 책략을 뚫어 내는 그런 지혜 말입니다. 탄핵 자체보다 탄핵에 이르는 과정이 더 중요합니다.

성과도 많았습니다. 청와대 비서진과 비선 실세들이 서울구치소에 가 있습니다. 감추려고 했던 추악함이 연일 폭로되었습니다. 집권당이 쪼개지고, 당 간판도 바꿔 달고 있습니다. 대통령의 무지, 억지, 무치(無恥), 무책임의 속살이 고스란히 노출되고 있습니다. 탄핵의 과정은 국민이 5년 내내 주권자임을 스스로 자각하고, 국회가 정파 책략이 아니라 주권자의 목소리에 귀 기울이게 하고, 탄핵 심판이 9명 재판관의 고유 권한이 아니라 주권자의 몫을 일부 대행하는 것임을 확인케 하는 겁니다. 모든 국가 기관이 주권자가 누구인지를 매순간 느끼게 하는 겁니다.

그러니 '초조감'이나 '비관주의'의 전염은 금물입니다. 오히려 긍정적 에너지를 가득 실어, 온 나라 구석구석에 퍼 나르는 겁니다. 그래야 촛불 잔치가 주권자 혁명으로 승화되는 겁니다. 즐겁게, 신나게, 우리의 현재와 미래를 바로 우리가 만들어 가는 겁니다.

그런 마음 갖기 힘들다고요? 그렇지요. 우린 개개인으로서는 연약하지요. 구조 악과 맞설 자신도 없고요. 그래서 '연대'를 통한 희망 돋우기가 필요한 겁니다. 주말에 광장에 나가 연대감을 확인하고, 긍정의 에너지를 시너지로 다음 단계를 만들어 가는 겁니다.

다만 체면치례용일 뿐 한낱 휴지 조각으로 바뀌어 버립니다. 개헌은 이런 상황에서 추진될 일이 아니기 때문입니다.

곧이어 다가올 헌법재판소의 탄핵 결정을, 겸허하지만, 확실한 믿음을 갖고 기다려 봅니다. 탄핵 결정이 8인 전원 일치로 선고되는 그 순간의 소감과 의미를, 8년 전으로 소급해 한번 예감해 봅니다.

2017년 그때와, 2025년 그때의 소감이 놀랄 정도로 비슷합니다. 2025년 4월 4일, 이날의 소감을 또다시 남겨 두고 싶습니다. 우리 각성된 대한 국민들은 불통과 오만의 정치 지도자를 용납하지 않는다는 사실, 그것도 "3년은 너무 길다"는 구호를 역사적 사실로 만들어 버리는 활화산 에너지와 지혜를 겸비하는 국민이라는 사실에 감격하면서 말입니다.

봄을 맞는 길

가을-겨울을 거쳐 봄이 온다.
탄핵 18주는 지루한 시간들이 아니라
개인 개인이 주권자로 상승-자리매김하는
성장적 체험의 과정이고,
민주로 구성된 주권자의 나라를 만들어 가는 장엄한 과정이다.
그래서 나는 시종일관 주권자 혁명이라 부르는 것이다.

계엄과 내란을 넘어_국민이 써 내려간 헌법 이야기

[대한국민 만세입니다]

가을, 겨울, 그리고 봄. 몇 개월의 길고 긴 과정에서 국민은 지치지도 않고, 시종일관 주권자의 뜻을 다채롭게 각인시켰습니다. 그야말로 '주권자 혁명' 대행진이었습니다.

국민의 명령은 국회를 움직였습니다.

국민의 명령은 언론을 움직였습니다.

국민의 명령은 특검에 에너지를 불어넣었습니다.

국민의 명령은 헌재의 전원 일치로 귀결되었습니다.

이번에 승리한 것은 여도 야도, 검찰도 특검도, 헌재도 아닙니다.

이번의 승리는 '국민이 주권자로서의 재활성화, 재충전'입니다. 승리의 개가는 국민의 것입니다.

주권자로서, 주인으로서, 당당하게 자신을 일으킨 우리 국민 모두가 함께 만세 부를 일입니다. 물론 국민의 위임자들은 임무를 잘 완수했습니다.

국회는 불가능한 듯한 탄핵을 해 냈습니다. 당리당략에도 불구하고, 그토록 집결될 수 있었던 국회의원들의 충정이 고맙습니다.

특검은 불철주야 노력하여 우리 역사에서 검찰의 참 기능을 보여 줬습니다.

헌재는 매일같이 평의와 변론의 수고를 통해 신속하면서도 공정하게 진행하는 진수를 보여 줬습니다.

언론이 살아야 나라가 살고, 언론이 죽으면 나라도 죽고 대통령도 자기 파멸됨을 보여 줬습니다. 언론의 소중함을 일깨워 준 손석희를 비롯한 언론인들에게 고맙습니다.

주권자의 명령이 국회, 특검, 헌재, 검찰을 거쳐 법원에 이르렀다!

대한민국은 민주공화국이다!

[함께하니 현실이 되었다]

세월호를 인양하라
함께 외치고, 함께 노래했더니
현실이 되었다.
박근혜를 탄핵하라, 함께 외쳤더니
현실이 되었다.
이재용, 최순실, 김기춘 구속도
함께했더니 현실이 되었다.
미래가 불안하고, 여러 초조와 파쟁이 있다.
해법은,
간절함으로 함께함이다.
당당함으로 지혜로움이다.
왜 그리 낙관론이냐 하는데
함께함의 공명이 불안감을 씻어 내기 때문이다.
머무르지 않고 행진하면 어둠이 저만큼 물러가기 때문이다.
이승만·박정희·전두환·박근혜,
그 지독했던 권세를 물리친 엄청난 역사를
함께 호흡하기 때문이다.

한 걸음 더 디더 올까요

박근혜와 윤석열 탄핵의 차이

최근 한 언론은 박근혜와 윤석열의 차이를 '헌법 수호 의지'의 있고 없음으로 평가하기도 합니다. 조금 길지만 인용해 봅니다.

8년 전, 헌재는 박근혜 대통령을 파면해야 하는 결정적 이유로 '헌법 수호 의지'를 꼽았다. 박 대통령은 최서원씨가 '비선 실세'라는 의혹이 불거진 직후인 2016년 10월 25일 첫 대국민 담화를 하며 국민들에게 사과했다. 이후 2차 대국민 담화에서는 진상 규명에 최대한 협조하겠다고 약속했다. 하지만 검찰이나 특검 수사에 전혀 응하지 않았고, 청와대 압수 수색을 거부했다. '최씨가 취임 초반에만 도움을 줬'던 해명과 달리 그가 오랜 기간 국정에 개입한 사실도 드러났다.

재판관들은 "피청구인은 자신의 헌법과 법률 위배 행위에 대하여 국민의 신뢰를 회복하고자 하는 노력을 하는 대신 국민을 상대로 진실성 없는 사과를 하고 국민에게 한 약속도 지키지 않았다"며 박 대통령을 강하게 질타했다. 이어 "피청구인의 이러한 언행을 보면 피청구인의 헌법 수호 의지가 분명하게 드러나지 않는다"며 "피청구인을 파면함으로써 얻는 헌법 수호의 이익이 대통령 파면에 따르는 국가적 손실을 압도할 정도로 크다고 인정된다"고 했다. '미래'에 방점을 찍은 결론이었다.

8년 후, 당시 이 결정에 참여했던 김이수 변호사는 2월 25일 마지막 변론 기일에서 윤 대통령이 헌법 수호를 소홀히 한 것을 넘어 헌정 질서를 파괴하려 했다고 꼬집었다. 그는 "(피청구인은) 비상계엄이라는 극단적인 수단으로 자신의 정치적 반대자를 척결, 곧 없애버리고자 했다. 주권자를 보호하는 데 사용해야 할 헌법상의 권력을 주권자를 공격하는 도구로 사용했다"며 "우리는 민주공화국 최고의 권력이 오히려 민주주의와 헌법의 가장 큰 적이 될 수 있음을 확인할 수 있었다"고 했다.

"헌법은 대통령이 최고의 권력을 갖고 있기에 그에게 헌법 수호 책임을 부여하고 있습니다. (중략) 피청구인이 위반한 헌법 규정과 원칙들은 민주주의 체제를 지키는 가장 중요한 것입니다. 따라서 피청구인은 대통령으로서 헌법 수호의 책임을 다하지 못했다는 정도에 그치는 것이 아니라 적극적으로 헌법을 파괴하는 행위로까지 나아간 것입니다. 국민들이 부여한 신뢰를 최악의 방법으로 배신함으로써 민주공화국에 대한 반역 행위를 저지른 것입니다. _박소희 기자, "박근혜 '헌법 수호 의지 없음'과 윤석열 '헌법 파괴 의지 있음'", 오마이뉴스, 2025. 3. 15.

헌법·행정법·형사법·법철학자들의 시국 선언

우리 현대사에서 교수들의 시국 선언은 종종 시대의 흐름을 좌우하는 이정표가 되어 왔습니다. 가장 유명한 것은 1960년 4월 25일 "학생의 피에 보답하라"는 현수막을 들고, 시위에 나선 장면이었습니다. 이승만 정권은 최악의 부정 선거라 일컬어지는 3·15 부정 선거를 저질렀고, 그에 대해 학생·시민들은 마산부터 시작하여 전국적 항의 시위를 벌였습니다. 마침내 4월 19일, 학생들이 서울 중심가를 비롯한 전국 대도시의 중심가에서 대규모 시위를 벌였고, 시위대에 발포 명령을 내린 이승만 정권에 의해 186명의 학생·시민들이 사망하고, 6천 명 이상이 부상당했습니다. 그럼에도 이승만 대통령은 대충 민심 수습책을 내놓고 병실 위문을 하는 등의 미봉책으로 마무리하려 했습니다. 이승만의 조치에 교수단 시국 선언이 철퇴를 가하였고, 그 다음 날 마침내 이승만 대통령은 하야를 선언해야 했습니다. 1986년부터 전두환 독재에 항의한 교수들의 시국 선언 역시 전두환 퇴진의 주요 동력 중 하나가 되었습니다. 2016년 박근혜 퇴진 때도 마찬가지였습니다. 그러니 이번 윤석열의 계엄에 대해서도 교수들의 입장 표명은 주목거리가 될 수밖에 없었습니다.

2024년 12월 23일에 신문에 이런 기사가 실렸습니다.

"123명 교수들, 윤 탄핵 반대 시국 선언-거대 야권이 내란 선동"

오히려 야권을 계엄의 원인으로 몰아붙이는 내용의 선언이었습니다. 누가 그 선언에 서명했는가와 관련하여 기사는 "서울대 교수 포함 123명"이라고 썼습니다. 어이가 없었습니다. 그동안 윤의 계엄이 잘못

되었다는 교수들 선언이 계속 이어졌는데, 그에 대한 언론 보도는 매우 적었거든요. 기사에 나온 선언 교수를 확인해 보니, 123명 중 서울대 교수는 1명이었습니다. 이를 "서울대 교수 포함"이라고 적어 못된 장난을 친 것이지요. 실제로 윤 대통령이 내란죄로 기소되어야 하고, 탄핵되어야 한다는 서울대 교수 성명서에 서명한 교수는 모두 890명이었습니다. 서울대 역사상 최대 규모였습니다. 탄핵 찬반을 굳이 비교하자면 890명 대 1명인 셈이지요.

탄핵 반대 123명 중엔 헌법 교수도 여럿 있다고 하여 확인해 보니 서너 명 되어 보였습니다. 그럼 헌법 교수들의 진짜 의사는 어디에 모여 있을까요. '헌법·행정법 연구자'들은 이미 2024년 12월 7일에 "윤석열 대통령의 탄핵 소추를 촉구하는 선언"을 했습니다. 서명자는 반대 측처럼 서너 명이 아니라 131명이었습니다. 선언서는 말합니다.

> **"우리 대한민국이 자랑하던 입헌 민주주의가 바람 앞의 등불 같은 위기에 처했다."**
> **"비상계엄은 헌법과 법률이 정한 요건과 절차를 갖추지 못하여 명백하게 위헌·위법이다. 중대한 헌정 위기를 초래한 대통령은 주권자 국민의 신임을 저버린 것으로 한시도 그 지위를 유지할 수 없다. 심각한 헌정 위기를 초래한 대통령이 스스로 퇴진하지 않는다면 남아 있는 유일한 합헌적 수단은 탄핵 소추뿐이다."**

중대한 헌정 위기를 초래한 윤석열 대통령을 "탄핵 소추하라!"고 했습니다.

탄핵이 헌법적 이슈라면, 내란죄 성립 여부는 형사법적 이슈입니다. 12월 12일에 '나라와 국민을 걱정하는 형사법 학자·연구자 일동'

133명의 이름으로 성명서가 발표되었습니다. 성명서는 대통령 탄핵 소추를 주장하면서, 내란죄에 대하여 다음과 같이 규정하였습니다.

> **"내란죄는 국가의 근본을 위협하는 중대한 범죄로 사안의 중대성, 재발의 위험성, 관련자들의 증거 인멸 및 도주 가능성을 고려할 때 구속 수사는 불가피하다."**

또한 수사 주체와 관련하여 다음과 같이 촉구했습니다.

> **"경찰, 검찰, 공수처 등의 수사 기관은 중복·분산 수사를 방지하고 상호 협의를 통하여 합동 수사를 신속하게 진행하라."**

다음 날인 12월 13일에는 한국법철학회가 성명서를 발표했습니다. 법철학에는 자연법, 저항권, 폭군방벌론의 논거가 풍부합니다. 성명서는 다음과 같이 선언하였습니다.

> **"미네르바의 올빼미는 황혼이 저물어야 그 날개를 편다고 하지만, 우리는 더 이상 황혼을 기다릴 수 없다. 이제 모든 공직자들은 폭군을 제거하기 위하여 형사 사법권을 행사하고 탄핵 절차를 신속히 마무리해야 한다. 우리 법철학자들은 법과 정의의 이름으로 폭군을 추방하는 대열에 동참하고자 한다."**

법철학자들이 보기에, 윤석열의 계엄 선포는 전두환과 다를 바 없는 '폭군'이고, 폭군은 추방하고 제거해야 한다는 폭군방벌론(맹자, 푸펜도르프, 로크 등)의 법철학적 논거가 등장했습니다.

한국법철학회 시국선언문(전문)

우리 법철학자들은 법의 존재 이유를 찾고 평화로운 공동체를 형성하는 일을 소명으로 삼는다. 또한 우리는 법철학자로서 헌정 파괴가 반복되었던 한국 현대사를 성찰함으로써 더 나은 미래를 만들려는 데에 학문의 보람을 발견한다. 그러나 다수의 법조인이 참여한 정부 아래서 법이 허무하게 파괴되는 것을 지켜보면서 우리는 법철학자로서의 소임을 다하지 못했다는 점을 깊이 반성한다.

최근 대통령은 위헌적이고 불법적인 비상계엄으로 의회, 정당, 언론을 무력화하기 위해 군대를 동원하였다. 국민 대다수는 헌정 질서의 파괴와 대규모 학살이 자행된 1980년 광주를 떠올리게 되었다. 우리 법철학자들은 참담한 심경으로 국가 긴급권을 빙자한 대통령의 권력 남용과 직무 수행 방식이 더 이상 참을 수 없을 정도로 부정의한 상태에 이르렀다는 점을 선언한다.

그동안 대통령은 무능과 독선으로 민생과 평화를 파괴하였고, 언론을 탄압하고 국가기구를 사유화하면서 민주주의와 법치주의를 훼손하였다. 결국 윤석열은 2024년 12월 3일 비상계엄을 통해 의회의 권한을 찬탈하고 기능을 마비시키려고 시도함으로써 완전한 폭군으로 전락하였다. 심지어 윤석열은 쿠데타에 대한 항거를 '광란의 칼춤'으로 규정하고, 반성과 책임에는 눈을 감는다.

2024년 12월의 쿠데타는 헌정 질서의 유린 시도였다. 그러나 이 나라 국민은 이 사건을 새로운 민주주의로 상승할 기회로 전환시킬 것이라 확신한다. 우리는 위법한 명령에 대해 복종을 거부하는 숭고한 젊음을 보았고, 민주주의를 지키려는 뜨거운 마음을 보았고, 헌정 질서를 파괴하는 세력에 맞서기 위해 여의도로 운집하는 시민들을 보았다.

"미네르바의 올빼미는 황혼이 저물어야 그 날개를 편다"라고 하지만 우리는 더 이상 황혼을 기다릴 수 없다. 이제 모든 공직자들은 폭군을 제거하기 위하여 형사사법권을 행사하고 탄핵 절차를 신속히 마무리해야 한다. 우리 법철학자들은 법을 통해 인간의 자유와 권리를 보장할 수 있다는 법치주의의 이상을 엄중히 수호할 것을 선언하면서, 법과 정의의 이름으로 폭군을 추방하는 대열에 동참하고자 한다.

2024년 12월 13일

한국법철학회

폭군 방벌론에 대하여

저항권의 유교적 표현은 맹자의 폭군방벌론(暴君放伐論)입니다. 유가 사상을 체계화한 맹자는 '천명(天命)'을 인격화하여 '천심(天心)'이라 하고 이를 '민심(民心)'과 연결합니다. 맹자는 군주가 백성의 생활의 안정과 안위에 한 마음으로 '여민동락(與民同樂)'할 때에만 그 존재의 정당성이 인정된다고 보았습니다. 이에 그는 '민귀론(民貴論)'을 논하면서 "백성이 가장 귀하고, 사직은 그 다음이고, 임금은 대단치 않다. 그러므로 밭일하는 백성들의 마음에 들게 되면 천자가 되고, 천자의 마음에 들게 되면 제후가 되고, 제후의 마음에 들게 되면 대부가 된다. 제후가 사직을 위태롭게 하면 갈아치운다(『맹자』, 「진심」 하14)"고 하여 지배 권력이 백성의 공익에 따라 통치하지 않을 경우, 이에 저항하는 것은 천명 혹은 민심에 부합하는 합법적인 일이라는 것을 확인했습니다. 폭군 방벌에 대한 맹자의 핵심적인 입장은 다음과 같은 유명한 구절에서 확인할 수 있습니다.

'맹자' 양혜왕 편에서, "신하가 군주를 시해함이 옳으냐"는 질문에 맹자가 답한다. "인(仁)을 해치는 자를 적(賊)이라 하고, 의(義)를 해치는 자를 잔(殘)이라 하며, 잔적한 사람을 일부(一夫, 하찮은 사내)라고 한다. 일개 사내를 베었다는 말은 들었으나, 임금을 시해했다는 말은 듣지 못했다(日, 臣弑其君 可乎? 日, 賊仁者 謂之賊 賊義者 謂之殘 殘賊之人 謂之一夫 聞誅一夫紂矣 未聞弑君也)."

물론 오늘날 우리에게 익숙한 저항권의 기원은 서구에서 쉽게 확인할 수 있습니다. 이하의 내용은 김대근, 「저항권의 정당화와 이론적 지평: 비판과 실천 그리고 전망」(법과사회, 제77호, 2024)에서 발췌하여 재구성한 것입니다.

(1) 먼저 기원전 6세기 말 국왕의 추방과 로마 공화정의 수립 과정에서 당시 로마의 평민들은 귀족 출신 제사장들이 관습률 해석을 독점하는 것에 의문을 품고 자신들의 권리를 결정하는 관습법을 성문화한 12표법을 제정했습니다(한동일, 『유럽법의 기원』, 문예림, 2013, 46-47쪽). 이 12표법은 지배 계급의 권력 독점을 제어하고 공공의 정의 및 각 개인의 권리를 수호하기 위해 고대 로마인들의 행사한 저항권의 결실

이라 할 수 있습니다. 비록 12표법 내에 저항권이 실정법으로 규정되어 있지는 않지만, 12표법 자체가 지배 계급의 법 해석의 전용을 제약하고 대다수 평민들의 안정적 권리 행사를 보장하는 기능을 했다는 점을 고려해 보면, 12표법의 제정 및 공화정 수립이라는 사건은 평민이 지배 계급의 권력 전횡과 부정의한 통치에 맞선 저항권의 실현이기 때문입니다.

(2) 아울러 고대 로마와 그리스에서는 저항권의 행사가 폭군 암살을 독려하는 방식의 '폭군방벌론' 형태로 드러나기도 했습니다(장선미, 「저항권」, *Jeonbuk Law Journal* 제6권 제1호, 2017, 16쪽). 물론 이러한 폭군 방벌은 딜레마에 처했습니다. 폭군의 통치도 신의 뜻에 다른 것이기 때문에 폭군의 법에 복종해야 한다는 입장과 폭군의 법이라도 신의 법과 충돌하는 상황에서는 반드시 불복종해야 한다는 입장이 부딪쳤기 때문입니다.

(3) 게르만 사회의 봉건 제도 역시 영주와 가신 사이의 충성 계약 관계를 통해 영주가 종래의 법을 따르지 않을 경우, 가신들이 영주에게 계약 위반의 책임을 물을 수 있었다는 점에서 가신들의 저항권을 실정법으로 규정한 것으로 볼 수도 있습니다(홍성방, 「헌법과 저항권 – 저항권실정화에 대한 변론-」, 헌법학연구 제13권 제3호, 2007, 110쪽). 독일 중세 시대 법률인 작센법률에서도 비슷한 예를 발견할 수 있는데, 민중들이 부당한 권력에 대해 저항하는 것을 권한이 아닌 의무로 규정한 바 있습니다(Tom Ginsburg, Danieal Lansberg-Rodriguez, Mila Versteeg, When to Overthrow your Government: The Right to Resist in the World's Constitutions, *UCLA Law Review*, 2013, p.1199). 통치자의 통치권 행사 범위를 피치자와의 계약을 통해 규정하고 성문화한 대표적인 사례는 영국의 마그나 카르타입니다. 왕과 귀족 사이에 준수해야 할 계약으로서의 성문화된 권리 조항이 존재하게 되었다는 것은 곧, 왕이 권력의 자의성을 중단하고 왕마저도 공공의 법에 규율되거나 평가받을 수 있는 권력 견제의 대상이 될 수 있다는 것을 의미합니다(윤정인, 김선택, 「마그나 카르타와 저항권」, 법학논총 제32권 제4호, 2015, 24쪽). 이와 같은 명시적 계약을 통한 공권력 견제의 수단은 이후 헌정사의 시초를 이룬다고 할 수 있습니다.

(4) 서구 사회에서는 그리스도교적 세계관에 입각하여 신의 계시 혹은 신이 부여한 질서를 따르지 않는 위정자에게 저항할 수 있다는 관념이 존재했습니다. 가령 토마스 아퀴나스는 공공선을 수호하는 선에서 위정자의 권력이 존재한다고 보고 위정자의 압제에 대해 저항하는 것을 권리가 아닌 의무로 설명합니다(N.P. Swartz, *Thomas Aquinas: on Law, Tyranny and Resistance*, Acta Theologica, 2010, p.152-155). 이렇듯 그리스도교적 세계관에 의하면 세속적 질서의 통치자인 왕의 지위는 신적 질서의 통치자인 교황의 권위에 복속되는 것으로, 왕은 신의 명령이라는 국가 외부의 권리, 자연법적 이성을 그 통치 정당성의 근간으로 삼아야 했으며, 이에 위반되는 통치는 합법적으로 규탄의 대상이 되었습니다(홍성방, 「헌법과 저항권 – 저항권 실정화에 대한 변론」, 헌법학연구 제13권 제3호, 2007, 111-112쪽). 교회의 율법과 공동체관이 사회 곳곳에 스며들어 실제적인 법규로서의 영향력을 미치던 중세에 이러한 저항권은 실질적 의미에서 실정법화되어 있었던 것으로 볼 수 있습니다. 다만 성경 내의 상반되어 보이는 구절(로마서 제13장 제1절: "누구나 자기를 지배하는 권위에 복종해야 합니다"와 사도행전 제5장 제29절: "사람에게 복종하는 것보다 하나님에게 복종하는 것이 낫습니다")로 그리스도교는 역사적으로 저항권에 대해 상이한 의견을 보이기도 했습니다. 가령 마틴 루터는 16세기에 영주들의 착취에 대항하여 농민들이 반란을 일으키자 위정자에 대한 복종 의무를 위반한 농민들은 사형당해야 마땅하다고 적은 바 있습니다. 칼뱅 또한 위정자들이 신이 위임한 권한을 가지고 있다고 보고 위정자들에 대해 복종해야 하며 폭정과 억압에도 저항해서는 안 된다고 적은 바 있다(Jan Arno Hessbruegge, *Human Rights and Personal Defense in International Law*, Oxford University Press, 2017, p. 297). 반면 일각에서는 저항권의 역사가 인간의 법을 따르기보다 신의 법을 따르라는 성경의 말을 따라 순교를 당한 그리스도인들에서 시작되었다고 봅니다(김상용, 「일제의 실증주의법에 저항한 우리 민중의 자연법 사상과 그 실천-자연법 사상에 기초한 우리 민중의 저항권을 중심으로-」, 법제연구 제 39호, 2010, 209쪽).

(5) 공권력의 행사는 자연법적 인권과 민중의 삶 존속을 존중하는 한계 내에서 행

사되어야 하며, 피치자들이 민중의 삶과 공공의 정의를 해하는 통치자에 저항할 수 있다는 뿌리 깊은 저항권 사유는 근대의 사회 이론가들에 의해 보다 세밀한 사회 이론으로 자리매김합니다. 개인이 하나의 주체로 성장하는 근대에서는 개인의 생명, 신체 및 재산에 대한 권리가 자연권으로 자리잡으면서 이를 침해하는 권력의 정당성에 깊은 회의를 가질 수 있게 된 것입니다.

(6) 홉스(Thomas Hobbes)의 사회계약론은 동등한 결정권을 지닌 개인들을 전제로 하며, 이러한 개인들이 각기 자기 생명 보전의 요구에 따라 사적 판단과 구제를 해야 할 경우의 불합리함이나 권리 충돌로 인한 혼란을 예방하기 위해 사적 판단보다 더 이성적이며 합리적인 선택과 조정을 할 수 있을 것으로 기대되는 공적 이성을 승인하면서 국가 권력이 정당화된다는 점을 보여 줍니다(김도현, 「홉스에서의 형벌권과 저항권」, 법철학연구 제19권 제13호, 131쪽).

(7) 로크(John Locke) 역시 국가 권력이 국민이 위임한 권력을 남용할 경우 국민은 국가에 대한 위임을 철회할 수 있다고 보았습니다(오승철, 「저항권 이론의 재조명-혁명권·저항권·시민불복종의 통합을 향한 탐색-」, 민주법학 제40호, 2009, 178-179쪽). 그는 "입법자들이 국민의 재산을 빼앗고 파괴하거나 자의적인 권력 아래 노예로 만들려고 할 때 그들은 국민과 전쟁 상태에 놓이게 되며, 국민은 더 이상 그들에게 복종하지 않아도 된다(John Locke, Two Treatises of Government, *MacMaster University Archive*, 1823, p.201-202)"고 하여, 사람들이 주권에 합법적으로 저항할 수 있는 권리는 사회 계약이 유지되고 주권자로 하여금 계약을 위반하지 않도록 구속하는 기능을 한다고 설명했습니다(Tom Ginsburg, Daniel Lansberg-Rodriguez, Mila Versteeg, When to Overthrow your Government: The Right to Resist in the World's Constitutions, *UCLA Law Review*, 2013, p.1202). 로크는 누구도 권력을 전횡할 수 없는 법에 의해 다른 사람으로부터 개인의 생명, 건강, 자유, 소유권을 침해받지 않도록 해야 한다고 본 것입니다(레오스트라우스(이동수 역), 『서양정치철학사』, 인간사랑, 2013, 287쪽). 따라서 개인들은 자력 구제보다는 신뢰할 수 있는 공공의 심판자인 공권력에 법적 판단을 위임해야 하며, 이때 공권력은 인류의 보존을 목적으로 하는

자연법에 따라 입법하고, 이에 따라 통치해야 합니다(레오스트라우스(이동수 역), 『서양 정치철학사』, 인간사랑, 2013, 300쪽).

(8) 한편 저항권은 근대 시민 혁명을 거치면서 1776년 미국 독립선언 및 1789년 프랑스 인권선언에 명문으로 규정됩니다.

(9) 프랑스에서는 사회적·경제적 지위를 획득한 제3신분의 주도로 1789년 자유, 재산, 안전 등 인간의 자연적이고 소멸될 수 없는 권리 보전을 선언한 '인간과 시민의 권리선언(Déclaration des droits de l'Homme et du citoyen)'이 국민의회에서 채택되었습니다. 이는 왕권뿐만 아니라 종래의 사회 경제 체제 전반의 부조리와 구습에 대한 저항의 귀결로, 인간의 자연적 권리의 평등함과 이를 수호해야 하는 정치 결사의 목적을 명시합니다. 프랑스 인권선언의 저항권 사상은 시에예스(Emmanuel Joseph Sieyès)와 같은 당대의 사상가 및 정치 혁명가에 의해 정리되고 부각된 계몽주의 시대의 인간 존엄 및 자연권 사상과 국가 역할에 대한 이상을 담고 있으며, 실질적인 민중 혁명의 원동력 역시 포함합니다(알베르 소불(최갑수 역), 『프랑스혁명사』, 교양인, 2018, 178-180쪽).

(10) 미국의 경우 독립선언문에 참가한 초기의 정치인들은 로크에게 큰 영향을 받아 부당한 폭정에 저항할 권리를 강력하게 지지했다. 독립선언문은 두 번째 문단에서 인간이 평등하게 만들어져 생명, 자유, 행복을 추구할 권리 등을 양도할 수 없는 권리로 지니며, 이러한 권리를 확보하기 위해 정부가 세워졌다고 선언합니다. 뒤이어 "어떤 형태의 정부이든 이런 목적을 파괴할 때에는 언제든지 정부를 변혁 내지는 폐지하여 인민의 안전과 행복을 가장 효과적으로 보장할 수 있는 […] 새로운 정부를 조직하는 것이 인민의 권리"라고 명시했습니다(안경환, 「미국 독립 선언서 주석」, 국제·지역연구 10권 2호, 2001, 111-113쪽). 아직까지도 미국의 몇몇 주에서는 정부를 폐지할 수 있는 시민의 권리를 주 헌법에 명시하여 놓기도 합니다. "모든 권력은 국민에게 내재되어 있으며 모든 자유 정부는 국민의 권위에 기초하고 국민의 평화, 안전, 행복을 위해 설립된다. 이러한 목적을 달성하기 위해 국민은 언제나 적절하다고 생각하는 방식으로 정부를 변경, 개혁 또는 폐지할, 양도할 수 없는 영속적인 권리

를 가진다(펜실베니아 주 헌법 제1조 2항)." "모든 정치 권력은 국민에게 내재되어 있으며, 모든 자유 정부는 국민의 권위에 기초하고 국민의 이익을 위해 설립된다. 텍사스 주민들은 공화주의 정부 형태를 보존할 것을 믿음으로 서약하고, 이 제한에 한해 주민들은 언제든지 편리하다고 생각되는 방식으로 정부를 변경, 개혁 또는 폐지할, 양도할 수 없는 권리를 가진다(텍사스 주 헌법 제1조 2항)."

근대 대한제국의 경우, 왕권과 신분제 사회에 대한 적극적인 저항과 운동이 전개된 1898년 만민공동회로부터 한국에서 근대적 의미의 저항권 실력 행사가 현실화되기 시작했다고 볼 수 있습니다(서희경, 『대한민국 헌법의 탄생: 한국 헌정사, 만민공동회에서 제헌까지』, 창비, 2013, 19쪽).

1898년 10월 29일, 정부 대신과 천민이 모두 참여한 만민공동회에서 백정 출신 박성춘은 연단에 서서 "나라에 이롭고 백성이 평안할 길"은 관민의 합심으로 이룩할 수 있다고 하면서 왕과 관료들의 권력 전횡을 규탄하고 왕과 관료들의 정치가 백성과의 합심, 즉 정의로운 통치에 대한 공동의 합의와 그 실행 방법에 의해 가능할 것이라는 입장을 피력했고, 백성들은 왕과의 면담을 요청하기도 했습니다. 만민공동회를 통해 백성들은 민회(民會)를 조직하고 '군민공치적(君民共治的)' 군주제의 이상을 반영한 「헌의6조(獻議六條)」를 의결하여 왕의 재정권, 인사권, 재판권, 조약체결권 등을 대신들과 합의하도록 하여 왕권의 행사가 협의를 통해 이루어지도록 하고, 한국 의회의 원형인 중추원의 설립도 요구하였습니다(서희경, 『대한민국 헌법의 탄생: 한국 헌정사, 만민공동회에서 제헌까지』, 창비, 2013, 20쪽).

이와 같은 만민공동회와 그에 따른 「헌의6조」의 체결은 민중이 통치 권력의 부정의한 행사를 규탄하고 그 권력 행사를 제한하도록 요청한 구체적인 저항권 행사의 역사로 볼 수 있습니다. 특히 조소앙은 「한국의 현황과 혁명의 추세」에서 1863년 이하응이 일으킨 개혁 운동을 황족이 직접 일으킨 혁명으로 평가하고, 이를 1기 혁명으로, 1887년 김옥균과 귀족층에 의한 혁명을 2기 혁명으로, 1894년 전봉준이 이끈 평민 혁명을 제3혁명으로, 1896년 서재필이 이끈 지식 계층의 민권 운동을 제4기 혁명으로, 1919년 3·1운동을 제5기 혁명으로 정리하고 있습니다(조소앙(김보성·임영길 역), 「한국의 현황과 혁명의 추세」, 『소앙집(素昻集)』, 한국고전번역원, 2019, 140-141쪽).

오늘날 대한민국에서는 저항권을 인정할까요? 저항권은 우리 헌법에 명문으로 규정되어 있지 않아 대한민국 헌법이 저항권을 인정하는지에 대한 논란이 있었습니다.

(1) 과거 대법원 판례는, 헌법상 저항권은 통상적으로 자연권적 권리로서 기존의 헌법 질서를 유지하기 위해 행사되어야 한다는 목적상 요건, 민주적 기본 질서와 같은 중대한 헌법 침해 상황 요건, 헌법 침해 행위를 저지하기 위한 더 이상의 법적 구제 수단을 활용할 수 없는 상황에서 최후의 수단으로서만 행사될 수 있다는 보충성 요건을 모두 충족할 때 인정되는 것으로 보지만(오승철, 「저항권이론의 재조명-혁명권·저항권·시민불복종의 통합을 향한 탐색-」, 민주법학 제40호, 2009, 174쪽), 저항권의 재판 규범성을 인정하지 않고 있었습니다(대법원 1980.5.20. 선고, 80도306 판결).

(2) 그러다가 5·18민주화운동 관련 주요 사건 및 재심 결정에서 우리 법원도 저항권의 행사를 적극 인정(대표적으로 광주지방법원 2016. 2. 4. 선고 2013가합11470 판결)하는 등, 최근 들어 저항권 행사의 가능성을 충분히 인정한다고 할 수 있습니다. 오늘날 저항권의 개념은 물론이고 저항권을 행사할 수 있다는 법리는 확립된 것으로 볼 수 있습니다.

(3) 또한 헌법재판소는 상술한 헌법상 저항권 인정 요건이 충족되면 저항권이 인정될 수 있다고 보았습니다(헌법재판소 1997. 9. 25. 선고 97헌가4). 한국 헌법상 저항권을 인정할 수 있다고 보는 견해는 헌법 제10조의 인간 존엄성, 헌법 제37조 1항의 초실정법적 기본권의 인정, 헌법 전문의 3·1운동 및 불의에 항거한 4·19 민주 이념의 계승 조항, 헌법의 국민 주권 원리를 그 근거로 들고 있습니다.

학자의 태도와 법학 교수들의 시국 선언

가끔 학자들이 정당이 주최하는 회의나 행사에서 발언하곤 합니다. 그럴 수는 있는데, 발언 당사자가 학회장이어서 학회장 명의로 나서고자 할 때는 고려해야 할 점이 있습니다. 언론은 그 주장이 자기 기호에 맞을 때, 개인 교수의 이름이 아니라 학회장 명의로 씁니다. 마치 그 학회가 동조한 것처럼 위장하는 것이고, 해당 학자가 이를 허용했다면 학회장 명의를 오용하는 것입니다.

이런 경우 문제없이 하려면 어떻게 해야 할까요? 예컨대, 한국의 법학 교수들이 모두 회원으로 참여하고 있는 '한국법학교수회'가 있습니다. 한국법학교수회는 지난 12월에 3차례의 집단 시국 성명서를 발표했습니다. 그중 12월 7일, 여당이 이른바 '질서 있는 퇴진'을 명분으로 윤석열 대통령에 대한 탄핵 소추안을 부결시켰을 때, 2차 시국 성명서를 냈습니다. 이때 한국법학교수회는 1) 이사회 결의를 거쳐 2) 회원들의 서명을 받고 3) 법학교수회장, 이사회, 서명 교수 명단을 다 발표했습니다. 비서명자 회원의 의사도 존중하여 성명서 발표 시 회장 이름은 넣되, 서명자 명단엔 포함하지 않는 방식으로 고루 배려했습니다. 학회장, 협회장 개인 의견을 말하는 자리에서 학회, 협회의 이름을 쓰지 않도록 신중한 처신이 필요합니다. 2차 성명서에 서명한 교수는 총 324명으로, 그야말로 역대급이었습니다. 그중 제가 속한 서울대 법대 교수를 보니 서명자는 총 27명으로, 이 역시 역대급 참여입니다.

한국법학교수회 성명서에서는 특히 두 가지 점을 지적했습니다. 첫째, 12월 7일 대통령이 기자회견에서 밝힌 바, "대통령은 정국 안정 방안을 여당에 일임하여, 정부와 여당이 공동으로 향후 국정 운영을 책임지겠다"는 데 대해 다음과 같이 밝혔습니다.

> "헌법에 맞지 않는 비정상적인 방식을 '질서'로 부를 수 없다. 헌법
> 이 예정한 질서는 위헌적이고 위법한 권리 행사를 한 대통령을 탄
> 핵하는 것이다. 그 절차는 제도로 굳건히 확립되어 있고, 우리는 이
> 미 이를 경험한 바도 있다. 헌법이 정한 절차 이외의 조치를 도모한
> 위헌적 시도는 단호히 거부되어야 한다."

또한 여당 의원들이 탄핵 소추안을 표결하는데, 아예 불참해 버린
점에 대해서도 경고했습니다.

> "국회의원은 헌법 기관으로서 엄중한 헌법적 의무를 이행해야 하
> 는 바, 여당 의원들은 탄핵 소추안 의결에 동참해야 한다."

최소한 표결엔 참석해야 하고, 가능한 의결에도 동참해야 한다는
것입니다.

원래 모든 구성원들이 가입한 단체는 시국 선언을 내는 데 매우 신
중합니다. 회원들 간에 상이한 의견이 상존하는데다, 과연 서명이라는
방법을 택해야 할까에 대한 이견이 상당하기 때문입니다. 그럼에도 이
렇게 이례적이고 신속하게 성명서를 낸 것은 그만큼 이번 계엄이 초래
한 헌정 파괴 사태의 심각성을 인정했기 때문입니다. 헌법, 행정법, 형
사법, 법철학, 그리고 법학교수회 수백 명의 의견 표명은 현 시점에서
법학자들의 총의가 드러났다고 해도 지나침이 없다고 생각합니다.

"지금, 나의 숙명이 세상을 바꾸라 말하고 있습니다"
윤석열 퇴진을 위한 숙명여대 2,626인 대학생 시국

일시 : 2024년 12월 5일 목요일 14시   장소 : 숙명여자대학교 2캠퍼스 정문 앞   윤석열퇴진을 위한 숙명여대 대학생

서울 시내 대학들의 시국 선언 중 일부

© 미디어몽구

5

검찰과 법원,
법치와 검치의 혼동 속에서

버티기를 넘어 이제는 전대미문의 법 왜곡까지

윤석열을 우두머리로 하는 내란죄 혐의에 대하여는 수사와 기소, 재판이 진행되고 있습니다. 윤을 제외한 주요 임무 종사자들은 수사받고 구속 영장이 발부되어, 지금 구치소에서 재판에 임하고 있습니다. 그 과정에서는 별 무리와 잡음이 없었습니다. 그러나 윤의 경우, 체포 과정에서 엄청난 사태가 빚어졌고, 체포와 구속 절차에서 온갖 불복 절차와 법 논리가 동원되었습니다. 그에 대해 검찰의 행태는 납득하기 어려운 점이 한둘이 아니었고, 국민들에게 불신과 의혹을 증폭시켰습니다. 법원의 판단은 납득할 수 있는 대목도 있고, 전례를 찾기 어려운 기묘한 부분도 적지 않았습니다. 아직 재임 중인 대통령에 대한 형사 절차는 처음 있는 사례인 만큼, 대개가 전대미문의 절차이고 예기치 않는 사태가 빚어졌습니다. 국민들에게, 이러한 법 전문가들의 행태는 법치의 충실한 실현이라기보다는 법의 맹점을 교묘히 이용하거나 교묘한 법 왜곡이 아닌가, 내란 집단의 준동에 대해 법조 집단이 교묘하게 동조, 편승하는 게 아닌가 하는 의구심을 불러일으켜 왔습니다. 따라서 그 복잡한 형사 절차의 흐름을 한번 정리하면서, 다른 사건과는 다른 이번 사안에서 돌출되는 특이한 형태를 살펴보겠습니다. 윤석열 구속 전후 주요 일지를 정리하면 표와 같습니다.

윤은 대통령의 실질 권한을 악용하여 체포, 구속되지 않으려고 결사적으로 항전했습니다. 지난해 12월 31일 공수처가 윤에 대하여 청구한 체포 영장이 판사에 의해 발부되었지만, 윤은 한남산성에 들어앉은 채 경호 병력을 내세워 2025년 1월 3일 공수처의 영장 집행에 저항했습니다. 당일 체포 실행에 실패한 공수처는 1월 15일에 이르러 겨우 체

날짜	사건
1.3	• 공수처–윤석열 체포 영장 집행 무산
1.15	• 공수처·경찰–윤석열 체포 영장 집행, 체포. 정부 과천청사 공수처에서 약 10시간 40분 피의자 신문 조사 후 서울 구치소 구금 • 윤석열–서울중앙지법에 체포적부심사 청구
1.16	• 법원–윤석열 체포적부심 청구 기각. 체포 상태 유지
1.17	• 공수처–서울서부지법에 윤석열 구속 영장 청구
1.18	• 서울서부지법–윤석열 영장실질심사. 윤석열 출석. 4시간 50분만에 종료
1.19~22	• 서울서부지법–윤석열 구속 영장 발부. 윤석열 서울구치소 입소 • 서울서부지법 난입 폭동.
1.23	• 공수처–윤석열 사건 검찰로 이첩. • 검찰–서울중앙지법에 구속 기간 2월 6일까지 연장 신청
1.24	• 서울중앙지법–윤석열 구속 기간 연장 불허 결정
1.26	• 검찰–윤석열 내란 우두머리 혐의 구속 기소
2.4	• 윤석열–구속 취소 청구
2.20	• 윤석열–첫 형사재판 및 구속 취소 심문 참석. 즉각 석방 주장
3.7	• 서울중앙지법–윤석열 구속 취소 청구 인용
3.8	• 검찰–즉시 항고 포기. 서울구치소에 윤석열 석방 지휘서 송부 • 윤석열–체포 52일 만에 석방

포 영장을 집행할 수 있었습니다.

체포된 윤 측은 1월 15일 체포영장적부심을 신청했습니다. 체포 영장에 따른 구금 기간은 48시간에 불과하기에 체포적부심을 이용하는 피의자는 거의 없습니다. 다행히 다음 날 체포적부심 청구는 기각되었습니다. 이에 따라 공수처는 1월 17일, 서울서부지방법원(서부지법)에 구속 영장을 청구했습니다. 그 다음 날인 1월 18일 판사는 영장실질심사 절차를 진행하여 1월 19일 새벽, 윤석열에 대한 구속 영장을 발부했습니다.

서부지법의 판결에 대해 극우 집단의 선동꾼들, 심지어 윤 측 변호인, 심지어 국회의원들까지 폭동을 부추기고 선동하는 행태를 보였습니다. 법원을 둘러싸고 험악하게 기세를 돋우며 폭력을 부추기기까지 했습니다. 마침내 영장 담당 판사가 윤에 대한 구속 영장을 발부하자마자 폭도로 돌변한 자들이 서부지법을 침탈하여 기물을 부수고 담당 판사를 찾아 위해를 가하려 했습니다. 사법부가 직접 침탈당하는 초유의 사태가 발생한 것입니다.

공수처는 윤석열을 상대로 조사를 하려고 했지만 윤은 공수처 출석 요구에 불응했고, 공수처가 강제 구인 후 대면 조사를 실시하려 했지만 진술 거부권 행사로 이마저 실패했습니다. 그러자 공수처는 1월 23일, 사건을 검찰로 이첩하면서 '공소제기요구서'를 작성해 전달했고 일체의 수사 자료를 검찰에 넘겼습니다.

사건을 이첩받은 검찰은 구속 기간을 2월 6일까지 10일 더 연장해 달라며 법원에 청구했습니다. 그런데, 법원이 1월 24일과 1월 25일에 걸친 두 차례의 요구에도 모두 검찰의 연장 신청을 받아들이지 않았습니다. 법원은 검찰이 공수처로부터 사건을 넘겨받아 보완 수사를 진행할 상당한 이유가 없다고 공수처법의 취지를 해석하여 구속 연장을 거부한 것입니다.

법원 결정에 다급해진 검찰은 전례없이 검찰총장이 전국검사장회의를 소집하여 숙의한 끝에 1월 26일 내란죄 우두머리 혐의로 윤석열을 기소함으로써 마침내 윤석열은 피고인 신분으로 전환되었습니다. 피고인으로서 제1심 구속 기간인 6개월간 구금에 처해질 수 있게 된 것입니다.

계엄과 내란을 넘어_국민이 써 내려간 헌법 이야기

한 걸음 더 디뎌 볼까요

저항권이라고?

서부지법 폭동은 이른바 저항권의 행사라고 볼 수 있을까요? 전광훈이 외치는 '헌법 위의 국민 저항권' 개념은 타당할까요?

서부지법 폭동 개요 및 자칭 '헌법 위의 저항권'

2025년 1월 19일, 내란 우두머리 혐의에 따라 발부된 윤석열에 대한 구속 영장 실질 심사가 이루어진 서울서부지방법원에서 불법 시위를 벌이던 수백여 명의 윤석열 지지자들이 당일 새벽 3시경 저항권을 주장하며 법원을 습격·점거해 시설을 파괴하면서 경찰과 민간인, 기자를 상대로 무차별 폭력을 휘둘렀습니다. 이들은 사법부의 결정에 반대하며 경찰관 등 공무원과 민간인을 상대로 폭력을 행사했으며, 일부는 법원 유리창과 외벽 등을 손괴하고 법원 건물 내부로 진입하여 방화를 시도하거나 구속 영장을 발부한 판사를 색출하려는 시도를 하기도 했습니다.

2025년 2월 9일 기준으로 검찰은 서부지법 폭력 사태에 연루된 78명을 기소했고, 이 중 1명을 제외한 77명을 구속 상태로 재판에 넘겼습니다. 이들에게 적용된 범죄 혐의는 특수건조물침입, 특수공무집행방해, 공무집행방해, 건조물침입, 특수공용물건손상, 특수감금, 현존건조물방화미수, 상해, 방실수색 등입니다.

법원의 판단에 불복하여 법원을 점거하고 민간인 및 공무원을 폭행한 서부지법 폭동은 우리 근대 사법 역사상 초유의 일입니다. 무엇보다 법치 국가 최후의 보루인 사법부에 대한 공격이라는 점에서 근대 사회에서는 찾아보기 힘든 사례라고 할 수 있습니다. 이 과정에서 폭동 가담자들은 저항권을 외치기도 했습니다. 특히 전광훈 사랑제일교회 목사는 "우리는 이미 국민 저항권을 발동했다." "국민 저항권은 헌법 위에 있다." "국민 저항권이 시작됐기 때문에 우리는 윤 대통령도 구치소에서 데리고 나올 수 있다"는 주장을 펼치기도 했습니다.

▶ 저항권의 개념 및 성격[*]

저항권은 위헌·불법적인 국가와 공권력에 대해 저항한다는 점에서 그 본질은 정당방위에 가깝습니다. 다만 헌정 질서 수호 내지 법치 국가 헌법 수호를 목적으로 하기에 방위하고자 하는 법익은 국가적 법익이라고 할 수 있습니다. 이러한 점에서 카우프만은 저항권이 사회적 정당방위의 권리로서 입증되어야 한다고 강조했습니다.[**] 이어 카우프만은 불법 국가에서 저항권의 행사의 요건을 다음과 같이 설명합니다.

① 국가 권력의 극단적 남용 상황
② 보충성: 저항은 모든 합법적이고 평화적 수단들이 소진된 경우에만 고려된다는 점에서 단지 부수적으로만 고려됩니다. 이 점에서 저항은 최후 수단(ulitima ratio)입니다.
③ 비례성: 사용되는 수단들과 추구하는 목적이 적합한 관계여야 합니다.
④ 성공에 대한 확신: 카우프만은 저항이 처음부터 가망이 없고 무의미하다면 저항은 허용되지 않는다고 합니다. 때문에 저항은 성공에 근거한 희망이 존재해야 함을 전제로 합니다.[***] 다만 때로는 패배를 예정하면서도, 또는 희생과 패배를 감수하면서 저항할 수 있다는 점에서 카우프만이 제시한 '성공에 대한 확신'이 저항의 조건이어야 하는지에 대해서는 선뜻 동의하기 어려운 점이 있습니다.[****]
⑤ 통찰 능력: 저항하는 주체는 상황에 대한 올바른 판단과 필요한 통찰을 가져야 합니다.
⑥ 소극적 요소로서의 권력을 향한 의지: 저항은 오로지 법을 위해서만 행사되어

---

[*] 김대근, 「저항권의 정당화와 이론적 지평 : 비판과 실천 그리고 전망」(법과사회, 제77호, 2024)에서 발췌하여 재구성한 것입니다.

[**] 아르투어 카우프만(김영환 역), 『법철학』, 나남, 2007, 441쪽. "즉 자신의 권력을 행사함으로써 국민에게 신체적 또는 심리적 위협과 위험을 야기하는 범죄적 정부에 대한 사회적 정당방위로서 말이다."

[***] 아르투어 카우프만(김영환 역), 『법철학』, 나남, 2007, 441쪽.

[****] 예컨대, 패배가 뻔히 예상되었음에도 끝까지 저항한 사례에 대한 서술로는 노영기, 『그들의 5·18』, 푸른역사, 2020, 366-367쪽

야지 권력 획득을 위해서는 행사될 수 없습니다.

⑦ 수동적/적극적 저항, 비폭력적 저항/폭력적 저항 요건: 저항이 수동적일지 적극적일지 또는 비폭력적일지 아니면 폭력적일지 여부는 공격의 강도에 따라 수단의 필요성에 달려 있습니다. 이는 저항의 시점과 밀접한 관련이 있습니다.[*]

요컨대, 저항권은 법치 국가 헌법을 쟁취, 유지, 수호, 회복할 것을 목표로 한다는 점에서 법치 국가를 회복하기 위한 '최후의 수단(ultima ratio)'입니다. 때문에 저항권의 대상은 법치 국가가 아니라 불법 국가입니다. 정확히는 불법 국가의 '찬탈(Usurpation)'과 '폭정(Tyrannei)'이 그 대상입니다. 특히 인권의 침해가 극단적인 경우에 방어하기 위한 최후의 수단으로서 불법 국가를 배제하기 위하여 저항권은 행사될 수 있습니다.

자칭 '헌법 위의 저항권'이 가능한가?

앞서 언급한 것처럼 저항권은 불법 국가를 대상으로 하며, 법치 국가를 회복하고 헌법을 수호하기 위한 '최후의 수단'이다. 다만 이 지점에서 저항권과 시민 불복종을 구별할 필요가 있습니다. 시민 불복종(Civil Disobedience)은 법치 국가 헌법을 전제하며, 시민이 헌법에서 보장된 정치적 기본권을 행사하는 것입니다.

만약 서부지법 사태에서 윤석열 지지자가 법원의 구속 결정에 반대하는 집회와 시위를 벌였다면, 이는 헌법에서 보장하는 정치적 기본권을 행사하는 것입니다. 이는 법치 국가를 회복하고 헌법을 수호하려는 것이 아니라, 윤석열이라는 특정 개인에 대한 지지를 호소하는 행위로서 그의 법적 처벌에 대한 법원의 판단에 불복하는 것일 뿐입니다. 따라서 처음부터 저항권이 성립할 여지가 없는 것입니다.

물론 법원의 판단에 대한 비판이나 지지 또한 가능하기에 이에 대한 집회나 시위가 일종의 정치적 입장 표명으로서 시민 불복종이라 평가할 여지는 있습니다. 그러나 이 경우에도 주거 침입, 폭력, 손괴, 방화와 같은 범죄의 구성 요건을 실현해서는 안 된다. 이들 범죄에 대한 법적 책임(형사 처벌)은 불가피합니다.

---

[*] 아르투어 카우프만(김영환 역), 『법철학』, 나남, 2007, 441쪽.

법원을 습격한 폭도들

2025년 1월 19일, 윤석열의 지지자들은 구속 영장 실질 심사를 맡은 서부지법을 둘러싸고 공포 분위기를 조성했습니다. 윤 측 변호인들까지 폭동을 자극하고 선동했습니다. 심지어 국민의힘 당 의원들까지 가세했습니다. 현장의 분위기는 거의 폭동 직전 수준에 이르렀는데, 1월 19일 새벽 구속 영장 발부 소식이 들리자마자 곧 폭도들이 경찰 병력을 밀어내고 유리창을 깨며 서부지법에 난입하여 직원들에게 폭력을 가하고, 물건을 집어던지고, 기물을 파괴했습니다. 일부는 영장 발부 판사를 찾는다며 판사실까지 들이닥쳤습니다. 우리 헌정사에 유례없는 사법부에 대한 테러 행위로 전쟁터와 같던 법원 청사의 피해 현장은 국민들과 사법부에 엄청난 충격을 주었습니다. 사법부의 입장은 법원행정처장의 성명서로 나타났습니다.

"오늘 새벽 서울서부지방법원에서 발생한 시위대의 법원 청사 불법 진입 및 난동이라는 사법부 역사상 초유의 일로 크게 놀라셨으리라 생각합니다. 관련 뉴스를 접하고 달려간 서울서부지방법원의 현장은 영상에서 본 것보다 훨씬 참혹하였고, 참으로 참담한 심정이었습니다. 폐허처럼 변한 서울서부지방법원 당직실 등의 모습은 단순히 청사가 파손된 것에 그치는 것이 아니라 국가와 사회를 지탱하는 법치주의의 근간과 사법 권능에 대한 전면 부정이자 중대한 침해 그 자체였습니다. 사건 당시 청사에서 폭행의 두려움 속에 힘든 시간을 겪으신 서울서부지방법원 구성원들은 물론, 법치주의의 무너짐에 함께 충격받으셨을 전체 법원 구성원과 국민들을 생각하면 한없이 비통한 마음입니다.

그럼에도 불구하고 우리는 국민이 사법부에 맡긴 중차대한 역할을 잠시라도

2025년 1월 19일 서부지방법원을 습격한 폭도들 ⓒ 미디어 몽구

포기할 수 없습니다. 이럴 때일수록 법원 구성원 모두가 흔들림 없이 각자의 위치에서 법치주의의 충직한 수호자로서의 소임을 다해야 합니다. 사건 당시 청사에서 대기하던 중 시위대의 난입에 현명하게 대처하여 더 큰 피해 발생을 막은 서울서부지방법원 구성원들은 물론, 새벽부터 급하게 출근하여 상황을 정리하고 법원 기능을 정상화하기 위해 애쓰신 법원장 권한 대행을 비롯한 여러 관계자들의 의연한 대처와 모습이 바로 그러합니다.

불법 폭력 사태의 재발을 막기 위해 경찰청을 방문하여 만난 경찰청장 직무대행은 이러한 사태 발생에 따른 사과의 뜻과 함께 관련자들에 대한 엄중한 수사 의지 및 법원 청사 방호와 법관의 신변 보호 등 사법부 구성원이 안전한 환경에서 안심하고 일할 수 있도록 최대한의 지원을 약속하였습니다.

대법원장께서도 이번 사안의 엄중함에 맞추어 내일 긴급 대법관회의를 소집하여 상황을 공유하고 법원 기능 정상화와 유사 사태 재발 방지 등 법치주의 복원을 위한 지혜를 모으기로 하였습니다. 법원행정처도 서울서부지방법원이 하루속히 정상화될 수 있도록 필요한 인력의 보강 및 시설의 복구 등 지원을 아끼지 않겠습니다. 아울러 이번 사태로 정신적 충격을 받고 어려움을 겪고 계실 서울서부지방법원 구성원들에 대한 심리 치유 방안도 마련하겠습니다.

지금 이 시간에도 현장에서 의연하게 대처하고 계시는 서울서부지방법원 구성원 여러분께 진심으로 감사와 경의를 표합니다. 전국의 법원 구성원 여러분께서도 따뜻한 지지와 적극적인 성원을 부탁드립니다."

한국법학교수회는 당일 급히 성명서를 작성하고 234명의 법학 교수들이 서명하여 발표했습니다. 성명서는 "법관의 영장 발부는 그 자체로 존중되어야 한다. 영장 발부의 판단에 대해 다른 의견을 낼 수는 있지만, 물리력을 동원하여 영장을 발부한 법관을 겁박하고 법원을 공격

한국법학교수회 제4차 성명서

2025년 1월 19일, 윤석열 대통령에 대한 구속 영장이 발부된 직후 일부 대통령 지지자들이 이에 반발하여 서울서부지방법원에 무단으로 침입하고 청내에 있던 법원 직원 등에게 폭력을 행사하며 청사 내 기물을 파손하는 사건이 발생하였다. 이들 중 일부는 영장을 발부한 판사를 찾기 위해 판사실까지 들이닥쳤다. 이는 우리 헌정사에서 유례가 없는 사법부에 대한 테러 행위로, 마치 전쟁터와도 같았던 법원 청사의 피해 현장은 국민들과 사법부의 구성원에게 크나큰 충격을 안겼다.

헌법과 법률이 정한 절차에 따라 이루어진 법원의 영장 발부는 그 자체로 존중되어야 한다. 영장 발부의 판단에 대해 다른 의견을 낼 수는 있지만, 물리력을 동원하여 영장을 발부한 법관을 겁박하고 법원을 공격하는 행위는 법치주의와 사법권 독립에 기초한 우리 헌정 질서를 위협하는 중대한 불법 행위로 그 어떠한 경우에도 용납될 수 없다.

이번 사태의 관련자들을 법에 따라 신속하고 엄중하게 처벌하여야만 이와 같은 일의 재발을 방지할 수 있다. 국회와 정부, 법원행정처는 이번 일로 피해를 입은 서울서부지방법원의 복구와 직원들의 심리적 치료에 지원을 아끼지 않아야 하고, 법관과 법원 직원에 대한 안전 대책을 강화해야 한다. 이번 일은 특히 사법부의 구성원들에게 더욱 충격적일 것이다. 그러나 지속되는 헌정 위기와 정치적 불확실성 속에서 법관들은 헌법과 법률에 의하여 그 양심에 따라 심판한다는 본연의 책무에 충실해야 하며, 이것이 바로 국민들이 법관들에게 기대하는 바임을 잊지 말아야 한다.

이번 사태는 법치주의와 사법권 독립을 소중히 여겨 온 우리 모두에게 깊은 실망과 우려를 안겨 주었다. 국회와 정부는 이러한 일이 다시는 발생하지 않도록 사법부와 법관의 독립과 안전을 수호하기 위한 법적, 제도적 노력을 다해야 할 것입니다.

2025. 1. 20.

한국법학교수회 회장 최봉경

하는 행위는 법치주의와 사법권 독립에 기초한 우리 헌정 질서를 위협하는 중대한 불법 행위로 그 어떠한 경우에도 용납될 수 없다"는 점을 분명히 했습니다.

사법권 보호, 헌법 수호자로서의 주권자 의무

윤석열에 대한 구속 영장 발부와 관련하여 지지자들이 서부지법과 법관을 대상으로 폭동을 일으켰습니다. 이는 결코 법원만을 대상으로 한 사태로 치부하고 넘어갈 수는 없는 일입니다.

폭도들은 폭동이 일어나기 전날에 이미 공수처 직원이 탄 차를 가로막고 신변에 위협을 가하기도 했습니다. 공수처 검사와 수사관도 언제나 타깃이 될 수 있었습니다. 영상 기자들도 폭행을 당하는가 하면, 촬영 장비를 빼앗아 파손하기에 이르렀습니다. 폭력으로 자극을 배가하고 이득을 보려는 자들은 국회건, 수사기관이건, 법원이건, 헌재이건, 언론이건 가리지 않습니다. 대통령의 12·3 국회 침탈 및 의원을 체포하려던 계엄이 바로 폭력 분출의 시발점이었습니다. 불법 계엄 자체가 최강의 폭력입니다. 국회, 공수처, 정당, 헌재의 안전 모두가 심각하게 문제되는 상황입니다.

다만, 법원의 경우 특별한 점이 있습니다. 흔히 사법부는 "총칼도 지갑도 없는 가장 취약한 국가 기관"이라 표현합니다. 행정부는 총칼로 상징되는 집행력을 갖고 있고, 입법부는 예산권을 갖습니다. 그런데 사법부는 자체 권력이 없이, 다만 재판권만 가질 뿐입니다. 자체 경찰력도 보유하지 않으며, 따라서 자체 방어력을 갖기 어렵습니다. 그런데 이렇게 가장 취약한 기관에 재판권을 부여한 것은, 전제 왕권 시기의 국왕이나 조선 시대 고을 사또처럼 법 적용권과 법 집행권의 결합을 통한 권력 남용의 인권 침해를 막고자 만들어 낸 근대 입헌 국가의 기본 구상입니다.

"그럼, 그렇게 힘에 취약한 사법부와 법관은 누가 지키나요?"라는 물음이 제기될 수 있겠죠. 그에 대한 답은 "모든 국가 기관이 공동으로 지켜야 하는 것입니다."

그런데 윤석열은 어떻게 했죠? 대통령 임기는 취임 선서와 함께 시작됩니다. 취임 선서에서 대통령은 "헌법을 준수하고"라고 약속합니다. 적극적인 헌법 수호 이전에, 지금의 헌법을 '준수', 즉 믿고 따르라고 강제하고, 그 강제에 대해 약속하는 것입니다. 현직 대통령이 법원의 영장 집행을 거부하고, 경호 조직을 사병화하며 법원과 국가 기관의 법적 조치를 "불법에 불법"이라고 강변하는 것은, 따라서 이 나라 대통령에게 규정한 최소한의 약속, 그 기본조차 무너뜨리는 폭거인 것입니다.

이렇듯, 강한 권력체인 대통령과 행정부, 혹은 군부가 사법권을 깡그리 무시할 때, 다른 국가 기관이 그에 편승하거나 눈치 보고 있을 때, 국민은 최종 심급의 헌법 수호자로서 기관과 개인들의 사법 침탈에 대하여 방어해야 할 책무를 갖습니다.

국민이 사법부를 지켜야 할 이유는, 사법부가 연약한 시민들에 대한 인권의 최후 보루이기 때문입니다. 행정권이나 강자들의 횡포에 대항할 시민들의 무기는 사법부에 호소하여 시정해 달라는 것입니다. 사법부는 시민들의 높은 신뢰 속에서 자신을 굳건히 세울 수 있습니다. 그러니 사법부는 국민적 신뢰를 높이려 부단히 노력해야 하고 성찰해야 합니다.

이번 서부지법에 대한 폭동과 판사 겁박 사태에 대하여서는 충분하고 강력한 법적 심판이 내려져야 합니다. 폭동 가담자 개개인에 대한 심판은 물론, 그들을 부추긴 개인 또는 집단 모두의 존재를 밝혀 내는 조사 작업도 철저히 이루어져야 합니다.

이번 사태를 통해 얻을 교훈 또한 적지 않습니다. 먼저 민주 제도의 취약성입니다. 뜻밖의 작은 공격에도 쉽게 뚫릴 수 있음을 모두가 확인한 이상 예방적 조치가 필요합니다. 이를 위한 예산 지원도 필요합니다. 아울러, 각성된 시민의식으로 폭동자들을 위축시키고, 그들이 만들어 내는 각종 공격을 격퇴할 수 있는 확고한 자세를 갖추어야 합니다. 작금의 사태가 전화위복이 되어 폭력에 대한 경각심을 더하고, 더 안전한 나라, 더 민주적인 나라가 될 수 있도록 서로 노력해야 하겠습니다.

우리법연구회, 국민에게 더 가까이 다가서기 위한 노력

법원의 재판이 마음에 안 들 때, 우리 법에는 그에 대한 불복 수단이 제도화되어 있습니다. "억울하면 상소하라", "부당하다고 느끼면 이의 제기하라", 이런 것들 말입니다. 법원의 재판에 대한 비판도 자유입니다. 학계에서 판례 평석, 판례 비평은 법원 판결에 대한 비판과 지적으로 채워집니다. 그런 비판과 지적, 토론을 통해 기존의 법 해석이나 판례 경향이 바뀌는데, 이것이 법의 발전 과정입니다. 그런데, 그런 비판·비평이 아니라 판사의 인신을 공격하고 해당 판사의 성향을 낙인찍는 것은 대단한 비약입니다. 판사의 자택에 찾아가 불안을 조성하고 협박을 가하는 일은 범죄적 행위일 뿐 아니라 지역 주민들에게도 큰 피해를 끼치는 일입니다.

극우 집단들이 판사를 공격할 때 자주 거론되는 말이 좌파 판사, 종북 판사, 좌파 카르텔 등입니다. 거기다 '우리법연구회' 소속 판사라거나 최근에는 '국제인권법연구회' 소속 판사라는 낙인찍기에까지 이르렀습니다. 하도 악랄하게 공격을 퍼부어 내용을 모르는 국민들에게는 우리법연구회나 국제인권법연구회라면 무슨 북한 사주를 받거나 민주당 사주를 받은 종북, 테러 판사로 비칠 지경입니다. 마치 우범 집단인 양 여겨질 정도입니다. 이러한 현상을 지속적으로 접하면서 우리법연구회, 국제인권법연구회가 뭐길래, 하는 의구심에 대해 해명해 드리고 싶습니다. 법학자로서 제 활동 반경 속에 그 두 연구회가 종종 관계를 맺는 경우가 있고, 또 여러 지식을 얻을 수 있어서입니다.

'우리법연구회'는 1988년에 출범한 이후 대법원의 공식 연구 단체의 하나로 승인받았습니다. 현재 법원에는 여러 연구 단체들이 있고, 그들은 정치 성향 같은 것에 좌우되지 않고 한결같이 열심히 탐구하며, 가끔 외부 연구자도 불러 의견을 경청하곤 합니다. 법관들의 모든 연구 단체가 다 그렇습니다.

1988년은 강성 군사 독재를 물리치고 대통령 직선제를 쟁취했지만, 도처에 권위주의 체질이 만연하던 때였습니다. 힘없던 사법부는 여전히 '정권의 시녀'라는 타성을 벗어나지 못하고 있었습니다. 이때 소장 판사들이 사법부 독립을 확립하고, 대법원장과 대법관 선임에서 정치적 나눠먹기와 같은 정치적 영향을 차단하기 위한 집단 서명에 나섰습니다. 소장 판사들의 집단 서명에 대법원장이 사퇴하는 등 그 파문은 엄청났습니다. 하지만 이때부터 사법부 독립의 토대가 만들어졌기에 이러한 소장 판사들의 행동은 사법 민주화 운동의 출발로 기록됩니다.

그 서명을 조심스레 이끌었던 소장 판사들이 사법부 독립 및 사법 개혁, 그리고 국민에게 가깝게 다가서기 위한 반성과 제도 개혁을 위한 연구 모임에 나서게 됩니다. 그게 우리법연구회의 시초입니다. 사법부가 정말 국민들이 소망하던 바람직한 방향으로 나아가게 하는 일이야말로 진정 바람직한 일이 아닐 수 없습니다.

그 뒤 우리법연구회는 열심히 내부 토론회를 가졌습니다. 발표문을 모아 논문집도 내고요. 외부와 엮인다는 오해를 살까 봐 매우 신중하게 접근해 외부 연구자들 대신 회원 판사들이 직접 연구 발표하는 형식을 취했습니다. 그러는 와중에 정권이 사법부를 자기들 입맛에 맞춰 요리하려 들면 항의에 나섰을 뿐 아니라 사법부 내부의 계층주의, 관료주의에 맞서 개혁을 촉구하는 데 앞장섰습니다. 이들의 노력은 우리 사법부가 보다 신뢰받고 안정된 제도와 관행을 만들어내는 데 크게 기여했다고 봅니다.

그런데 이명박근혜 정권 들어 우리법연구회에 대한 온갖 탄압이 가해졌을 뿐 아니라 심지어는 판사 개인에 대한 신변 위협까지 심각했습니다. 우리법연구회를 마치 뿔난 짐승처럼 공격하는 보수 언론들의 공격 또한 엄청났습니다. 이처럼 전방위적 공작을 통해 우리법연구회를 위축시키고 거의 와해시킨 다음의 사법부 모습은 어떠했을까요? 정권의 압박과 사법부의 거래가 작용하여 소위 '사법 농단' 사태가 일어났습니다. 원래 정권이 독재화하려면 권력 남용을 견제할 사법-언론-야당에 대한 탄압에 나섭니다. 구속, 기소, 압수 수색과 블랙리스트 작성 등을 통한 압박과 불이익으로 이들을 와해시키는 순간이 정권 자체의 종말의 시작임을 우리 역사는 경험으로 이미 입증하였습니다.

판사들이 소심한 보신주의에 머물거나 기득권 카르텔에 편입되는 관성이 있어 왔지만, 우리법 성향의 판사들은 개인적 불이익을 각오하고 이에 맞서 왔습니다. 사법부 독립, 사법부 민주화, 시민 지향 사법을 추구하는 판사들의 연구 모임은 참으로 우리 사회의 빛과 소금이 되기도 합니다.

요컨대 우리법연구회에 관여한 경력은 낙인찍을 일이 아니라 민주 사법, 시민 사법에 대한 기여를 인정하고 존중해 마땅한 일입니다. 지금 우리법연구회 운운하며 공격하는 정치인(다수는 법조인 출신)들과 비교해 보세요. 정치인이야 상대방 공격을 주업으로 삼기에 그렇다 치더라도, 해당 법조 출신 정치인이 판·검사에 재직할 때 우리법연구회 소속 판사보다 훌륭한 평가를 받을 만한 분이 제대로 있을까요.

제 개인적으로 우리법연구회를 가장 잘 표상한 인물 중 한 분을 들어 보겠습니다. 바로 판사 한기택입니다. 46세의 이른 나이에 아깝게 별세하여 안타깝기 그지 없는, 한기택은 서울대 법과대학 77학번으로 가나다순 출석 번호에서 제 세 칸 위에 있는 동기이도 했습니다. 우리법연구회 출신 법조인 중 초기 중심 인물들의 행적을 눈여겨보곤 했는데, 인격 면에서나 직격 면에서 두루 모범적입니다. 요즘 정면으로 법조 윤리에 어긋나는 언행을 서슴없이 하는 분들과는 극히 대조적인 공적 삶을 살아 왔음을 확인하기도 했고요.

한기택 판사에 대해, 이전에 쓴 글을 이 책에 보탭니다. 최근의 사태와 비교하면서 좋은 판사는 어떠해야 할까에 대한 하나의 표상으로 봐 주시면 좋겠습니다. 온갖 험구악설을 내뱉는 일부 법조인이나 법조 출신 정치인들과는 어떻게 다른지 생각하며 음미해 주시길 바랍니다.

한기택이라는 판사

불의의 사고로 세상을 떠난 한기택 판사를 떠올리며 "좋은 판사, 좋은 법원이란 무엇인가"를 판사들과 토론할 기회가 있었다. 40대 중반 한창 일할 나이에 떠났기에 뭔가를 성취하기에 좀 부족하지 않을까 생각될 법도 한데, 그를 아는 사람들은 참판사의 전범으로 한기택을 떠올리는 데 주저함이 없다.

타인의 운명을 재단하는 판사는 재판에서 엄중하고도 신중해야 한다. 재판은 판사의 실력뿐 아니라 전인격이 만들어 내는 작품이다. 한기택 판사는 하나하나의 재판을 치밀하게 준비하고, 법정에서는 신중하게 경청했다. 소액 사건 같은 작은 사건에서도 예외가 없었다.

한기택 판사는 늘 다소간 주저하는 자세로 동료 판사들의 의견을 구하고 치열한 토론을 통해 결론을 끌어냈다. 그의 재판부에서는 배석 판사도 보조적 역할이 아니라 실로 동등한 판사로 관여했다. 정성껏 만든 판결문을 법정에서 정확히 전달하면서, 당사자들이 알아들을 수 있도록 주문을 반복해서 읽어 주고 설명했다. 그는 평소 "목숨 걸고 재판한다"는 신조로 살았다. 자신이 맡은 재판에 애정과 혼을 불어넣고, 겸허하고 성심으로 임한 점에서 구도자적 자세로 일관했다.

승진과 보직 고민은 판사 생활 내내 따라다니는 멍에 같은 것이다. 그것에 연연하다 보면 인사권자에게 예속되고, 사법의 관료화가 심화된다. 누구보다 소신과 독립을 지켜야 할 판사가 눈치 보다 보면 외풍이 스며들 여지가 생긴다. 이를 어떻게 이겨낼까. 한기택 판사는 썼다. "내가 뭐가 되겠다는 생각을 버리는 순간, 진정한 판사로서 나의 삶이 시작된다. 판사로서 목숨 걸고 악착같이 붙잡아야 할 것은 그 무엇이 아니라, 법정에 있고 기록에 있는 다른 무엇이다"라고. 승진이나 보직 같은 '그 무엇'에 연연하지 않고, 진정한 판사의 생명은 법정과 기록 속에 있는 다른 무엇, 즉 좋은 재판에 있음을 그는 묵직하게 일깨워 준다.

1980년대 후반 그가 판사 생활을 시작했을 때 사법부는 '정권의 시녀'로 지탄받았고, 민주화의 초입에서도 침묵과 타성에 갇혀 있었다. 한기택은 몇몇 소장 판사들과 함께 '새 대법원 구성에 관한 성명'을 냈다. 그 첫머리가 이렇다.

"이제 일천한 법관 경력밖에 지니지 못한 우리들이 경륜과 인품을 지닌 선배 법관과 별다른 상의 없이 감히 판결에 의하지 아니한 발언을 하게 됨으로써 혹시 누가 되지 않을까 몹시 걱정스럽습니다."

질풍노도 시대에 나온 성명서 중에서 가장 겸손하고 온유한 톤이었는데, 초안자인 그의 성품이 배어 있다고들 한다. 여태껏 법관들이 기본권 보장의 최후 보루로서 사명을 한 바 없음을 자책하면서, 사법부의 신뢰 회복을 위해 "사법부의 수장 등 대법원의 면모를 일신"할 것을 역설했다. 그는 첫 서명자였다. 이 성명서에 순식간에 수백 명의 판사들이 함께했고, 김용철 대법원장의 사임과 함께 사법 민주화의 디딤돌이 되었다.

억울한 시민들이 최후로 호소할 국가 기관이 법원이다. 송사에 휘말리는 일만큼 골치 아픈 것도 달리 없다. 그렇기에 좋은 판사를 만난다는 것은 더없는 행운일 것이다. 어떤 판사가 좋은 판사일까? 외부의 압력이나 영향에 눈치 보지 않고 오직 사건의 진실을 추구하는 판사, 자신의 판단을 과신하지 않고 동료 법관들과 지혜를 모아가는 판사, 재판 당사자에게 따뜻하고 친절한 판사, 재판다운 재판을 할 수 있도록 사법 제도의 개선에 앞장서는 판사, 이런 판사다운 판사상을 생각할 때 자연스레 떠오르는 인물, 그가 한기택 판사다.

한겨레 2015. 10. 5.

국제인권법연구회,
인권 보호의 최후 보루로서의 사법부를 위해

"좌파 판사, 하나회에 비견되는 사조직."

"좌파 판사 카르텔 척결!"

'국제인권법연구회'에 달라붙는 딱지입니다. 마음에 안 드는 판결이 나오면 판사의 성향을 따지는데, 해당 판사가 국제인권법연구회 소속임이 밝혀지는 순간부터 무조건적이고 무차별적인 공격을 퍼부어 댑니다. 최근에는 조선일보가 "국제인권법연구회 자진 해산 어떤가"라는 칼럼을 싣기까지 하는 등, 낙인찍기에 열심입니다.

별 근거도 없이 좌표를 찍어 공격하고 낙인을 찍고 나서, "너희들은 그런 낙인이 찍혀 공격을 받고 있으니 해산하라"는 말이 과연 합당한가요. 그런 논리라면, 폐간하라는 비판과 시위에 수십 년 시달리는 조선일보에 백번 더 "자진 폐간 어떤가"라는 말을 되돌려 줄 수도 있겠습니다. 두 정당 역시 공격받고 해산하라는 말을 밤낮 듣고 있으니 "자진 해산 어떤가"라고 하면 과연 합당한 주장인가 이 말이에요. 그건 그렇고, 이런 비판과 공격, 낙인찍기에 노출되어 있다면, 도대체 진정한 실체는 무엇인지부터 제대로 알 필요가 있지 않겠습니까.

국제인권법연구회는 2011년에 설립되어, 현재 400명 내외의 판사들이 가입해 활동하고 있습니다. 음습한 사조직이 아니라, 법원 내 전문 분야 연구회의 하나로 공인된 연구 단체입니다. 전두환의 하나회처럼 몰래 결성된 사조직이 아니라, 법원에 정식으로 등록된 공적 연구 조직인 것이죠. 그러니 400명의 회원 판사를 대상으로 좌파 카르텔로 공격하기엔 그 판사들이 누군지도 모르면서 함부로 돌을 던지는 행위나 다름 없는 일입니다.

최근에 알려진 국제인권법연구회 학술 활동의 결실 하나를 소개하면,『국제인권법의 이론과 실무』심화 연구 총서가 눈에 확 들어옵니다. 1,800쪽 가까운 방대한 연구 자료로서 30명 이상의 판사들이 집필에

국제인권법의 이론과 실무

참여했습니다. 이 총서는 대단히 충실하고 꼼꼼하여 늘 격무에 놓인 판사 업무 중에 어떻게 이런 수준의 심화 연구를 집단적으로 해 낼 수 있었는지 경이로울 지경이었습니다. 이 주제에 대해 관심을 가진 연구자, 실무가에게는 매우 귀중한 지침서로 활용되고 있습니다. 이뿐 아니라, 국제인권법에 대한 주요 판례 평석과 관련 번역서를 꾸준히 발표하며 학술발표회도 충실히 수행하고 있습니다. 한마디로 인권의 최후 보루로서 자신들의 직분과 연구에 충실한 연구 단체입니다.

그런데, 왜 국제인권법일까요? 국제인권 규범은 단순히 선언적 규정이 아니라 각국에서 살아 있는 재판 규범으로 자리잡고 있습니다. 종래의 국내법적 지식에 국한된 사고로는 새로운 조류를 따라갈 수 없기 때문입니다. 변호사들이 법원에 국제인권 규범을 논거로 끌고 들어올수록 판사들에게는 이에 대한 충분한 지식을 쌓을 필요가 더 절실해졌습니다. 판사들의 갈급함은 집단적 연구의 계기가 되었고, 그들의 노력

을 통해 이제 우리 판례에서도 국제인권 규범의 활용이 크게 늘며 종래의 판례를 바꾸고 있습니다. 특히 소수자 권리, '생성 중의 권리'에 대한 인식 심화에 크게 기여하고 있습니다.

　판사들이 시간을 쪼개어 국제인권 규범을 연구하고, 그 성과를 국민들의 인권 신장을 위해 쓰는 것은 크게 상찬되어야 할 일이지, 어떠한 비난꺼리도 될 수 없습니다. 그들이 집단적으로 정치 활동을 추구한 적이 있습니까? 지나칠 정도로 연구에 집중할 뿐, 오히려 외부 활동을 지나치게 자제하는 게 아닌가 여겨질 정도입니다. 정권과 사법부의 유착 의심이 있다며 이를 지적하고 개선을 촉구하는 목소리를 개별 판사들이 낸 적이 있습니다. 이는 사법부 독립을 위해 판사들이 의당 해야 할 역할을 수행한 용기 있는 행동입니다. 연구회의 실체와 활동도 제대로 알려고 들지 않으면서, 판사들에 대해 함부로 좌표를 찍어 공격하는 그런 못된 행위를 용납할 수 없습니다. 사법부가 국민 인권의 최후 보루로서의 사명을 다할 수 있도록 우리 주권자들이 부당한 공격으로부터 그들을 보호해야 합니다. 판사들은 국민의 인권을 지킬 수 있는 전문성과 소신을 가져야 합니다. 우리법연구회, 국제인권법연구회는 판사들의 바람직한 재판을 위해 자생적인 노력을 추구하는 충실한 연구회입니다. 이들의 노력에 힘입어 우리의 재판 수준이 선진형으로 나아간다면, 그건 우리 국민 모두에게 좋은 일 아니겠습니까.

윤석열의 구속 영장 발부, 구속 기간 연장 신청 불허, 구속 기소

통상 검사가 구속 영장을 청구하여 법원에서 영장 실질 심사를 거쳐 판사가 영장을 발부하면, 검사는 피의자를 10일간 구속시킨 가운데 조사할 수 있습니다. 공수처 검사도 검사이므로 마찬가지입니다. 10일의 조사 기간이 부족하다고 판단될 경우, 검사는 구속 영장 연장 신청을 하게 되는데, 지금까지 법원은 대체로 그 신청을 받아들여주는 편이므로 그 경우 10일간 구속 기간을 더 연장할 수 있습니다. 이 경우, 피의자의 구속 기간은 총 20일이 되고, 그 20일이 만료하기 전에 기소하면, 피의자는 그 시간부터 법원의 구속 기간 적용을 받게 됩니다. 법원의 제1심 단계에서 총 구속 기간은 (피의자로 체포·구속 기간 포함시켜)총 6개월입니다.

검사는 윤석열에 대해 1월 23일 구속 기간 연장을 신청했습니다. 그런데 뜻밖에도 판사는 검찰이 신청한 구속 기간 연장을 불허했습니다. 법원의 논지에 따르면, 공수처 검사가 수사한 뒤 공소 제기 요구서를 붙여 검찰에 송부한 사건에 대해 검찰이 추가 수사할 상당한 이유가 있다고 보기 어렵다는 것입니다. 또한 법원은 공수처법에 검찰의 보완 수사권 유무나 범위에 관한 명시적 규정이 없다고도 덧붙였습니다. 공수처 검사도 검사이고, 검찰청 검사도 검사로서 권한을 행사하는 것이므로 검사 수사 기간의 상한을 총 20일로 하고, 그것을 공수처와 검사가 나누어 활용하겠다는 구상을 법원이 깨 버린 것입니다. 법원의 판단이 합당한가에 대하여 저는 동의하지 않는 부분이 적지 않지만, 어쨌든 발등의 불이 떨어진 것이고, 그 상태에서는 결국 총 10일 이내에 기소하는 것이 가장 안전한 신병 확보 방안입니다.

　검사가 제대로 된 수사·재판을 이끌기 위해서는 신속하고 차질 없는 구속 기소가 이루어져야 합니다. 그런데, 검찰이 이번에는 술수를 부렸습니다. 검찰총장이 난데없는 검사장 회의를 소집하여 기소 여부에 대한 의견을 취합한다고 하였습니다. 구속 수사 기간 마감일 늦게까지 그렇게 검찰총장은 아무런 결정을 내리지 않은채 '숙고'를 거듭했습니다. 그 시간 동안 국민들의 속은 새까맣게 타들어 갔습니다. 혹시라도 검찰이 기소하지 않고 윤석열을 석방시킨 후 수사를 계속하겠다고 버티지 않을까, 혹은 기소는 하되 불구속 기소한다고 하는 건 아닐까 하는 우려로 말입니다. 천신만고 끝에 내란 우두머리를 체포·구속했는데, 법원과 검찰이 합작하여 풀어 놓아 버리는 건 아닌가 하고 말이에요. 결국 당일 자정에 가까워서야 검찰은 윤석열에 대해 구속 기소 결정을 내렸습니다. 검찰이 자신의 실질적 우두머리에 대해 할 수만 있다면 불구속 상태에 두거나 기소하고 싶지 않은 속내를 드러낸 셈입니다. 이런 검찰의 처사에 대하여 페이스북에 '검찰은 곧바로 구속 기소하라'는 주장의 글을 올렸습니다.

2025년 1월 25일

[검찰은 곧바로 구속 기소하라]

➤ 공수처의 체포 영장 발부, 체포 집행, 체포 적부심 기각, 구속 영장 발부. 결정적인 역할 다 잘해 냈고, 모두가 합법이라는 법원 결정은 이미 내려짐.

➤ 공수처가 공소 제기 요구서를 붙여 그 서류와 증거물을 검찰청 검사에게 송부했음. 자체 구속 기간 여유 남기고 검찰에 송부. 이렇게 공수처는 체포, 구속, 송부 적절히 잘 했음!!!

➤ 더욱이 공수처 검사 및 수사관에 대한 신변 위협 및 폭도의 포위 공격으로 119 신고도 여러 차례. 적은 인원으로 최선을 다했다고 봄.

➤ 공수처가 검찰에 넘긴 수사 자료로도 기소는 충분. 〈공소 제기 요구서〉가 아마도 사실상 공소장일 것임. 따라서, 검찰은 주요 임무 종사자+우두머리의 증거 자료 종합하여 공소 제기 요구서를 활용해 기소장 잘 작성하여 윤을 구속 기소하면 끝.

➤ 김용현의 헌재 증언 상황만 봐도 말 맞추기, 눈 맞추기, 기억 맞추기, 증거 인멸 우려가 여전함을 보여 줬음. 아직 나오지 않은 증거(예컨대 –8–페이지 표시가 있다면, 1~7, 9~페이지도 압수 수색을 통해 확인해야 함) 수두룩함. 확보에 총력을 기울여야. 그러니 '구속' 기소 사유 충분.

➤ 주요 임무 종사자가 다 구속 기소되었는데, 우두머리는 관저에서 출퇴근한다? 있을 수 없는 일.

➤ 굳이 구속 기간 연장 신청할 것도 없다. 곧바로 기소하라.

윤석열 재판부의 구속 취소 결정

우여곡절 끝에 내란 우두머리 윤석열의 체포와 구속이 집행되었습니다. 그렇게 국민들이 한시름 놓고 이후 탄핵 일정을 기다리는 가운데 뜬금 없고 경악스러운 소식이 들려 왔습니다. 서울구치소에 구속 수감되어 헌재의 탄핵 심판과 형사 재판을 받을 줄 알았던 윤석열의 구속이 취소되었다는 소식이었습니다. 끝까지 긴장의 끈을 놓을 수 없게 만든 법률가들의 궤변이 발동하고 상식 파괴적 상황이 발생한 것이었습니다.

윤석열 재판부는 피의자 윤석열의 체포·구속 기간의 기한(10일) 산정과 관련하여, 뜻밖에도 윤 측 변호인단의 주장(구속 기간의 산정은 날짜 기준이 아니라 시분 기준으로 해야 → 시분 기준으로 할 경우 구속 기간 초과 → 그러므로 구속 취소 결정)을 받아들여 윤석열에 대해 구속 취소 결정을 내렸습니다. 검찰에서의 지연과 법·상식·관례적으로 누구도 이해할 수 없는 재판부의 계산법이 작동한 결과였습니다. 산정 기준을 날짜에서 시분으로 좁힌 재판부의 결정은 도무지 이해할 수 없는, 전례 없던 일로서 이 결정과 지난 수십 년간의 관례가 충돌하게 되었습니다. 뿐만 아니라 온 국민이 이제는 구속 기간 그래프를 그려 가며 계산해야 하는 웃픈 결정이었습니다. 결정 다음 날, 국회 법사위에서 천대엽 법원 행정처장은 이러한 결정은 종전의 산정 방법과 충돌하므로 상급심과 대법원의 판단을 받아 기준의 통일적 해석과 적용이 필요하다는 견해를 밝히기도 했습니다.

형사소송법 제201조 2 제7항

 본피의자심문을 하는 경우 법원이 구속영장청구서·수사 관계 서류 및 증거물을 접수한 **날부터** 구속영장을 발부하여 검찰청에 반환한 **날까지**의 기간은 제202조 및 제203조의 적용에 있어서 그 구속기간에 산입하지 아니한다.

 그러나 검찰은 구속 취소에 대해 법률상 명문화되어 있는 '즉시 항고' 조항을 활용하지 않았습니다. 검찰은 평소 구속 취소 결정을 매우 싫어하므로 구속 취소에 대한 검사의 즉시 항고는 자동적이라 평가받을 만큼 시행되어 왔으나, 유독 이번 건만 즉시 항고하지 않은 것입니다. 그렇다고, 검찰이 재판부의 구속 취소 결정의 근거에 대해 승복한 것도 아닙니다. 즉시 항고 포기 결정 이후에 검찰은 윤석열의 사건을 제외한 모든 사건에서 구속 기간 산정의 기준은 시분이 아니라 다시 일자로 하겠다고 했습니다. 검찰이 즉시 항고나 보통 항고로서 다투지 않으니, 이 사건을 계기로 구속 기간 산정의 방법을 어떻게 할 것인가에 대해 대법원의 판결을 통한 변경 가능성은 사라졌습니다.
 이 시분 산정 방법은 오직 윤석열 일인을 위한 산정 방법으로, 하나의 해프닝으로 끝날 가능성이 큽니다. 하지만, 그것이 단순한 해프닝일 수 없는 것은, 윤석열이 가진 대통령이란 신분 때문입니다. 오직 1인의 석방을 위한 1회성 법 해석은, 그가 오직 王으로 존대받을 경우에만 가능합니다. 왕국에서, 왕의 법은 신민으로서 적용되는 법과 명백히 다르기 때문입니다. 왕은 처벌될 수 없는 절대 존재이고, 구속될 수 없는 존재입니다. 재판부는 王윤을 위한 유일 해석을 창안했으므로 스스로를 왕을 섬기는 법무 참모 역할로 전락시킨 셈입니다. 윤석열은 여느 대통령, 정치인과 다른 법적 존재로 격상되었습니다. 재판부가 최고 존엄 윤을 위한 유일 해석을 짜 냈고, 검찰은 최고 존엄 윤을 위한 전무후무할 유일 석방을 이루어 냈습니다. 참으로 대단한 법-검 합작 해석과 적용입니다. 그러나 대한민국은 왕국이 아니라 민주 공화국이기에 이런 잘못된 법 해석, 법 적용은 반드시 교정되어야 마땅합니다.

재판부 판사들이 이 같은 비판을 받지 않고, 결정 법리의 진정성을 인정받고자 한다면, 적어도 구속 취소한 재판부가 석방된 윤석열에 대해 다시 구속 영장을 발부해야 했습니다. 구속 취소 뒤, 법원이 바로 구속 영장을 발부할 수 있을까요? 법리적으로도 가능할 뿐 아니라, 실제로 그런 사례도 적지 않습니다. 이 부분을 정리하여 재판부에게 '다시 구속 영장을 발부하라'는 글을 올렸습니다.

[구속 취소 결정한 재판부는, 다시 구속 영장 발부하라]

재판부는 윤석열에 대한 구속 기간 산정에 오류가 있어 구속을 취소한다는 결정을 내렸다.

➤ 검찰은 즉시 항고할 권한이 있음에도 불구하고, 윤을 석방시켰다.

➤ 윤에 대한 구속 영장 발부는 구속 요건을 충족한다는 판사의 결정이 있어서이다. 즉 범죄 사실이 중대하고, 범죄에 대한 소명이 충분히 이루어졌고, 공범이 구속 수감되어 있는데 우두머리가 불구속인 것은 합당하지 않으며, 증거 인멸 및 도주 우려가 있다는 판단을 내렸다. 그 판단과 근거가 되는 사정은 지금도 변함이 없다.

➤ 그렇다면, 구속 취소 결정을 한 재판부는 위 구속 요건에 대한 판단을 직권으로 하고, 구속 결정을 내리면 된다. 형사소송법 72조에 따르면, "피고인에 대하여 범죄 사실의 요지, 구속의 이유와 변호인을 선임할 수 있음을 말하고 변명할 기회를 준 후가 아니면 (피고인을)구속할 수 없다." 당 재판부는, 위 조문에 따라 윤 측에 변명 기회를 충분히 준 다음, 이미 재판 서류에 첨부되어 있는 원래의 구속 사유 확인을 거쳐, 곧바로 윤석열에 대한 구속 영장을 발부하면 된다.

➤ 법원이 선제적으로 어떤 조치를 취하지 않고 있다면 기소 담당 검사는, 구속을 계속할 사유가 있음을 의견서로 제출하기 바란다. 수사·기소 검사들은 윤의 구속 사유 없음을 믿지 않을 것이므로, 의견서 제출이 하등 어렵지는 않을 것이다.

➤ 이는 흔한 일은 아니지만, 수십 년 역사에 처음 있는 구속 기간 시분 산정의 기준을 창안한 재판부라면, 그런 일을 못 할 까닭도 없다.

➤ 결론: 결자해지가 아닌 해자결지(解者結之)하면 된다. 재판부의 결정을 통해 절차적 흠결(구속 기간 산정의 오류)이 해소되었으므로 이제 다시 구속 여부의 판단을 거쳐 직권으로 법정 구속하면 된다.

➤ 오래 끌 것 없다. 윤이 석방되면 밖에서 온갖 증거 인멸 시도를 더 할 것이고, 공범(주요 임무 종사자) 모두가 구속 기소되어 있는데, 우두머리만 밖으로 쏘다닌다는 게 말이 되겠는가. 온 국민의 법 감정상의 대혼선을 막기 위해서는 바로 직권 재판을 개시하기 바란다.

참고 판례: 구속 절차상의 위법이 있어, 그 위법을 시정하기 위해 2018.4.13. 구속 취소 결정을 하고, 적법한 청문 절차를 밟아 구속 사유가 있음을 인정하고, 같은 날 피고인에 대한 구속 영장을 새로 발부한 사례가 있음(2018도19034 판결, "판결 내용 자체가 아니고 다만 피고인의 신병 확보를 위한 구속 등 소송 절차가 법령에 위반된 경우에는, 그로 인하여 피고인의 방어권이나 변호인의 조력을 받을 권리가 본질적으로 침해되고 판결의 정당성마저 인정하기 어렵다고 보이는 정도에 이르지 않는 한, 그것 자체만으로는 판결에 영향을 미친 위법이라고 할 수 없다").

여기서 중요한 것은 "같은 날 새로 영장을 발부했다"는 점이다.

검찰의 즉시 항고 포기, 단 1인을 위한 법 적용

재판부의 구속 취소 결정에 검찰도 처음엔 무척 당혹했을 것입니다. 윤석열의 신병을 체포하고 구속·기소를 위해 치른 노고가 그 얼마인데, 판사의 구속 취소 결정에 맞닥뜨리게 될 줄 상상이나 했겠어요? 검찰은 격분하여 즉시 항고 등 모든 수단을 동원하여 그 결정을 번복하기 위해 법률적, 여론적 노력을 기울이리라 예상되었습니다. 그런데, 뜻밖에도 검찰은 그렇게 하지 않았습니다. 즉시 항고만 하면, 일단 구속 취소 결정의 효력이 즉시 정지되어 윤석열은 일단 즉시 항고에 따른 법원의 결정이 내려지기까지 구속 상태가 유지될 수 있음에도 검찰은 그런 선택을 하지 않았습니다.

도대체, 왜일까요? 검찰은, 검찰총장은, 국민 일반과는 다른 생각을 품고 있음이 분명히 드러난 것이라 생각할 수밖에 없었습니다. 즉, 검찰은 윤의 구속과 자신들을 연루시키려 들지 않았습니다. 처음엔 공수처에 윤석열의 수사, 체포, 구속권만을 넘겨줬습니다. 내란죄 주요 임무 종사자들에 대해서는 검찰이 직접 구속 영장을 발부받고 조사도 도맡아 하려 들었음에도 불구하고 말입니다. 윤의 구속 기간 연장 신청이 불허되자 검찰은 곧바로 구속 기소하지 않은 채 시간 끌기에 나서 검사장 회의까지 소집하여 총장 개인의 결정이 아닌 것으로 희석시켰습니다. 검찰은 법원의 구속 취소 결정에 대해 다투지 않고, 결국 윤을 석방시켜 버렸습니다. 검찰의 속내는 윤의 구속-기소-소추-구형 등에 적극적으로 나서고 싶지 않다는 것입니다. 윤은 검찰 출신, 검찰총장 출신의 검찰 대통령입니다. 검찰에서 윤을 향해 직접 공격하거나 등을 돌리는 것은 이제까지 자신들의 존재 방식을 배신하는 것으로 여기나 봅니다.

[검찰총장의 책임]

대검 측 입장문에 따르면 "검찰총장은 법원의 구속 취소 결정을 존중하여, 특수본에 윤 대통령의 석방을 지휘했다." 따라서 이번 석방 지휘는 검찰총장의 책임이다.

검찰총장은 구속 기소 여부를 둘러싸고, 검사장 회의를 소집하여 신중하게 결정했다고 한다. 그런데 이번에 검찰은 법원으로부터 구속 취소 결정을 받았다. 검찰로서는 뼈아픈 일격이다. 검찰총장은 구속 청구 사유, 구속 기간 등을 정확하게 해석해야 하고, 가능한 보수적으로 기간을 산정하여 조기에 기소해야 했다. 검찰 수뇌부들이 다 모여 검토하고 결정했음에도 치명적 오류 내지 중대한 실수가 있었던 것이므로 그에 대한 책임은 검찰총장이 지는 것이 맞다.

검찰총장은 이번의 구속 취소 결정에 대하여 특수본의 즉시 항고 주장을 막았다. 이때부터는 실수가 아니라, 검찰총장의 고의적 차원에서 다루어져야 한다. 스스로 말하듯이 "오랜 기간 법원과 검찰에서 형성해 온 실무례에도 부합하지 않는" 첫 해석을 재판부가 했다면, 당연히 항고-재항고를 통해 입장 정리를 해야 함은 당연하다.

당장 내일 다른 재판부에서, 이번 윤 재판부와 같은 기준을 적용하리란 보장이 전혀 없다. 검찰도 어제까지와 다른 기준을 지금부터 적용해야 할 판인데, 다른 기준을 앞장서 적용할 검사는 거의 없을 것이다. 그러면 구속 기간 산정 기준을 둘러싸고 대혼선이 일어난다. 그런데, 그런 혼선 정리의 기회를 차 버렸으니, 그 모든 혼선에 대한 일차 책임은 검찰총장이 져야 한다.

핵심 질문은 다음의 것이다.

➤ 피고인이 윤석열이 아니었어도 즉시 항고를 포기했을까?
➤ 계엄에서 언급된 '수거 대상', '처단 대상' 인사들이 피고인이었어도 즉시 항고를 포기했을까?

그럴 리 없다. 특정인(그것도 검찰 몸통의 우두머리)에 대해서만 항고 포기한 데서 보이는 편향에 대해 책임을 져야 한다.

만일 피고인 윤석열이 아니고 다른 사건에서 판사가 이런 결정을 내렸다면, 검찰 전체가 난리를 쳤을 것이다. 수십 년간 검찰은 물론 법원도 받아들인 기준을 깼기 때문이다. 검찰은 수사 기간 단축된다며 난리를 쳤을 것이고, 앞으로 체포 적부심을 통해 수사 기피 시간을 벌고자 하는 피의자들로 하여금 회피 전술을 부추긴다고 난리를 쳤을 것이다. 총력을 다해 항고-재항고하며 버텼을 것이다.

본 사건에 대해서만 법원을 그토록 존중하고, 심지어 판단이 나오지도 않은 헌재의 결정 취지까지 충실히 존중하는 자세를 보이는지, 처음 보는 놀라움이다. 앞으로 내내, 검찰은 법원 및 헌재의 문리 해석 자체는 물론이고, "헌재의 결정 취지"까지 앞장서 존중하는 자세로 임하기를 바란다. 이것이 향후 검찰의 바람직한 자세일 수 있다.

더 이상 검찰총장은 직위를 유지할 수 없다. 사퇴가 답이다.

윤과 함께 검찰은 자기 무덤을 함께 파고 있는 격입니다. 그러나 검찰은 국가 공조직이므로 국가와 전체 국민을 위한 기관으로 쓰여져야 합니다. 그런 각도에서 검찰총장의 책임을 물었습니다.

곰곰 생각해 볼수록 어이가 없습니다. 재판부가 구속 기간 산정에서 날짜가 아니라 시분 기준을 내세운 점에 대해서 말입니다. 그 이유 중 하나로 요즘은 시분 계산이 어렵지 않다고 내세웠는데, 모든 수사·재판이 전자 문서로 기록된 것은 최근 10년 이내의 일입니다. 법 조문에도 반합니다. 법 조문에는 날짜 기준으로 함을 명시하고 있기 때문입니다. 우리의 상식은 날짜 기준이지, 구속 시간 합산 총 237시간, 뭐 이런 식으로 따지지 않기 때문입니다. 만일 시분 산정법을 도입하고자 했다면, 그것은 워낙 중대 사안이고 명확하게 해야 하기에 법률 개정을 통해 이루어져야 할 '입법 사안'입니다. 그런데 이런 합리적·상식적 고려가 아니라 윤석열 피고인을 의식한, 윤석열만을 위한 법 해석과 법 적용이 되어 버렸으니까요. 그래서 단 한 명을 위한 법 적용의 의미가 무엇일까를 정리해 봤습니다.

[단 한 명을 위한 법 적용]

1. 구속 기간 해석에서 윤 재판부는 日 기준이 아니라, 時分 기준으로 계산했다. 그 재판부가 이전 사건에서 그런 계산법 쓴 적은 한 번도 없다. 전국 법원에서 수십 년간 日기준이 아니라 시분 기준 쓴 적은 한 번도 없다. 지금도 전국 법원에서 시분 따지고 있는 재판부는 하나도 없다.

2. 검찰은 윤 사건 이전에 日 기준이 아니라 시분 기준을 적용한 적이 한 번도 없다. 윤 사건에 본 재판부 계산법을 한 번 받아들이고, 다음부턴 다시 예전의 日 기준을 그대로 쓰겠다고 공표했다.

3. 법원의 구속 취소 결정에 대해, 검찰은 위헌 소지가 있다며, 법 조문에 명시된 즉시 항고를 포기했다. 현행 조문이 있음에도 지레 위헌 소지가 있다고 해석해 주면서 불복 수단을 포기한 적은? 역시 한 번도 없었다.

4. 그러더니 검찰은 이런 해석은 윤의 사안에만 해당되는 것이고, 앞으론 다시 시분 기준이 아니라 日 기준을 적용하겠다고 한다. 결국 검찰은, 오직 1인용 법 해석으로 윤을 석방시키고는, 다시 이전 기준을 변함 없이 유지하겠다는 거다. 아예 뻔뻔함을 과시하겠다, 국민은 우습다는 막가자는 자세다.

5. 법 앞의 평등은 법 기관의 운용 철칙이다. 법원, 검찰은 최고 권력자 한 명, 더욱이 검찰 몸통의 우두머리 내란 소추 사범에 대해서만 유리한 해석을 했다.

6. 이로써 윤은 국민의 일원이 아니라 법을 뛰어넘는 왕이 되었다. 검찰은 왕정적 해석 법칙을 작동시켰다.

7. 과거 고(故) 노회찬 의원은 "법은 만명에게만 평등하다"며 편파적·특권적 법 적용을 개탄한 적 있다. 그러나 이번엔 단 1인 최고 존엄(왕)을 위한 유일·특권 해석이 따로 있음을 드러냈다.

8. 민주주의 수호를 위해 국민의 심판이 가해져야 한다. 그러므로,

   ① 우선 검찰총장은 책임지고 사퇴하라. 사태 혼란과 오락가락 기준으로 최소한의 신뢰마저 상실했다.

   ② 검찰 대통령을 신으로 옹립하는 법 왜곡 집단은 더 이상 존립 가치가 없다. 특권적 면모의 검찰은 해체 수순으로 가야 한다.

   ③ 윤 재판부의 판단에 대하여 재판부는 비판받아 마땅하다. 궤변적 법 해석이고, 유일 존엄을 위한 법 해석이다. 즉시 항고나 보통 항고가 있었다면, 결국 대법원을 통한 법리 정리가 있었을 텐데, 검찰의 항고 포기로 그럴 기회조차 사라졌다. 법원 차원에서 내부적으로 종합 정리하지 않을 수 없다.

'오로지 특정인을 위한' 궤변과 암수의 달인들

그런데, 이런 단 한명 특권자, 국왕만을 위한 궤변적 법 해석·적용의 경우를 지칭하는 용어가 별도로 있을까요. 여러 학자들도 이 점을 궁금해하며 나름 학술적 모색을 합니다. 다음은 연세대 이종수 교수의 언급입니다.

"'gefundener Vorwand'라는 독일어 표현이 있다. 우리말로는 '굳이 애써 찾아낸 핑계거리'쯤이 되겠다. 오래전에 쓴 논문에서 이 문구를 인용해서 헌재 결정을 비판한 적이 있었다. 제도보장이론, 관습헌법론 등이 그랬었다. 저들이 언제 적부터 그렇게 절차적 적법성을 중요하게 따졌는지 몰라도, 실체적 판단에서 따질 게 없으니 뜬금없이 절차적 흠결 문제에 천착한다. 검사나 법관이 기소나 재판에서 누구를 봐줄려면, 이렇듯 'gefundener Vorwand'를 찾아내면 된다. 수년 전 모 항공사 재벌 집안의 밀수 사건을 두고서 통상적인 생계형 밀수가 아니라, 생활형 밀수라는 황당한 설시와 함께 집행유예를 선고한 재판부가 그랬듯이 말이다."[*]

누구를 봐주기 위한 핑계거리 궤변은 유독 검찰 관련 비리에서 많이 보이죠. 뇌물성 접대 액수를 놓고 99만 원으로 쪼개기하여 뇌물죄와 청탁금지법을 교묘하게 피해 가려는 그런 암수들. 반면, 김학의 출국 금지라는 국민적 요청을 실현하려 한 법무부 간부들이 자신의 반대자라는 이유로 온갖 이유를 갖다 붙여 기소한 경우, 황운하 의원에 대한 핍박성 기소 등에서 보이는 그런 암수들 말입니다. 애써 핑계를 찾아 법망을 빠져나가게 하는 술수도 있고, 반대로 온갖 시비거리를 찾아 법망에 잡아

_____
* 이종수, 2025년 3월 26일자 페이스북 글 인용.

계엄과 내란을 넘어_국민이 써 내려간 헌법 이야기

가두려 하는 술수도 있습니다.

　　5·18 연구 조사에 진력했던 최용주 선생은 'Ad Personam law'이란 개념을 찾아냈습니다. "특정인에게만 적용되는 법 또는 판결"이라 하고, 이를 "기억해 둘 필요가 있는 단어다"고 한마디를 붙였습니다.[*] Ad Personam은 '한 사람에게' 혹은 '특정인에 관련된'이란 뜻을 갖는다고 하는데, 그런 법률은 보편적이고 일반적인 법률과는 달리, 특정 상황이나 개인에게 호의를 베풀거나 적대시하기 위해 적용되는 법을 의미합니다. 윤석열 검찰은 이런 짓을 너무도 많이 했기에 사례는 널려 있습니다. 반대편 정치인은 멸문까지 시키려 달려드는 검찰이 윤-김 앞에만 가면 기를 쓰고 수사를 않거나 최대한 늦추고, 특검도 막고, 압수 수색도 피합니다. 이는 법 앞의 평등, 형평, 정의감에 심각히 반하는 행위입니다. 우리는 이를 "윤석열 구속 취소 결정식의 법 적용"이라 의역해 불러도 될 것 같습니다. 그러한 Ad Personam law를 실행한 법원, 검찰 모두 커다란 비판을 받아 마땅합니다.

---

[*] 최용주, 2025년 3월 22일자 페이스북 글 인용.

한 걸음 더 디뎌 볼까요

어떤 동물들은 다른 동물보다 더욱 평등하다

자신들의 실수(고의였다고 생각하고 싶지는 않다)로 법원의 구속 취소 결정이 난 만큼 그에 대한 책임을 져야 할 검찰이 즉시 항고를 포기한 일은 괴이합니다. 또한 검찰은 구속을 통해 공소 유지해야 할 소송법상 주체라는 점에서 항고를 포기하고 수사마저 포기한 듯한 모습을 보이는 것 역시 이해가 안 되는 일입니다. 애초에 공수처에 관할이 있다고 이첩을 한 것도 검찰이었습니다. 더 나아가 대검은 이후 구속 기간을 종전대로 '날' 단위로 계산하라는 지시를 했습니다. 최소한의 일관성마저 포기한 모습에 기가 차지만, 적법 절차와 인권 보장은 모두에게 평등하게 적용되지 않는다고 검찰이 선언하는 듯싶어 서글프기까지 합니다. 이 지점에서 우리에게 익숙한 고전 소설의 한 대목이 떠오릅니다. 바로 조지 오웰(George Orwel, 1903~1950)의 1945년 소설 『동물농장(*Animal Farm*)』입니다.

(중략) … 돼지들은 지난 석 달 동안의 연구 끝에 동물주의의 원칙을 칠계명으로 요약하는 데 성공했다고 설명했다. 그들은 또한 이제 벽에 쓸 칠계명은 동물농장의 모든 동물들이 앞으로 영원히 지키며 살아야 할 불변의 계율이라고 설명했다.…

〈칠계명〉

1. 두 다리로 걷는 자는 누구든지 적이다.
2. 네 다리로 걷거나 날개를 가진 자는 모두 우리의 친구다.
3. 어떤 동물도 옷을 입어서는 안 된다.
4. 어떤 동물도 침대에서 자서는 안 된다.
5. 어떤 동물도 술을 마셔서는 안 된다.
6. 어떤 동물도 다른 동물을 죽여서는 안 된다.
7. 모든 동물은 평등하다.

…그러나 며칠 후, 뮤리엘은 혼자서 칠계명을 읽어 나가다 동물들이 잘못 기억하고 있는 것이 또 하나 있다는 것을 알았다. 그들은 제5계명을, '어떤 동물도 술을 마셔서는 안 된다(No animal shall drink alcohol)'라고 기억하고 있었는데, 두 개의 단어를 잊고 있었다. 실제로 그 계명은 다음 과 같았다.

"어떤 동물도 지나치게 술을 마셔서는 안된다(No animal shall drink alcohol to excess)."

···(그리고 마침내)···거기에는 단 하나의 계명밖에 없었다. 그것은 다음과 같았다.

"모든 동물들은 평등하다. 그러나 어떤 동물들은 다른 동물보다 더욱 평등하다."

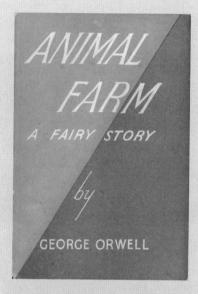

조지 오웰의 『동물농장』 초판본 표지

6

위기 상황에서 공직자의 처신

위기를 타개한 사람들

대통령의 내란이 국회의 탄핵 소추 의결을 거쳐, 헌법재판소의 파면 결정까지 122일이 걸렸습니다. 대통령의 비상계엄은 150분 천하로 끝나고 말았습니다. 다음은 사법부의 엄정한 심판 과정이 기다립니다. 이 국면에서 공직자의 자세도 중간 점검할 필요가 있습니다. 위헌·불법의 비상계엄이 발동되기 위해서는 대통령 일개인이 아니라, 수많은 공직자들이 협력해야 합니다. 군, 경찰, 관료 등이 민주 헌정 위기의 순간에 어떻게 판단하고, 어떻게 행동했던가 하는 점은 과거의 평가와 단죄뿐 아니라, 미래 유사 행위의 재발 내지 억제를 위한 중요한 교훈이 되기 때문입니다. 워낙 비상시에 순식간에 벌어진 일인 만큼, 그로부터 하나하나 교훈을 얻어 체화해야만 다음에 혹여 유사 상황 발생 시 긴급하고도 필요한 대응을 해 나갈 수 있을 것이기 때문입니다.

이번에 과거의 반헌법적 쿠데타로부터 우리 국민과 공직자들은 많은 교훈을 얻었습니다. 영화 〈서울의 봄〉이 1,300만 관객을 몰입시키면서 비상계엄이 무엇인지 가장 많은 전제 지식을 우리들에게 제공했던 듯 보입니다. 때마침 노벨 문학상을 수상한 한강 작가의 『소년이 온다』에서 "과거가 현재를 살린다"는 구절이 자주 거론되었습니다. 군 병력의 차량에 맞선 시민들은 5·18 광주의 현재화요, 전국화였습니다. 그 모두가 소중하고요. 저는 여기서 국회의원들과, 공직자 중 법률 전문가의 부분을 일부 정리해 보겠습니다. 군대, 경찰, 정보기관, 그리고 의원 보좌관과 여러분, 유튜브 언론인 등 여러 분들이 행적이 낱낱이 기록되어야 하지만, 여기에서는 제 전공인 법률 분야 종사자들에 대한 일부 정리 정도를 해 볼까 합니다.

무엇보다 첫 번째는 국회의 대응입니다. 대통령이 방송에서 계엄을 선포하자마자, 모든 이목은 국회에 쏠렸습니다. 대통령이 특히 "국회는 범죄자 소굴이 되었고, 자유 민주주의 체제의 전복을 기도하고 있다. 국회가 자유 민주주의 체제를 붕괴시키는 괴물이 되었다.… 망국의 원흉 반국가 세력을 척결하겠다"고 공언함으로써 국회의원들로서는 느닷없이 범죄자, 체제 전복자, 반국가 세력이 되어 엄청난 정치 탄압의 현실적 위협 속에 놓였습니다. 계엄 선포를 접한 의원들의 첫 반응은, 아마도 본능적으로 섬뜩한 신변 위협을 느꼈을 것입니다. 그러나 이 계엄을 해제할 권한은 국회만이 갖고 있습니다.

국회는 전쟁터가 되었습니다. 대통령은 무슨 수를 쓰건 국회 개의를 막으려 했고, 중무장 병력과 경찰을 투입했습니다. 국회의원들은 신변 위협을 각오하고, 체포될지 모른다는 위협을 각오하면서 놀라울 정도로 즉각 행동을 개시했습니다. 가장 쉽게 체포당할 수 있을 바로 그 국회로 150km/h의 속도로 달려 왔고, 국회 문이 막히자 울타리를 돌아 월장하여 모였습니다. 그리고는 본회의장 침탈을 각오하고 두 시간 반만에 190명의 찬성으로 계엄 해제라는 역사적 위업을 이루어 냈습니다. 일찍이 국회가 이처럼 신속하게, 단호하게 행동한 적은 없었습니다.

67세에 월장한 국회의장

국회의장을 비롯 몇몇 국회의원이 방송에 나와 당시 상황을 증언한 회고를 정리해 보았습니다. 계엄 해제 의결에서 가장 중요한 임무를 띤 우원식 국회의장이 TV방송에 출연해 한 회고를 문장으로 다시 정리해 보았습니다.

처음 비상계엄 소식을 접한 것은, 김민기 사무총장으로부터 다급한 전화를 받고나서였어요.

"의장님 계엄이랍니다."

계엄? 그날 윤석열의 TV 담화를 직접 보지 못하고 사무총장이 전화를 해서 알게 됐죠. 굉장히 비현실적이잖아요. 그래서 바로 TV를 틀어 보니 진짜 계엄이더라고요. 깜짝 놀랐죠. 경험상 계엄하면 국회의장을 제일 먼저 체포할 거 아니에요. 국회가 계엄을 해제할 수 있는 권한을 갖고 있기 때문에. 그래서 첫 번째 조치로 국회의장 경호대장에게 공관 앞에 누가 없는지 살펴보라고 했어요. 누가 와 있다면 돌아서 피해 가야 하니까요. 뒤에 쪽문이 하나 있습니다. '쪽문으로 나가야 되나' 생각하는데, 경호대장으로부터 아무도 없는 걸 확인하고 바로 차를 타고 출발했어요. 한남동 공관에서 국회까지는 대략 30분 정도 걸려요. 서두르자 해서 달렸더니 국회 도착 시간이 10시 55분쯤 됐어요. 20분이 채 안 걸렸을 정도로 급하게 달린 거죠. 사실 그 20분이 얼마나 길었는지, 누가 쫓아오는 건 아닌지, 계속 전후좌우를 살피며 그렇게 갔어요. 의원회관으로 들어가는 문이 있는데 거기는 이미 경찰차가 막기 시작했더라고요. 그때 내려서 경찰에 야단을 칠까 하다 생각해 보니 '내가 공관에서 급하게 계엄군을 피해 왔는데, 여기서 경찰하고 싸우다 잡히면 말짱 도루묵이잖아' 싶은 거예요. 그래서 차를 조금 더 몰아 국회 뒤쪽에 있는 문으로 갔어요. 후문 같은 곳. 그래서 그 문을 그냥 넘었죠. 계엄 하면 바로 생각나는 게 45년 전 광주예요. 5·18 당시, 비상계엄 전국 확대로 군인들에 의해 국회가 차단됐을 뿐 아니라 많은 사람이 투옥되고 또 목숨을 잃었습니다. 그러니 어떻게든 국회로 들어가야 된다. 계엄을 해제할 권한이 국회에 있고, 그 회의를 소집할 권한이 국회의장인 나에게 있으

므로, 어떻게든 나는 들어가야
된다 마음 먹었죠. 좌고우면할
게 없었죠. 그냥 '아, 저 정도면
넘어갈 수 있네' 생각할 겨를도
없이 그냥 훌쩍 올타리를 넘은
거죠. 당시 보도에 67세 그 나
이에 월담했다고 그러는데, 67
세, 아직 쌩쌩합니다.

긴장 속에 따박따박 이끌어 낸 완전한 계엄 해제

담을 넘어 시간을 보니 10시 58분이더라고요. 11시 5분쯤, 제 방에 들어가 국
회에 들어와 있는 참모들 다 소집해 절차를 확인케 하면서 첫 담화 준비를 했어
요. 방송도 할 수 없으니 유튜브 우원식 TV로 송출했어요. 그러다 갑자기 '내가
지금 어디에 있지' 생각이 드는 거예요. 국회의장실에서 방송하고 있었던 거지
요. '방송 보고 이리로 쳐들어올지 모르겠다' 싶어, 3층 의장실에서 나와 5층으
로 올라갔어요. 5층 어느 전문위원실, 그러니까 본회의장으로 가장 빨리 통할
수 있는 엘리베이터 앞 전문위원실에 들어가 몸을 숨기고, 5층에 있는 불을 다
켜 놓게 해 두었어요. 어디 있는지 몰라야 되니까요. 거기서 한 20분쯤 있었죠.
사무처 직원들은 계엄군들이 들어오지 못하도록 각 출입문을 봉쇄하고 바리게
이트를 설치하고 있었고요. 밤 12시 20분쯤 "의원이 과반을 넘었다"는 연락이
와 5층에서 본회의장으로 들어갔죠.

　본회의장 들어가 첫 절차를 시작한 시간이 12시 28분인데, 12시 33분에 군

인들이 유리창을 깨고 본청 안으로 들어왔습니다. 계엄 해제 의결을 했는데 그 시간이 1시 1분이었어요. 나중에 확인하니 1시 40분부터 4시 50분까지 국회의장 공관 앞에 계엄군을 배치했다는 거 아니예요? 그것은 2차 계엄을 의도했거나 국회의장이 잘못 판단하여 집에 들어오면 잡아가려고 했든지, 뭐 그런 이유 아니었겠어요.

12시 28분에 추경호 국민의힘 원내대표에게 전화해 "한 시간 주겠다. 한 시간 내에 다 들어오라" 했습니다. 01시 30분에 표결하겠다면서요. 그런데 12시 33분에 국회 유리창이 깨졌다는 얘기를 안에서 듣고 사정이 급하게 된 거죠. (계엄군이)본청 안으로 들어왔으니 지금 사정이 변경됐다. 유리창이 깨지고 계엄군들이 본청 안으로 들어와 지금 상황이 심각해졌으므로 "30분 앞당긴다" 했습니다. 그렇게 예고한 시간이 1시였습니다. 1시로 정해 놓고 만약에 문이 부서지는 상황이라도 생기면, 바로 안건을 처리하기 위해 48분에 개회를 선언하고 50분에 안건이 상정되었어요. 기다리는 그 10분이 굉장히 힘들었어요.

저는 본회의장 안에서 절차를 진행하는 과정에 총을 쏘고 들어올 줄 알았어요. 문을 부수고 들어올 거라 생각했어요. 총을 쏘건 문을 부수건, 당시 상황은 그 정도로 다급했어요. 제가 절차를 지켜야 된다고 말하면서 "국회의장도 마음이 급하다"는 이야기도 했어요.

본회의를 진행하려면 안건을 만들어 의안과에 내고 의안과에서 정리한 안건이 본회의장 전광판에까지 올라와야 돼요. 그 진행되는 정도를 보면서 언제쯤 가능할지 짐작하는데, 대략 12시 50분쯤에 올라온다고 그러더라고요. 그래서 48분에 개회를 해 놓고 50분에 안건이 올라오면, 상정하는 데 1분도 안 걸리니, 만약에 문이 부서지는 소리가 나면 즉시 상정하려고 바깥 상황에 귀를 활짝 열고 있었습니다. 안에 있어서 눈으로 보지는 못했습니다만, 실시간으로 바깥 상황이 전해졌습니다. 그렇게 (본회의장)밖이 지금 어떻게 대처하고 있으며 상황

이 어떻다는 것을 알고 거기에 맞춰 대응한 겁니다.[*]

조국혁신당 차규근 의원은 페이스북에 그 순간의 상황을 다음과 같이 메모 형태로 기록하였습니다.

10시 30분경 집에서 소식 접함. 순간 멍했으나 바로 옷 갈아입고 운전하여 국회로 출발. 20여 분 후 소통관 쪽 3문에 도착하였으나 이미 경찰 버스로 통제 중. 앞에 5~6대가 있었는데 차로 진입 시도하다가는 자칫 체포될 수도 있다고 판단, 옆으로 차를 빼서 20~30미터 직진 후 노상 주차장에 주차 후 바로 월담. 그런데, 월담한 장소(나중에 알고 보니 어린이집과 식물원 사이)가 바로 경내로 연결되지 않은 벽면이라 어디로 진입해야 하는지 두리번거림. 그런데, 나와 똑같은 상황의 2인 발견. 우원식 국회의장님과 수행원. 아마, 의장님도 출입문 통제된 것을 보시고 월담하신 듯. 의장님과 수행원과 함께 본청 가는 길 탐색하여 소통관 바로 옆길을 발견한 후, 의장님이 본청 입장하여 의장실 들어가실 때까지 혹시나 하는 심정에서 호위. 별다른 불상사 없이 의장실까지 모심. 의장님 모시고 본청 가는 길이 역사적인 순간인 것 같아 사진과 영상을 찍었는데, 이미 계엄군이 본청 입구에 깔렸는지 알 수도 없어, 어떤 상황이 벌어질지 몰라 긴장하면서 서둘다보니 조작 미스(실수)가 생겨 사진이 제대로 찍히지도 않았음. 초유의 비상 상황에서 단호함과 침착함으로 국회를 이끄신 우원식 의장님, 존경합니다.^{**}

---

* https://www.youtube.com/watch?v=i_JWafFIVJ8 MBC [손석희의 질문들] 2025. 02. 04. 인터뷰 정리

** https://www.facebook.com/share/p/1YCw4phLWF/)

조국, 이성윤, 추미애 의원의 마음

다음엔, 윤석열과 어쩌면 가장 척을 진 관계였다고 할 수 있을 두 의원, 조국혁신당 대표 조국 의원과 더불어민주당 이성윤 의원의 이야기를 들어 보겠습니다. 조국 의원의 회고입니다.

12월 3일 저녁, 일정을 마치고 귀가해 전화기도 무음으로 해 두고 일하고 있었어요. TV나 핸드폰도 전혀 안 보고 있었는데, 갑자기 제 방문이 열리더니 아들이 "이상하다, 나와 보시라" 하는 거예요. 봤더니 방송에 윤석열 얼굴이 나오고 비상계엄이라고…, 순간 너무 비현실적이어서, '이게 뭐지? 방송 사고인가? 해킹이 된 것인가?' 생각했는데, 아닌 게 분명한 거예요. 너무 놀라 전화기를 봤더니 여러 통의 전화가 쏟아져 있더라고요. 바로 연락했더니 저희 비서관이 이미 차로 오고 있더라고요. 빨리 옷을 갈아입고 차가 도착하자마자 바로 출발하였습니다. 사실 처음에 든 생각은, 과거의 계엄령 선포 경험으로는 먼저 의원들을 무조건 체포했잖아요. 체포해 격리하고 그 다음에 방송국을 접수해 진주하고요. 그래서 집에서 내려갈 때 아파트 현관 밑에 (체포조가)있을지 모른다는 생각이 들더라고요. '내려가다 잡히면 본회의장 못 가는데'라는 생각에 옷을 입고 내려가기 전에 위에서 쭉 훑어봤어요. 봤더니 없어요. 사람 자체가 아예 없었어요. '이상하다.' 내려와서 나갈 때도 조심했죠. 혹시나 이상하면 다른 데로 가려고요. 그런데 전혀 사람이 없어요. 저희 비서관만 모여 가지고 바로 타고 복귀했죠. 국회로 바로 들어왔죠.[*]

더불어민주당 이성윤 의원은 이른바 '노상원 수첩'에 '수거 대상'에

---

[*] https://www.youtube.com/watch?v=Wa23wEb-w8A 뉴스핌TV [스팟 Live] 2024. 12. 04.일 인터뷰 정리

올라 있을 정도로 어쩌면 윤석열에게는 가장 우선 척결 대상이었습니다. 계엄이 성공했더라면 지금쯤 우리는 그를 볼 수 없었을지도 모르는 소름 돋는 상황이었습니다. 이성윤 의원이 당시 상황을 복기했습니다.

> 그날 10시에 퇴근해 집 앞에서 산책을 하고 있는데 보좌관으로부터 연락이 온 겁니다. 비상계엄이 선포되었다고요. 그래서 '뭔 소리야, 뜬금없이 무슨 전쟁이 난 것도 아니고.' 바로 확인해 보니 비상계엄이 선포되었다는 뉴스가 이미 올라왔더라고요. 급하게 집으로 돌아가 부랴부랴 따뜻한 옷을 챙겨 입으면서 아내한테는 언제 올지 모르니 그렇게 알고 있으라 하고, 11시 넘어 도착한 보좌관의 차를 타고 국회로 가는데, 시속 150km 정도는 달린 것 같아요. 국회에 도착하니 정문 앞에 사람들이 벌써 모여 있고 차를 댈 수가 없었어요. 차에서 내려 혼자 걸어 정문 앞에 가니 이미 경찰들이 못 들어가게 막고 있는 거예요. 국회의원 신분증을 보여 주며 "들어가야 된다!" 소리 질렀더니 안 된다는 거예요. 시민들이 "이분 국회의원이다, 빨리 계엄 해제해야 하니 들어가야 한다" 막 소리지르며 거드는데. 경찰이 그래도 안 된다는 거예요. 시민들과 함께 밀면서 몸싸움했는데 안 뚫려요. 그렇게 한 30~40분 정도 실갱이하는 와중에 시민들이 저를 데리고 오른쪽 담으로 갔습니다. 그쪽도 경찰들이 담을 둘러싸고 못 들어가게 막는 거예요. 그때 여성 시민 몇 분이 오셔서 경찰들을 몸으로 막고 다른 시민들이 저를 담벽으로 밀어올렸어요.
>
> 그때 허벅지가 담에 걸려 욱신거렸어요. 정신 없는 와중에 담에서 거꾸로 떨어지는데 마침 남성 한 분이 저를 받아 주었어요. 아마 국회 직원이었던 같아요. 그렇게 담을 넘자마자 뛰기 시작했는데, 헬리콥터가 막 국회 마당으로 내리고 있는 거예요. 제 평생 그렇게 빨리 뛴 적은 없었습니다. 엄청나게 뛰어 슬라이딩하듯 국회 본청에 도착하니, 의사과 직원이 손으로 의원 수를 헤아리고 있

더라고요. 왔다 갔다 웅성웅성, 뒤에서는 "계엄군 들어오니 수기라도 빨리 표결 하자", "거수로라도 결정하자", 막 그러고 있고, 의장님은 "1시에 하자. 조금만 기다려라" 하다 결국 의결이 되었습니다. 당시 회의장에 있던 의원들 사이에서 계엄군이 치고 들어오면, 일단 개머리판으로 두드려 팰 거니 맞을 각오들 하고 왔다는 거예요. 사실 2주 전쯤에 "잡혀서 수장된다", 그런 얘기를 유튜브에서 한 적이 있는데, 그때 국회에서 "우리 수장되어 뼈도 못 추린다. 못 찾을 거다" 실제 그런 얘기, 소문들이 돌았습니다. 그때 어떻게 할까 하다 "우리끼리 쇠사 슬로 묶자" 그런 얘기를 한 기억이 납니다. 그러니 지금 와서 시민들께 정말 감 사하고 큰절을 드리는 심정입니다. 매일같이요. 시민들 아니었으면 저희들 수 장되고, 처분되고, 없어졌을 거 아니에요.

당시 190명의 계엄 해제 표결에 참석할 수 없었던 사정이 있는 의 원들 또한 없지는 않았습니다. 일본에 출장 가 있던 추미애 의원의 회고 입니다.

계엄 선포 당시 유엔사 후방 기지 방문 일정 때문에 일본에 출장 가 있었어요. 그런데 보좌관이 계엄이 터졌다 해서 유튜브 방송을 켜고 있는데 10분쯤 후에 딸이 전화를 했어요. 아빠가 빨리 전화하라고 했다고, 돌아오지 말라고. 엄마 오 지 마, 아빠가 그러래. 그래도 귀국 비행기 표 알아보라고 조치했어요. 그런데 공항까지 한 두 시간 반 정도 걸리는데 거기까지 데려다 줄 차량이 없는 거예요. 전부터 늘 계엄이 터지면 빨리 집결해서 해제해야 된다, 주변에 계속 강조한 사 람이 저였거든요. '이거, 못 가면 어떡하지, 저거 해제 못 하면 어떡하지, 한 표 모자라서 해제 안 되면 어떡하지?' 너무 안달복달난 거예요. 그러고 있는데 서 울에 있는 의원실에서 비행기표 예약이 되어 새벽 첫 비행기로 들어왔죠. 의원들끼리 소통하는 텔레그램이 있어요. 아마 이소영 의원이었던 것 같은데, "나는 수소 충전소 쪽으로 왔어. 빨리 들어와, 그쪽으로 오면 돼" 이런 메시지들이 막 올라가는 거예요. 빨리 진입한 의원들이 안내하는 그 글들이. 그래서 '아, 정말 상황이 긴박하다' 생각하면서, 저는 짐도 풀지 못한 채 그냥 그대로 있다 나온 거죠. 정말 해제되는 걸 보고 아 정말 다행이다. 사실 빨리 되긴 했지만, 급한 마음에 '왜 저렇게 시간을 끌지, 저럴 처지인가' 안절부절했어요. 화면으로 보이는 장면은 소화전이 터져 실내에 안개가 자욱하고 난리가 났는데, 안에서는 갇혀서 이제 그걸 모르는 건지 도대체. 너무 느리게 느껴지는 거예요. '아 이러다 정말 망명해야 되나.' 이 생각도 했어요. '아, 내가 이렇게 국방위원으로 출국했다는 정보를 알고 있었을 테니, 이 날을 골라 잡았구나.' 수거 대상 명단에 추미애가 있는데 잡혔으면 아마 제일 잔인한 방법으로 죽이려고 했을 겁니다.[*]

조국혁신당 의원들은 단체 대화방을 통해 정보를 공유하면서, 국회 본회의에 모두 참석했습니다. 황운하 의원이 공개한 내용을 보면, 별 설명 없어도 긴박했던 상황에서 어떻게 정보를 공유하며 신속히 행동했는지 생생히 짐작할 수 있습니다.[**]

190명 의원, 모든 분들에 대해 국회에 기념판을 만들어 새길 가치가 있습니다. 한편 당시 계엄 해제를 의결했던 190명에는 들지 못했지만, 멀리서 회의장으로 달려오고 있었던 의원들의 사례들 역시 수집해서 책자와 영상으로 만들어야 할 만큼 가치가 있다고 봅니다. 반대로, 국회로 출두한 의원들을 국회 밖 당사로 집결시킴으로써 본회의 불참을 유도하고 교란시켜 내란죄 주요 임무 종사자 노릇을 한 정당과 의원들

---

[*] https://www.youtube.com/watch?v=BrjpjkSyACk 김어준의 다스뵈이다 2025. 02. 28. 인터뷰

[**] 황운하 조국혁신당 의원 페이스북 갈무리 https://www.news1.kr/politics/general-politics/5638732

의 반면 사례도 반드시 기록되어야 합니다. 또 유권자들은, 자신의 지역구 의원들이 어떻게 행동했는가를 정확히 알아 놓아 다음 선거 때의 판단 자료로 삼을 필요가 있습니다.

계엄과 내란을 넘어_국민이 써 내려간 헌법 이야기

위기 상황에서 공직자의 처신은 어떠해야 할까요?

위기 상황에서 공직자의 바람직한 처신에 대한 역사적 예를 들어 보겠습니다. 앞에서 형법 91조에 대해 설명하면서 1952년 '부산 정치 파동'을 말한 바 있습니다. 이승만의 헌법 파괴적 정치 파동, 친위 쿠데타에 맞서 당시 부통령이었던 김성수는 항의 사표를 제출합니다. 그는 '사임 청원서'에 다음과 같이 적었습니다.

> 나는 대한민국의 최고 책임자가 완전히 사직을 파괴하려는 반역 행동에까지 나오리라고는 차마 예기하지 못했습니다. 그랬더니 비상계엄의 조건이 하등 구비되어 있지 아니한 임시 수도 부산에 불법적인 비상계엄을 선포하고, 소위 국제 공산당과 연관이 되어 있다는 허무맹랑한 누명을 날조하여 계엄하에서도 체포할 수 없는 50여 명의 국회의원을 체포 감금하는 폭거를 감행했습니다. 이것은 곧 국헌을 전복하고 주권을 찬탈하는 반란적 쿠데타가 아니고 무엇입니까.

김성수 부통령은 직을 내던지면서, 이승만의 행위가 '반란적 쿠데타'임을 확실히 국민들에게 알렸습니다.

뿐만 아닙니다. 이승만이 쿠데타를 성사시키기 위해서는 군을 동원해야 했습니다. 당시 군대는 6·25 전쟁이라는 미증유의 전쟁을 치르는 중이었습니다. 당시 육군참모총장 이종찬은 부산으로 군 병력을 동원하라는 이승만 대통령의 명에 심사숙고하다 '육군 장병에게 고함'이라는 육군본부 훈령을 발령합니다. 거기서 그는 "전쟁터의 병력을 빼내어 후방의 정치 싸움터로 보낸다는 것은 국토 방위의 신성한 의무를 저버리고 군을 정치에 관여하는 망국의 길"이라 결론짓고, "군의 본질과 군인의 본분을 망각하고 정사에 관여하여 경거망동하는 자가 있다면 건군 역사상 불식할 수 없는 일대 오점을 남기게 되고, 국가의 운명을 멸망의 심연에 빠지게 되어 한을 천추에 남기게 될 것"이라며 군의 정치적 동원을 거부합니다.

이승만은 이종찬 참모총장의 파병 거부 명령을 "나라에 반역하고 대통령에 반역"하는 것으로 추궁하고, 육군참모차장에게 "명령을 거부한 참모총장을 포살하라"는 명령까지 내립니다. 하지만 육군참모차장이 극구 말린 끝에 이 명령은 철회되었죠. 이에 노발대발한 이승만 대통령은 결국 그를 참모총장직에서 해임시켰습니다. 4·19 학생 시민 혁명으로 이승만이 대통령직을 사퇴한 이후 이종찬은 과도 정부의 국방부 장관을 맡았고, 오늘날까지 군의 정치적 중립의 상징이 되었습니다. 이처럼 70여 년 전에도 정권의 친위 쿠데타에 대하여 정부의 최고 인사(부통령), 군부의 최고 지도자(육군참모총장)는 직을 걸고 맞섰습니다. 대통령의 군·경 동원 내란 쿠데타에 대해 최고위 공직자가 어떻게 처신해야 할지를 보여 준 모범이라 아니할 수 없습니다. 이번 12·3 내란에서 보여 준 총리·부총리·장관·군 장성들의 처신과 현격히 대비되지 않습니까.

대통령의 위헌·위법·내란적 비상계엄 선포에 대해 내각과 군대의 최고 책임자는 비상하게! 대항해야!! 합니다. "각하, 경제에 미치는 영향이 우려할 점이 적지 않습니다, 통촉하여 주시옵소서" 정도의 말조차 쉬운 말은 아니겠지만, 이런 말로서는 이미 확고한 결심이 선 대통령의 행위를 돌이킬 수 없습니다. 최소한 '사직'으로 맞서고, 불법 명령을 '거부'하며, 그 불법성을 '외부적'으로 공표해야 합니다.

하지만 이번 내란 사태에서도 공직자의 올바른 자세를 생각해 볼 수 있는 사례는 있었습니다. 온 국민이 다 보셨겠지만, 예컨대 마지막 체포 영장 집행 과정에서 경호처 법무관이 공수처 영장 집행에 대한 법률적 판단을 공유 사이트에 게시하여 경호관들의 영장 집행 거부 시도를 막았는가 하면, 법무부 류혁 법무관, 국정원 홍장원 1차장, 방첩사 윤비나 법무실장, 부하들에게 "서강대교를 넘지 말라"고 지시했던 수방사 조성현 제1경비단장 등 사태의 고비고비마다 영혼 없는 고위 관료들과 달리 해당 위치에서 할 수 있는 강직한 처신으로 사태의 악화를 막은 공직자들도 있었습니다.

마침 2025년 1월 9일, 채수근 해병의 사인에 대하여 제대로 밝히겠다고 나선 박정훈 대령의 의로움이 중앙지역군사법원의 무죄 판결 결과로 나오면서 답답한 시국에 한 줄기 희망을 비추기도 했지요.

박정훈 대령은 말했습니다.

> "아무리 권력이 힘이 세더라도 시간이 지나면 다 밝혀진다. 그 시간 동안 '매일매일 버텨 내는 것이 승리하는 것'이라 스스로 위로하며 두 평 남짓 사무실로 정시에 출근했다. … 개인적으로는 채 해병 사건으로 윤석열 정권의 음습한 부분이 드러나는 계기가 됐고, '과연 위법한 명령에 복종해야 하는지'라는 질문을 우리 사회에 던졌다고 생각한다. … 위법한 명령에 거부하는 것은 항명이 아니다. 지금 비상계엄 사건과 관련해 수많은 고위 장성들과 책임자들이 내란의 공범으로 처벌이 예견되는데, 채 해병 사건과 항명 사건은 정의롭게 무죄로 마무리돼야 한다고 생각한다. … 우리 사회에 '위법한 명령은 어떻게 해야 하나'라는 기준점을 설정한다는 점에서 의미가 있다."

육군 장병에 고함

육군본부 경북 대구
앞 숲부대장

군의 본연의 존재 이유와 군인의 본분은 엄연히 확립되어 있는 바이므로 지금 새삼스러이 이를 운조할 필요조차 없는 바이나 현하 미묘 복잡한 국내외 정세가 바야흐로 비상 중대화되어 가고 있음에 감하여 군의 본질과 군인의 본분에 대하여 투철한 인식을 견지하고 군인으로서 그 거취에 있어 소호의 유감이 없도록 육군 전 장병의 냉정한 군리판단과 신중한 주의를 환기코자 하는 바이다.

군은 국가민족의 수호를 유일한 사명으로 하고 있으므로 어느 기관이나 개인에 예속된 것이 아닐 뿐만 아니라 변천 무쌍한 정사에 좌우될 수도 없는 국가와 더불어 영구 불멸히 존재하여야 할 신성한 국가의 공기이므로 군인의 본분 역시 이러한 군 본연의 사명에 귀일되어야 할 것이다. 그러므로 군인 된 자, 수하(誰何)를 막론하고 국가방위와 민족의 수호라는 그 본분을 떠나서는 일거수일투족이라도 절대로 허용되지 아니함은 재론할 여지가 없는 것이다.(…)

밖으로는 호시탐탐 침공의 기회를 노리는 적을 대하고 안으로는 복잡다단한 제반 정세에 처하여 있는 군에 있어서 군인 개인으로서나 또는 부대로서나 만약 지엄한 군 통수계통을 문란하게 하는 언동을 하거나 현하와 같은 정치변혁기에 승하여 군의 본질과 군인의 본분을 망각하고 의식, 무의식을 막론하고 정사에 관여하여 경거망동하는 자가 있다면 건군 역사상 불식할 수 없는 일대 오점을 남기게 됨은 물론 누란(累卵)의 위기에 있는 국가의 운명을 일조에 멸망의 심연에 빠지게 되어 한을 천추에 남기게 될 것이니, 국가의 운명을 쌍견(雙肩)에 지고 조국수호의 성전에 멸사 헌신하는 육군 장병은 몽상간에도 군의 본연의 사명과 군인의 본분을 염념(念念) 명심하여 그 맡은 바 임무를 완수하여 주기를 바라는 바이다.

1952년 5월 27일

총참모장 육군중장 이종찬

육군본부 훈령 제217호(한국전쟁사료 제65권, 639~640쪽)

[박정훈 대령과 사필귀정]

"너의 죽음에 억울함이 없도록 하겠다"고 다짐하며 수사했던 박정훈 해병대 수사단장. 그에게 외압을 가하고, 수사권을 빼앗고, 구속시키려 했고, 항명 수괴를 들씌워 기소까지 감행한 데 대해 오늘 판결이 내려졌습니다.

"박정훈 대령 무죄!"

당연하지만 조마조마, 설마설마해 가며 기다렸던 굿뉴스네요. 일단 만세 한 번 부르고요. 이 소식에 제일 먼저 떠오르는 말은 사필귀정(事必歸正)입니다. 그런데 이 말이 묘합니다. 그냥 事正도 아니고, 事必正도 아니고, 돌아갈 歸자가 가운데 있습니다. 일은 반드시 바르게 되지만, 되더라도 그냥 직진으로가 아니라, 돌고 돌아 바로잡힌다는 뜻입니다. 그 돌아서 바로 감에는 ① 박정훈 본인의 굳은 의지와 공직자로서의 소신, ② 주위의 한결같은 성원, ③ 국민 전체의 간절함이 합세하여 비로소 가능함을 보여 줍니다.

또 하나, 이 소식이 기쁜 이유 중 하나는 오늘의 박정훈은 내일의 박정훈에게 용기를 준다는 것입니다. 지금 한남 관저 성채의 경호원 중에서도, 군대와 정보 기관에서도, 또 다른 박정훈의 행렬이 이어지기를 기대합니다. 오늘의 판결도 군사법원 판사들이 소신 있게 선고한 결과이지만, 윤석열 탄핵의 흐름 속 한 결실이기도 합니다.

正이 정의(正義)의 약칭이라면, 정의는 "각자에게 그의 몫을 정확하게 분배하는 것"이라 합니다. 이제 채 상병 사망 진상 규명과 사법 정의 실현을 막은 윤의 일당들, 박정훈을 괴롭힌 무도한 자들에게 '그들의 몫'을 정당하게 돌려줄 때입니다. 힘 모아 한걸음 한걸음씩. 우선 윤의 체포, 구속, 처벌, 탄핵부터! 우리 모두, 날마다 나아갑니다!

재판 종료 뒤 법원 건물 앞에서 열린 기자회견에서 박정훈 대령은 장갑을 낀 손으로 마이크를 잡고 그간의 소회를 밝혔습니다.

"돌이켜보면 1년 반을 지나는 세월 동안 힘들고 어려운 시간이 저에게 있었는데, 그것을 버티고, 견디고, 이겨 낼 수 있었던 것, 오롯이 이 자리에 계신 국민 여러분들의 지지와 응원이 있어 가능했던 일들입니다. '너의 죽음에 억울함이 없도록 하겠다'는 저의 약속을 지키기 위해서는 앞으로도 가야 할 길이 멀기도 하고, 험하기도 할 것입니다. 하지만 저는 결코 흔들리거나, 좌절하거나, 뒤돌아보지 않고, 앞만 보고 수근(고 채수근 상병)이와의 약속을 지키기 위해 혼신의 노력을 다할 것입니다. 그것이 바로 정의이고, 법치를 살리는 길이라고 생각하기 때문입니다. 끝까지 저의 긴 여정에 관심과 지지와 응원을 부탁드립니다."

국무위원들, 제대로 처신했나

우리 현대사를 보면, 불의가 판을 친 듯 보이지만, 불의에 동조하지 않고 그 불의를 바로잡거나 불의의 확산을 막은 공직자 또한 적지 않습니다. 무지막지한 군사 쿠데타에 대해서도 그렇습니다. 전두환의 12·12 군사 쿠데타에 대항하여 그들을 저지시키려 한 장태완 수경사령관, 정병주 특전사령관이 있었고, 쿠데타에 저항하여 자신의 공적 직분을 수행하다 희생당한 김오랑 중령, 정선엽 병장 등이 있습니다. 얼마 전 〈서울의 봄〉에서 생생하게 그려 냈던 그 인물들입니다. 또한 5·18 광주 시민들에 대한 발포를 거부하다 모진 고문을 당한 안병하 경찰청장과 같은 의인을 기억해야 하듯, 이번 12·3 계엄에 대하여도 올바른 처신을 한 공직자 한 분 한 분을 확인하고 기억할 필요가 있습니다.

"어제의 범죄자를 단죄하지 않으면 내일의 범죄자에게 용기를 준다."

알베르 카뮈의 말입니다. 자주 인용되는 이 말처럼 다음의 말 또한 성립되지 않겠습니까.

"어제의 의인 공직자를 확인하고 기억하는 것은, 내일의 의인 공직자에게 용기를 준다."

비상계엄 상황 속에서 스스로 움츠러들어 소극적으로 응하거나, 또는 적극적으로 행동하는 등 여러 양태의 공직자들의 모습을 보았습니다. 대체적으로는 적극적이건 소극적이건 순응할 수밖에 없는 자세였다고 할까요. 계엄의 적법성, 정당성에 대한 1차 판단은 국무위원들의 몫입니다. 대통령은 오래 전부터 계엄을 의도했고, 그를 위한 준비를 했던 여러 정황이 드러나고 있습니다. 그러나 대통령이 계엄 선포를 위해서는 그 첫 단계로 반드시 국무회의의 심의를 거쳐야 했고, 국무위원들은 계엄 발동 문서에 부서해야 합니다. 헌법에서 이렇듯 명료하게 절차를 규정한 것은, 국무위원들이 적법한 판단으로 적법하게 행동할 것을 직무상 의무로 부과한 것입니다. 하지만, 이번 사태에서 국무위원들은 "우려"하고 "걱정"했다는 말은 내뱉지만, 이를 반대하거나 저항을 행동으로 옮기지는 않았습니다. 이 점에서 국무위원들은 내란 계엄에 동조 내지 방관, 백 번 양보해 인정한다 해도 소극적 반발 정도에 그쳤습니다. 그것으로 국무위원들의 직무상 의무를 충분히 다했다고 결코 생각할 수 없습니다.

"계엄이 뭐냐!" 법무부 류혁 감찰관의 사직

비상계엄 자체가 내란죄가 될 수 있다고 판단하고, 계엄 해제 전에 곧바로 항의의 뜻을 명백히 한 고위 공직자는 딱 한 명이었습니다. 법무부 류혁 감찰관이 바로 그입니다. 그의 사직서에는 '2024. 12. 4. 00:09'라고 일시가 기재되어 있습니다. 이렇게 시간을 정확히 기록해 놓는 일은 매우 중요합니다. 아직 국회의 계엄 해제 결의가 나오기 전이니, 비상계엄이 발동되어 위력을 떨치고 있던 시점에 정면으로 거역하여 항의 사표를 정식으로 제출했음을 보여 주는 증표인 것입니다. 그 판단, 그 용기는 마땅히 역사에 기록되어야 할 사건입니다. 왜 그랬는지 보다 정확히 판단하기 위해, 류혁 감찰관의 인터뷰 일부를 인용하겠습

류혁 법무부 전감찰관 사직서

니다. 오마이뉴스 김성욱 기자가 묻고 류 감찰관이 대답했습니다.

"2024년 12월 3일 오후 10시 23분 비상계엄이 선포됐을 때, 항명의 뜻으로 사직한 공무원은 류 감찰관이 유일합니다."

"사실은 그날 출근을 안 하려고 했어요. 집에서 갈까 말까 고민했습니다. 사표만 내면 되지, 굳이 갈 필요는 없잖아요. 차라리 안 가는 쪽이 마음은 더 편했겠지요. 그런데 TV에서 계엄 선포 장면이 계속해서 나오는 거예요. 대통령이 고압적인 모습으로 '일거에 척결한다'고 하는데, 속에서 뭔가 '울컥'하더라고요. 가야겠다 싶었죠. 밤 11시가 조금 넘었을 거예요. 집이 마포거든요. 과천 청사에 도착하니 12시 조금 전이었던 것 같아요."

"박성재 법무부 장관과 간부들이 회의를 하고 있었다고요?"

"한 열댓 명 정도 됐을 거예요. 평소 실국장 회의 인원보다 좀 더 많았던 걸로 기억합니다. 과장급인 분이 저를 보더니 상석에 앉으라며 자리에서 일어서더라고요. 앉지 않았죠. 장관이 말을 하고 있었는데 제가 중간에 끊었어요. '혹시 계엄 관련 회의입니까?' 박 장관이 아주 언짢은 표정으로 '네, 그래요' 하더라고요. 곧바로 '그러면 저는 이 회의에 참석

계엄과 내란을 넘어_국민이 써 내려간 헌법 이야기

할 수 없습니다. 계엄과 관련한 일체의 지시나 명령에 따를 생각 없으니 사직하겠습니다'라고 의사 표시를 했죠. 그랬더니 박 장관이 큰 소리로 '그렇게 하세요!'라고 했어요. 불만조였습니다. 회의실을 나와 종이 한 장을 얻어, 거기다 그냥 사직서를 써 냈어요. 그리고 나서 주변에 있던 분들과 악수를 하고 간단한 인사를 나눴죠. '여기까지인 것 같네요….' 집에 가려는데 저도 모르게 화가 나는 거예요. 떠나기 전에 회의실로 다시 갔었어요. 회의실 문을 벌컥 열고 '아무리 여야가 극한 대립을 해도 그렇지 계엄이 뭐냐!'고 소리를 빽 지르고 나와 버렸죠."

"당일 새벽 2시 20분 언론 기사에서 대통령의 계엄이 '내란죄에 해당할 수 있다'고 했습니다. 그때는 비상계엄이 해제(오전 4시 30분)되기도 전이었어요."

"죽을 때 죽더라도 찍소리는 하고 죽자 싶었어요. 사직서를 내고 난 뒤니까 그렇게 말할 수 있었던 것도 있고요. 법조인이라면 다들 비슷하게 판단할 수 있었다고 봐요. … 초임 검사 시절에 12·12 판결문을 정독했던 기억이 납니다. 거기 비춰 봐도 이번 계엄은 100% 내란이라고 지금도 확신해요. 무슨 '전공의를 처단'합니까? 대단히 사적인, 개인 맞춤형 계엄이라는 게 명백하죠."[*]

"불법입니다!", "서강대교를 넘지 마라"

국군방첩사령관이 부관들에게 선관위 서버를 압수하라는 명령을 내렸습니다. 그런데 당시 방첩사 1차장이 문제의식을 가지고 방첩사 법

---

[*] https://www.ohmynews.com/NWS_Web/View/at_pg_w.aspx?CNTN_CD=A0003104502

무실장에게 적법성 여부에 대해 질의했습니다. 직무상 적절한 질의였습니다. 그에 대해 방첩사 법무실에서는 7명의 법무관들 모두 만장일치로 "불법이다" 규정하고, 윤비나 법무실장은 적법 절차 위배를 이유로 서버 압수를 끝까지 반대했습니다. 법무실 인원 전원이 상부 명령이 아니라, 법적 판단을 해야 하는 직분을 충실히 이행한 것이지요. 그 결과 계엄군이 중앙선거관리위원회에 진입하였음에도 천만다행으로 선관위 서버 압수 시도를 막을 수 있었습니다.

공직자가 자신의 직분을 충실히 이행할 때, 어떤 불법도 더 나아갈 수 없으므로 내란 초기 국면에서 매우 주목되는 부분입니다. 국회에서 여러 차례 다루어졌지만, 그중 2025년 1월 14일에 열렸던 국회 내란국정조사특별위원회에서 이 의원의 질의에 답했습니다.

"정보 저장 매체 압수 시 출력 또는 복제가 원칙이지, 정보 저장 매체 자체를 압수하는 것은 불가한 것이 원칙인 점을 논의하였고, 포고령 발령 전 행위를 이유로 압수를 포함한 모든 수사 행위는 불가하다. 그리고 범죄 혐의를 특정하고 입건 등 정상적인 수사 절차를 거쳐야 한다. 이러한 것들을 위반하면 수집한 증거가 위법할 수 있음은 물론이고 압수를 진행한 인원도 형사 처벌받을 수 있음을 이야기하였습니다."

"서강대교를 넘지 말라."

수방사 1경비단장 조성현 대령이 계엄 당일 밤 후속 부대에 지시한 명령입니다. 항명의 위험을 감수하며 내린 이 지시로 혹시 모를 2차 계엄으로 인한 유혈 사태를 막을 수 있었다는 평가가 있습니다. 조 대령은 윤석열 탄핵 심판 8차 변론의 증인으로 헌재에 나와 윤 측 변호사들의 압박성 심문에 다음과 같이 말하였습니다.

계엄과 내란을 넘어_국민이 써 내려간 헌법 이야기

"저는 의인도 아니고 제 부하들의 지휘관이다. 제가 아무리 거짓말을 해도 제 부하들은 다 알고 있다. 그렇기에 저는 일체 거짓말을 할 수 없고, 해서도 안 된다고 생각한다."

경호처 법무관, "영장 집행 막으면 공무 집행 방해"다

경호처도 순전히 윤석열의 사병 집단으로만 시종한 것은 아니었습니다. 2025년 1월 3일 경호처는 공수처의 영장 집행을 방해하여 결과적으로 영장 집행을 저지시켰습니다. 이후 윤의 변호인들은 경호처 인사들에게 영장은 불법하므로 그에 대한 저항은 정당 행위가 되고, 영장 집행 공무원들을 현행범으로 체포할 수 있다는 교육까지 했다고 합니다. 2차 영장 집행을 대비하여 버스 차벽을 치고, 철조망도 둘러쳤지만, 과연 경호처 내부에서 그런 식의 영장 집행 방해라는 맹종만 할 것인지에 대한 의문도 있었습니다.

첨예한 긴장 상태에서 1월 11일, 경호처 내부 게시판에 글이 하나 올라왔습니다. 요지는 다음과 같습니다.

"수사 기관의 체포 영장 집행을 방해하는 행위는 공무 집행 방해에 해당할 수 있다. … 수사 기관의 영장 집행에 대한 협조가 필요하다."

"정당한 직무를 집행하는 공무원에 대하여 폭행한 경우 공무집행방해죄에 해당하고, 단체 또는 다중의 위력을 보인 등의 경우 특수공무집행방해죄에 해당할 수 있다."

그러면서 형법 조문과 대법원 판례를 근거로 들었습니다. 그 전문을 읽어 보니, 정확한 법리 검토를 거친 법률 전문가의 글임이 틀림없습니다.*

　이 글은 김성훈 경호차장의 지시에 의해 삭제되었지만, '삭제 지시' 논란이 일파만파 번지고 내부에서도 강력한 반발이 잇따르자 다음 날 복구되었습니다. 1월 15일, 공수처의 대통령 체포 영장 집행이 예상과 달리 비교적 순조롭게 이루어진 것은, 경호처 내부에서의 자성과 정확한 법리 검토가 공유된 덕분도 있을 것입니다. 여기서, 우리는 어떤 공직자건, 어떠한 순간이들이건, 헌법과 법률에 따른 합리적이고 상식적인 검토 위에서 적법한 행동을 해야 한다는 것을 잘 알 수 있습니다.

　제가 법학을 전공하다 보니, 법률 분야에서 올바른 판단을 내리고, 바로 실천에 옮긴 행위들을 중심으로 예시하였습니다. 이번에 군대 및 정보 기관에서도 윤석열의 처사가 대통령의 정상적 권한을 넘어선 위헌·위법한 행위이며, 내란죄일 수도 있다고 판단해 행동한 여러 가치 있는 예가 있습니다. 그러한 행동들 하나하나, 그 주인공들 한 명 한 명 확인하고 기록해야 합니다. 그렇게 판단하여 행동하기가 매우 어렵기 때문입니다. 평소에 그런 위헌, 불법을 하지 않겠다는 자기 다짐과, 공직자의 본분과 법의 본령에 대한 충분한 자기 이해가 뒷받침되지 않고서는 위기 시 그러한 판단과 행동이 나오기 어렵기 때문입니다.

---

* https://www.ohmynews.com/NWS_Web/View/at_pg.aspx?CNTN_CD=A0003096232

2024년 12월 10일 국회 국방위원회 긴급 현안 질의에서 답변하는 국군방첩사령부 법무실장 윤비나 대령

출처: 국회TV 화면 캡처

"서강대교를 건너지 마라."-수방사 제1경비단장 조성현 대령의 헌재 증언 모습

7

헌법재판소, 최후 변론과 최종 선고

헌법재판소 최후 변론 소감

2025년 2월 25일, 헌법재판소의 탄핵 심리는 최종 변론을 맞았습니다. 1월 14일 첫 변론을 한 이래, 2월 25일은 11차 변론 기일이었습니다. 헌법재판소는 양측의 변론에 각 2시간씩 배정했고, 피소추인 윤석열의 최후 진술에 대해서는 시간 제한을 두지 않았습니다. 양측의 변론 내용을 살펴 보면, 국회 탄핵소추인단 측은 그야말로 치밀하게 준비를 해 왔습니다. 9인의 대리인(이광범, 이금규, 김선휴, 이원재, 황영민, 장순욱, 김진한, 김이수, 송두환)이 두 시간 동안 논리적이고 울림 있는 변론을 이어 나갔습니다.

① 신속 파면이 필요한 이유, ② 내란이 군에 끼친 영향, ③ 부정 선거론 반박, ④ 자라나는 세대들에게 내란이 끼칠 영향, ⑤ 윤석열의 궤변과 심판정에서의 태도 지적, ⑥ 윤석열 파면이 헌법과 국민과 역사의 명령임을 설득력 있게 풀어 냈습니다. 내용도 잘 정돈되어 있고, 표현도 명문으로 꼽힐 만큼 공을 들였습니다. 품격과 설득력을 갖추었고, 변호인단 내부의 역할 배분 역시 잘 되었습니다. 한마디로 헌법 교육 자료 내지 탄핵 교육 자료로 활용되기에 충분합니다. 최종 변론이 끝나고, 장순욱 변호사는 기자에게 "아는 건 답안지에 다 써 놓고 나온 수험생 같은 심정"이라며 소회를 밝혔는데, 장 변호사가 학력고사 전국 수석이라는 뉴스가 따라붙었습니다. 과연 최선을 다해 준비한 답안을 냈다는 것이지요.

반면, 피소추인 측 대리인들은 자기들끼리의 역할 분담도 되어 있지 않고, 내용상 설득력도 극히 낮았습니다. 10차 변론까지 주장했던 ① 부정선거, ② 하이브리드전(戰), ③ 평화적 계몽령… 등, 비상계엄 발동 요건과 관계 없는 계엄임이 그 변론으로도 드러납니다. 제일 주목을 받은 것은 "나는 계몽되었다"는 주관 과잉의, 어처구니없는 자술이었습니다. 이후 윤석열은 70분 가량 최후 진술을 했습니다. "다시 업무에 복귀하면 잔여 임기에 연연하지 않겠다… 개헌과 국민 통합에 힘쓰겠다"는 진술은 평소 해 왔던 것과 정반대의 말이었습니다.

양측의 주장을 어떻게 요약 정리할까 하다 굳이 그럴 필요가 없다는 생각이 들었습니다. 소추인 측 대리인들의 변론은 원문 자체가 정교하고 요약도 잘 되어 있어 그냥 원문을 발췌 인용하는 게 나을 듯합니다. 공개 문서이니 표절 우려는 없을 것 같기도 하고요. 반면, 피소추인 측 대리인의 경우, 요약할 가치조차 전혀 느끼지 못합니다. 그래서 생략하겠습니다.

"피로 지켜야 했던 상식적이고 평범한 가치들"의 회복을!

먼저 정청래 국회 탄핵소추위원장의 최종 변론에서는, 파면 사유를 적확하게 요약한 발언을 인용합니다.

첫째, 피청구인 윤석열은 헌법 제77조에서 규정한 계엄의 조건을 위반했습니다. 헌법 제77조 1항에 "대통령은 전시 사변 또는 이에 준하는 국가 비상 사태에 있어서 병력으로써 군사상의 필요에 응하거나 공공의 안녕질서를 유지할 필요가 있을 때에는 법률이 정한 바에 의하여 계엄을 선포할 수 있다"고 되어 있습니다. 12월 3일의 대한민국은 전시 사변 또는 이에 준하는 국가 비상 사태도 아니었고, 병력으로써 군사상의 필요에 응하거나 공공의 안녕질서를 유지할 필요가 없었습니다. 평온한 하루였습니다. 병력으로써 공공의 안녕질서를 해친 장본인이 피청구인입니다. 계엄 선포는 논란의 여지없는 명백한 위헌 행위입니다.

둘째, 피청구인 윤석열은 계엄 선포의 절차적 정당성을 위반했습니다. 헌법 제82조는 "대통령의 국법상 행위는 문서로써 하며 이 문서에는 국무총리와 관계 국무위원이 부서한다, 군사에 관한 것 또한 같다"고 되어 있습니다. 계엄법 제2조 5항은 "대통령이 계엄을 선포하거나 변경하고자 할 때에는 국무회의의 심의를 거쳐야 한다." 제6항 "국방부 장관 또는 행정안전부 장관은 국무총리를 거쳐 대통령에게 계엄의 선포를 건의할 수 있다"고 되어 있지만, 피청구인은 헌법 제82조와 계엄법 제2조를 모두 위반했습니다. 계엄 선포 시 정상적인 국무회의 심의 과정이 없었습니다. 국무위원들의 증언에 따르면 국무총리를 거치는 절차도 하지 않았고, 개회 선언, 폐회 선언, 안건 토론 등 정상적인 국무회의도, 부서한 회의록 문서도 부존재해 보입니다. 피청구인을 파면해야 할 뚜렷한 증거이자 이유입니다.

셋째, 피청구인 윤석열은 비상계엄을 해제할 유일한 권한이 있는 국회를 침탈했습니다. 헌법 제77조 5항에는 "국회가 재적 의원 과반수의 찬성으로 계엄의 해제를 요구한 때에는 대통령은 이를 해제하여야 한다"고 되어 있습니다. 비상계엄을 해제할 수 있는 유일한 곳은 국회입니다. 이런 국회의 권한과 권능을 강압에 의하여 방해하려고 국회를 무장 병력으로 통제, 봉쇄하려 했습니다. 이는 헌법 제87조, 형법 제91조에서 규정한 내란의 죄를 위반한 명백한 국헌 문란 내란 행위입니다. "국회 질서" 운운하지만 국회는 국회 자체 내의 질서 유지 시스템이 있습니다. 국회 유리창을 깨부수고 난입한 것은 질서 유지가 아니라 억압이고 폭력입니다. 국회 질서를 문란케 한 것은 다름아닌, 피청구인 윤석열 본인입니다.

넷째, 피청구인은 위헌·위법적 포고령을 발표했습니다. 계엄 포고령 1항, 국회와 지방의회, 정당의 활동과 정치적 결사, 집회, 시위 등 일체의 정치 활동을 금한다는 것은 헌법 제77조 3항을 정면으로 위반하는 것입니다. 설령 합법적 계엄이라 하더라도 국회에 관해서는 어떠한 특별한 조치도 할 수 없게 되어 있습니다.

다섯째, 계엄군이 중앙선관위를 침탈한 것도, 사법부의 주요 인사를 체포·구금하려 했던 것도 모두 헌법과 법률을 위배했습니다. 사법권 독립을 정면으로 위반했을 뿐만 아니라 헌법의 삼권 분립 정신에도 위배됩니다. 이것은 헌법 제77조 3항, 헌법 제114조, 헌법 제105조, 헌법 제106조, 헌법 기관의 독립성 정신을 위반했고 형법 제91조 헌법 기관을 강압에 의하여 전복 또는 그 권능 행사를 불가능하게 하는 것으로 규정한 국헌 문란 목적 내란죄에 해당합니다.

오늘 우리는 모두 민주주의자입니다

다음 김이수 변호사의 최종 변론 전문을 인용할까 합니다. 김이수 변호사는 2017년 역사적인 박근혜 탄핵 심판에 헌법재판소 재판관으로 파면 결정을 내렸습니다. 헌법재판소의 사정도 잘 알고, 탄핵 절차 자체에 대해 이해가 확실한 분입니다. 이런 분은 헌재에 어떻게 호소할까도 궁금한 대목입니다. 김이수 변호사는 〈논어〉를 인용하며 "신뢰와 헌법, 신뢰와 대통령에 관해" 풀어 갑니다. 인용합니다.

공자는 "정치에 대한 신뢰가 없으면 나라가 존립하지 못한다"고 강조하였습니다. 공자가 말한 '정치에 대한 신뢰'를 오늘날의 언어로 바꾸어 말한다면, '헌법에 대한 신뢰, 민주주의에 대한 신뢰'라고 말할 수 있습니다.

민주주의가 보호하는 것들은 특별한 것들이 아닙니다. 상식적이고 평범한 것들입니다. 민주 공화국, 인간으로서의 존엄과 가치, 법 앞의 평등, 양심의 자유, 언론 출판의 자유, 집회 결사의 자유, 학문과 예술의 자유, 보통·평등·직접·비밀 선거의 원칙 같은 것들입니다. 헌법에는 민주주의가 보호하는 이런 원칙들, 평범하지만 소중한 권리들이 적혀 있습니다. 이들은 우리 일상에서 상식적이고 평범한 것들이지만, 결코 당연한 것은 아니었습니다. 이 평범한 민주주의 가치를 지키기 위해서 많은 사람들이 목숨을 걸어야 했고, 피를 흘려야 했습니다.

자신의 삶을 걸고 싸워 온 이 가치는 그대로 미래로 이어져 가야 합니다. 역사는 우리에게 경고합니다. 민주주의는 스스로 지키지 않을 때 왜곡되고 훼손되며, 결국 무너지고 맙니다. 우리의 평범하고도 소중한 일상을 지키기 위해서 우리는 민주주의자, 곧 깨어 있는 민주 시민이 되어야 합니다.

작년 12월 3일, 피청구인은 비상계엄을 선포함으로써 이 모든 원칙과 권리들을 무너뜨리려고 했습니다. 평화로운 일상이 습격당한 그 순간에 우리는 민주 공화국 최고의 권력이 오히려 민주주의와 헌법의 가장 큰 적이 될 수 있음을 확인할 수 있었습니다. 야당을 '괴물'로, '민주주의의 적'이라고 규정한 피청구인이 스스로가 괴물이고 민주주의의 적이라는 정체를 드러내는 것이었습니다. 피청구인의 행위는 단지 자신에 대한 신뢰를 추락시킨 것만이 아닙니다. 그것은 민주주의와 헌법, 그리고 국민들의 평화로운 일상에 대한 신뢰 모두를 흔들어 놓았습니다. 이제 공동체의 상식과 보편적인 원칙, 그리고 정치와 헌법에 대한 신뢰를 회복해야 합니다. 이는 어느 정파를 지지하거나 반대해서가 아닙니다. 오로지 대한민국이라는 민주주의 공동체를 위해서입니다.

헌법이 무너진 현실 속에서 시민들이 헌법전을 찾아 읽고 필사까지 하고 있다고 합니다. 헌법 조문을 읽고 필사하며 슬픔과 좌절감을 느끼는 경우가 있지 않을까 걱정스럽기도 합니다. 하지만 지금이야말로 시민들이 민주주의와 헌법을 그 합당한 깊이에서 제대로 이해할 수 있는 축복의 시간이 될 수 있습니다. 대한민국 미래의 희망을 볼 수 있기 때문입니다. 헌법의 작동을 이해하는 시민들이 많아질수록 우리의 평화롭고 아름다운 일상이 유린되는 일은 생기지 않을 것입니다.

존경하는 재판장님, 오늘 우리가 이 자리에 모인 이유는 바로 민주주의와 대한민국의 가치를 침해한 권력자에 대한 탄핵 심판을 위해서입니다. 그에 대한 검증은 끝났습니다. 사람에게 충성하지 않는, 하지만 충성만을 받고자 했던 인물, 상식을 뛰어넘는 언동으로 일방통행을 일삼았던 인물, 손에 왕(王)자를 새기고 나타난 인물, 대규모 군사 퍼레이드를 즐기며 역대 독재자 대통령들을 찬양한 인물, 헌법을 준수하거나 수호하기는커녕 파괴한 인물, 그가 대통령이 된 후 부끄러움은 온전히 국민의 몫이 되었습니다.

본 대리인은 감히 말씀드립니다. 지금 우리는 대한민국 민주 헌정사에 있어 최대 고비인 지점을 지나가고 있습니다. 이 재판은 민주주의와 헌법을 지키는 재판이며, 대한민국의 존립을 지키는 재판이 될 것입니다. 우리는 민주주의의 가치를 믿으며, 그 가치를 수호하고자 합니다. 오늘 우리는 모두 민주주의자입니다. 부디 피청구인 대통령 윤석열을 파면하여 주십시오.

제자리로 돌려야 할, 오염된 헌법의 말과 풍경

당일 가장 주목을 끌었던 것은 장순욱 변호사의 변론이었습니다. 그는 12·3 계엄에 대항하여 일어선 국민들을 통해 "살아 숨쉬는 헌법의 실체"를 느꼈음을 다음과 같이 언급했습니다.

12.3 비상계엄은 1987년 민주화 이후 차근차근 내딛어 온 민주 공화정의 도정을 무(無)로 돌리려는 것이었습니다. 무모하지만 위험천만한 도발이었습니다. 그러나 피청구인이 역주행을 기도하면서 간과한 것이 있었습니다. 그것은 바로 우리 국민들이 온몸으로 저항해서 민주주의를 지켜 내는 과정에서 체득하고 어느새 DNA에까지 각인된 우리가 주권자라는 시민 의식이었습니다. 피청구인이 내친 헌법 수호자로서의 책임을 국민들이 자임하고 나섰던 것입니다. 비상계엄 선포 직후 권력자의 헌정 파괴 시도를 저지하기 위해 많은 시민들이 국회로 달려왔습니다. 그 모습은 대한민국의 주권은 국민에게 있고 모든 권력은 국민으로부터 나온다는 헌법 제1조가 현실에서 작동하는 것을 확인시켜 주는 감동적인 장면이었습니다. 이날 우리는 살아 숨쉬는 헌법의 실체를 온몸으로 느끼는 실로 역사적인 체험을 한 것입니다. 이러한 경험은 앞으로 설령 독재를 꿈꾸는 또 다른 몽상가의 또 다른 헌법 파괴 시도가 있더라도 그로부터 민주공화국을 지켜내는 원동력이 될 것이라 믿습니다.

장순욱 변호사는, 피청구인이 내뱉은 온갖 말들이 실은 반대 의미로 악용해 왔음을 비판하고, 오염된 말들을 원래의 의미로 되돌려야 함을 다음과 같이 표현했습니다.

피청구인은 자유 민주주의를 무너뜨리는 언동을 하면서 자유 민주주의의 수호를 말했습니다. 헌법을 파괴하는 순간에도 헌법 수호를 말했습니다. 이것은 아름다운 헌법의 말, 헌법의 풍경을 오염시킨 것입니다.
　제가 좋아하는 노래 가사에 이런 구절이 있습니다. "세상 풍경 중에서 제일 아름다운 풍경, 모든 것들이 제자리로 돌아가는 풍경." 이 노랫말처럼 모든 것들이 제자리로 돌아가고 우리도 하루빨리 평온한 일상으로 돌아갈 수 있기를 소망합니다.

저는 그 첫 단추가 권력자가 오염시킨 헌법의 말들을 그 말들이 가지는 원래의 숭고한 의미로 돌려 놓는 데서 시작되어야 한다고 믿습니다. 국민과 함께 이 사건 탄핵 결정문에서 피청구인이 오염시킨 헌법의 말과 헌법의 풍경이 제자리를 찾는 모습을 꼭 보고 싶습니다. 감사합니다.

장순욱 대리인의 변론 내용에 대해서는 호평 일색입니다. 페이스북 댓글에서 한두 개 인용해 볼까요.

"정말 시인을 하셔도 되실 듯. 법을 다루는 사람은 감성이 풍부하여야 진정 정의롭지 않을까 생각합니다(박호열)."

"재판정에서 쓰이는 말이 이렇게 설득력 있고, 품위 있고, 아름다울 수 있을까(장정희)."

"말의 품격에서 체급이 달랐다(육성철)."

장순욱 변호사의 말처럼, 탄핵의 결과가 오염된 헌법의 말과 헌법의 풍경이 제자리를 찾아가는 과정이 되기를 우리 모두 소망합니다.

지연된 정의

헌법재판소는 2025년 2월 25일 최종 변론 절차를 끝내고 결심에 들어갔습니다. 그때부터 헌재는 3월말까지 어떤 소식도 발신하지 않았습니다.

계엄이 해제되고 국회의 탄핵 소추가 의결된 뒤, 헌재의 절차는 비교적 쉬울 듯 보였습니다. 윤 측이 헌재에 지연 작전을 하고, 각종 궤변을 늘어놓아도 헌재는 의연하게 헌재의 수순대로 절차를 이끌어갔기 때문입니다. 탄핵 요건이 국민 누구에게도 자명했고, 증거는 공개리에 펼쳐진 터라 증거 수집과 입증에도 그리 복잡할 이유가 없다고 생각했기 때문입니다. 대략 2월 20일 언저리에 헌재의 결정까지 내려질 것이라는 예상이 있었습니다. 그러나 윤 측의 버티기가 주효하여 2월 25일에 최종 변론 기일이 잡혔을 때, 박근혜의 탄핵 절차 시간과 거의 비슷한 속도로 진행된다고 보았습니다. 박근혜 탄핵 결정이 3월 10일이니, 윤석열의 경우 3월 14일 정도가 예상할 수 있는 탄핵 시점이 아닌가 여겨졌습니다.

그런데 그날이 되어도 아무 소식이 없었습니다. 한 주 더 인내하면서 3월 21일을 기대했는데, 그날 역시 아무 소식이 없었습니다. 그 즈음에 재판관 한 명이 절차적 하자를 쟁점으로 삼아 시간 끌기에 나서고 있다는 말들이 나돌았습니다. 또 한 주가 그냥 지나가면서, 이번에는 6대 2, 심지어 5대 3의 풍문들이 퍼지며 공중파까지 그런 예측을 보도하기에 이르렀습니다. 근거가 명확치 않은 풍문들이 퍼지면서, 탄핵 찬성 측에는 불안감과 의혹이 증폭되었고, 탄핵 반대 측에는 엄청난 기세가 오르는 역풍이 번지기 시작했습니다. 탄핵 찬성 측에서는 단식 투쟁과 여의도에서 광화문까지 의원들의 보행 시위 행렬이 매일 펼쳐지고, 이제는 주말뿐 아니라 평일 시위가 매일 펼쳐졌습니다. 탄핵 찬성 측과 탄핵 반대 측은 광화문과 시청, 안국동 여기저기에서 일촉즉발의 대치를 빚기도 했습니다. 긴장이 최고조에 이르면서 자칫하면 서부지법에서 벌어졌던 것과 같은 폭력 사태의 분출, 더 심하게는 내전 상태를 걱정하는 상황까지 치달았습니다.

헌재는 왜 이렇게 선고를 지연했을까요? 윤 측에서 주장한 사실적·법리적 쟁점이 워낙 복잡해서 충분한 일치에 이르기까지 시간이 소요되어 그랬을까요? 헌재 재판관들은 모두 수십 년 동안 판사로서의 실력을 쌓은 분들이고, 헌법재판소 자체가 탄핵 관련 풍부한 지식과 경험을 이미 축적해 놓고 있습니다. 그러니 그런 이유만으로 선고 지체를 합리적으로 설명하기엔 매우 미흡합니다. 그럼 다른 정치적 변수, 가령 이재명 항소심 재판 결과를 기다려 보자? 그런 정치적 고려까지 작용하는지, 얼마나 영향을 미치는지 알 길은 없습니다만, 그런 요소도 없지 않았으리라 대부분 생각합니다. 하지만, 대체로는 "지연된 정의는 정의를 거부하는 것(delayed justice is the denial of justice)"이라는 익숙한 법언을 누구나 떠올리는 지경이 되었습니다. 선고일을 기다리는 하루하루가 숨쉬기 어려울 정도의 고통을 안겨 주었으니까요.

축적된 역사의 성과와 자기 존재 부정의 갈림길에서

숨쉬기 어려울 고통 속에 기다리던 3월 19일에 저는 다음과 같이 '헌재의 재판 지연, 국민 인내의 한계를 테스트하고 있다'라는 제목의 글을 써 페이스북에 올렸습니다.

1. 헌재는 2025년 2월 25일 변론을 종결하고. 3월 19일 현재까지 평의를 계속하고 있다. 박근혜 때보다 시일을 더 끌고 있는데다, 앞으로의 일정에 대해서도 아무 답이 없이 그저 안개 속이다.

2. 그 사이에 각종 썰이 난무하고 있다. 불확실성하의 현실 속에서, 불안에 잠 못 이루는 내란성 수면 장애, 호흡 장애, 답답증, 우울증, 심지어 극심한 스트레스로 대상포진까지 생겨날 지경이다. 각자 희망 고문과 불안 회로를 주고 받기를 낮밤도 없이 주중, 주말도 없이 지내고 있다.

3. 아직은 국민들이 헌재를 기대하고 인내하며, 헌재에 대한 직접적 공격을 삼가고 있다. 그러나 국민 인내가 바닥나고 있는 중이다. '숙고' 중이라는 양해를 넘어서면 '지연'의 현실이 다가오고, 나아가 '의심'의 지층이 쌓여 간다. 별 사유도 없이, 이렇게 지연해도 되는가?

4. 대통령은 지금 내란죄 기소 중이다. 대통령은 재임 중 형사 소추를 받지 않는 헌법상 특권을 부여하되 내란죄는 예외로 규정한다. 왜일까? 대통령의 내란죄는 우리나라의 헌법을 파괴하고 헌법 기관을 유린하는 절대 폭군의 폭동 행위다. 그건 우리 국가의 존립, 민주주의에 치명적으로 위험하니 즉각 소추, 단죄되어야 한다. 그래야 나라가 살고, 민주주의가 산다. 대통령의 무력을 동원한 내란에 대해 국민이 민주 수호자로 전면에 나서면 내전이 초래될 수 있다. 그러니 대통령의 내란은 단호하고 신속하게 정리해야 헌정이 정상화된다.

5. 대통령이 자신의 권한(계엄권)을 위헌·위법하게 행사할 때 가장 큰 헌정 위기가 초래되기에 퇴임 후를 기다릴 수도 없고, 즉각 헌정 파괴로부터 국가 정상화를 위해 신속히 노력해야 한다는 것이다. 그러한 소임을 헌법재판소가 부여받고 있다. 따라서 헌재는 헌정의 긴급한 정상화를 위해 즉각 신속하게 대응해야 한다.

6. 증거와 절차 면에서는 어떤가? 윤의 내란은 박근혜 때보다 사안은 심각하고, 증거는 명료하다. 박근혜 땐 미르재단, 케이재단, 최순실 국정 농단 등 당시까지 잘 드러나지 않았던 행위를 대상으로 한 것이기에 수사로 많은 것이 새로이 밝혀져야 했고, 특검 수사를 동시에 진행해야 했다. 그러나 12·3 내란 계엄은 증거 면에서는 계엄 발동, 포고령, 국회 침탈, 선관위 침탈, (대통령 자신이 방송을 통해 말한 바)그 의도가 명확하게 공시되다시피 했다. 주요 임무 종사자의 경우 각자의 범행 가담 정도에 대해 형사 법정에서 다툴 증거와 정황이 꽤 있겠으나, 대통령 자신의 탄핵 요건 충족에 대해서는 증거를 더 필요로 하지도 않는다. 그러니 1월 말 정도에 헌재의 탄핵 판정을 내려도 충분히 신중했다고 할 만하다. 행적과 증거 부분에 대해 국민들의 판단도 다 형성되어 있고, 추가적 주장에 흔들릴 가능성도 거의 없다.

7. 기각, 각하 가능성이 과연 있겠는가? 군·경을 동원하여 국회·법원·선관위를 침탈하는, 이 정도의 계엄을 두고 탄핵 요건을 충족 못 한다고 한다면, 이는 헌재가 대통령의 헌법 파괴를 앞으로도 인정하겠다는 보증 수표를 건네는 것이다. 기각되어 대통령이 그 보증 수표, 면죄부를 들고 바로 군·경을 동원해 무자비한 철권을 휘두를 때, 헌재는 다만 방관할 수밖에 없을 것이다. 기각, 각하 판단은 헌재가 헌법 수호 기관으로서의 자기 존재를 부정하는 것이고, 결국 헌재의 탄핵 심판 권능은 휴지 조각이 될 뿐이다. 탄핵 소추는 국회, 탄핵 심판은 헌재 대신 국민 투표로, 이런 헌법 개정론이 본격적 의제로 등장할 것이다.

8. 여때껏 헌재는 크게 봐서 잘해 왔다. 대통령의 탄핵 역사를 보더라

도 노무현(기각), 박근혜(인용)의 탄핵 심판에서 국민의 뜻과 헌재의 뜻은 일치했다. 국회보다 헌재가 결정을 더 잘했다는 채점표를 받았다. 그 결정들에 대한 후유증도 거의 없었다. 이번에도 그럴 것이라 믿는 것은 국민과 헌재의 헌법 지식과 심판 잣대에 대한 일치 경험이 두툼하게 축적되어 있기 때문이다.

9. 헌재가 조장하는 듯한 헌정 불안, 국민 불안 사태에 대해 스스로 안이하게 생각해서는 안된다. 단호하고! 신속한!! 결정을 통해, 헌정 위기를 극복하도록 나서야 한다. 이어, 국민의 심판과 새 선택에 의한 새로운 민주 정부의 구성으로 나아갈 것이다. 정치권은 죽은 말의 장례식을 어떻게 치를까가 아니라, 국민들의 새로운 선택을 위한 미래 비전을 성실하게 내놓고 미래를 향해 달려가야 한다.

여기서 '수면 장애, 호흡 장애, 답답증, 우울증, 대상포진' 이 말은 비유로 쓴 게 아닙니다. 실제로 주변에서 그런 힘든 증세를 호소하고 있기에, 제 몸에도 그런 느낌이 실감으로 다가왔기에, 쓴 것입니다. 온 국민이 받는 불안과 스트레스가 극점에 달하고 있기에, 헌재가 "국민 인내의 한계"를 시험하고 있는 듯한 시간들이었습니다.

군주민수(君舟民水), 헌재의 권한 또한 거둬들일 수도

그리고 또 한 주일이 답답함 속에 흘렀습니다. 헌재는 아직까지도 아무 소식을 발신하지 않았습니다. 인내의 한계를 넘어서면 헌재를 향해 직접 공격하자는 쪽도 있겠지만, 그럴 수는 없는 일. 헌법재판소의 존재 근거는 무엇일까, 하는 근본 질문이 제기되기 시작했습니다. 대통령이 헌법을 파괴하여 도저히 대통령직을 유지하게 하면 안 된다고 판단할 경우, 그를 뽑은 국민이 끌어내려야 하지 않는가, 하는 질문 말입니다. 국민이 직접 선출하지도 않은 헌법재판소 8, 9인 재판관들을 향해 온 국민들이 읍소하며 통촉하여 주시옵소서, 이제 결단하여 주시옵소서 하는 자세로 임해야 한단 말인가, 하는 질문들이 본격적으로 터져 나올 판이었습니다.

그래서 다시 3월 27일 '대통령의 탄핵 심판, 방법을 고민하자'라는 제목의 글을 써 올렸습니다.

1. 대통령을 국민이 뽑았으면, 대통령 그만두라는 종국의 판정도 국민이 내리는 게 합당하다. 국회가 2/3로 탄핵 소추하고, 국민 투표를 통해 판정한다는 방안이 거론되고 있다. 물론 개헌론의 영역이지만, 사람들이 대안적 가능성을 검토한다는 자체가 하나의 징후일 수 있다. 소추 이후 국민 투표 사이의 기간 동안 온갖 논쟁이 오가고, 국민들은 다양한 방법으로 자신들의 의사를 표출하고, 마침내 국민 투표를 통해 확정짓는다는 것이다. 지금처럼 한 달 이상, 헌재 8인의 깜깜이 내부 평의로만 국한하고, 국민은 헌재의 어명 내리기를 하염없이 고대하는 것보다 훨씬 민주적 공론화가 아니겠는가 말이다.

2. 특이한 주장일까? 아니다. 우리에게도 그런 실질적 실험이 있었다. 2004년 국회는 2/3로 노무현 대통령 탄핵 소추를 했다. 마침 한 달 뒤 총선이 있었고, 국민은 투표를 통해 탄핵한 의원들과 정당을 확실히 심판했다. 헌재는 선거일로부터 한 달 뒤에 전원 일치로 탄

핵 기각을 결정했는데, 재판관 중엔 탄핵 찬성론도 있었지만, 감히 이견을 표출하지 못했다. 탄핵 찬성은 국민 의사에 정면으로 반하는 것이기 때문이었다. 결국 국민이 실질적 판정을 내린 것이다.

3. 박근혜 대통령 탄핵 당시는 어떤가? 국민이 2016년 총선에서 당시 집권당 새누리당을 패배시켰다. 박근혜는 그 경고를 무시하고 오만, 독주했다. 그로 인해 민심은 완전 떠났고 최순실박근혜 관계와 부패 폭로로 여당조차 쪼개지면서 박근혜는 의원 234인의 찬성 투표로 탄핵 소추되었다. 탄핵 반대 여론은 내내 10% 이하였고 결국 헌재는 파면 결정을 내렸다. 결국 총선 민의와 탄핵 민의를 헌재가 법 문장으로 다듬어 탄핵으로 정리한 것이다. 8인의 개별 생각은 달랐겠지만, 국민 의사를 따르는 게 탄핵론의 알맹이다. 그 결과 혼란은, 없었다.

4. 윤석열 탄핵의 경우는 어떤가? 오만, 독주, 폭정으로 민심 이반이 확실해졌음을 입증한 게 2024년 총선이었다. 108석밖에 얻지 못한 집권 여당은 여태껏 없었다. 그 결과를 겸허히 받아들이고 야당의 의사를 존중하고, 협치와 양보를 통해 정부 운영 기조를 전환했어야 했다. 반대로 그는 8석을 개헌 저지선, 탄핵 저지선, 거부권 재의결 불가선으로 삼아 독주를 감행했다. 마침내 전두환 군정 시대의 계엄령을 꺼내 군·경을 도구 삼아 내란 계엄을 획책했다. 헌법 파괴, 내란 범죄로 국헌 문란을 일으켰으니 그것만으로도 대통령 직에 한시도 머물게 해서는 안 될 존재임을 자복한 것이다. 국회의 탄핵 소추엔 야당뿐 아니라 여당 의원의 표도 들어 있다.

5. 그런데 헌재 8인 재판관들이 마냥 미루고 있다. 지나치게 지연된 재판은 헌정 불안, 경제 불안, 사회 갈등을 증폭시키고 있다. 8인은

자신의 수중에 잠시 들어온 듯한 탄핵 심판 권한을 자신의 권력이라 착각하면 안 된다. 헌법·법률의 중대한 위반자, 내란 범죄자에게 헌법 수호를 위한 결정문을 정리하고 파면의 망치를 내리쳐야 한다. 헌재의 설명 없는 장기 지연은, 국민이 헌재에 탄핵 최종 결정권을 왜 주었을까 하는 근본 질문을 제기하게 만든다. 국민은 탄핵 갈등을 평화적으로, 신속하게, 일관성 있게 하라고 헌재에 제한적 신임을 부여한 것이다. 8인의 재판관들이 자의적으로 법 책략을 구사하라고 준 권한이 아닌 것이다.

6. 근본적인 것은,

   (1) 군주민수(君舟民水), 국민은 대통령을 뽑지만, 이를 거둬들일 수도 있다.

   (2) 보다 신중히 하기 위해 2단계 탄핵 절차를 헌법화했다. 소추권은 국회에, 심판권은 헌재에.

   (3) 헌재의 직무 수행에 대한 신뢰를 국민이 거두겠다면, 재설계론이 나온다. 벌써 국회 소추 → 국민 투표 심판의 헌법 개정론이 여기저기서 분출한다.

   (4) 명심, 또 명심할 것은, 주권자, 최종 결정자는 국민이라는 사실이다. 대통령, 국회, 헌재 다 심부름꾼일 뿐, 대통령에 대한 신임을 거두겠다는 국민인데, 헌재에 대한 신임 또한 국민이 거두어들일 수 있다.

7. 헌재는 신속히 국민 뜻을 받들라.

한국의 대통령 탄핵사를 잠깐 살펴봐도, 헌재의 결정이 국민 의사와 유리된 법 전문가의 독단적 결정일 수 없음이 드러납니다. 재판관들은 법 전문가로서 자신의 법 기술을 구사하여 결과를 뒤바꿀 수 있을 듯 여길지 모르나, 결국 그렇게 될 수 없습니다. 헌재가 국민의 신뢰를 상실하면, 취약한 헌재는 존재 자체를 유지하기 어려우니까요. 여기서 거듭 확인되는 것은, 최종적 결정권자는 대통령도 국회도 헌재도 아니고 우리 대한국민이라는 사실입니다.

선공후사 vs. 후공선사

헌재 결정이 지연되면서 의혹은 헌재 재판관 개개인의 성향, 가치, 정치적 태도, 개인적 연줄 등 온갖 억측으로 번져 갑니다. 재판관들의 집 주소, 전화번호가 노출되고 신변의 위협이 현실화되기에 이르렀습니다. 우리의 고위 공직자, 법조 관료의 특권성, 카르텔 등이 무차별적으로 거론되는 지경에 이르렀습니다. 과연 그들 중 일부가 나라 걱정, 내 걱정 중에 선공후사의 덕목을 갖추고나 있을까 하는 그런 의구심들, 그 의구심을 나열해 보자면 이럴지도 모르겠습니다.

3월 29일에 '나라가 중한가? 내가 더 중한가?'라는 제목으로 쓴 글입니다.

1. "나라가 중하냐, 내가 중하냐?" 무슨 이런 질문이 다 있냐고 하겠지요. 애국애족을 위해 살신성인까지는 차마 못 해도, 나라 생존, 나라 살림을 먼저 걱정하는 게 높은 가치라는 것은 당연하잖아요. 늘 그렇게 배워 왔으니까요. 자기 빚도 많은데 국채부터 보상 운동을 벌이고, IMF 때 금 모으기 하고 그랬잖아요.

계엄과 내란을 넘어_국민이 써 내려간 헌법 이야기

2. 공직자는 더 그래야 되겠지요. 국민들이 나라 잘 지키고, 잘 운영하라는 소임을 부여하면서, 그들에게 지위·수입·명예까지 안겨 주었으니까요. 공직자는 자신의 활동을 나라 이익에 맞출 필요가 더하겠지요. 그런데 최상목의 경우, 원화 가치 하락을 예견한 듯, 미국 채에 베팅하여 막대한 사익을 챙겼다 하네요. 한 나라의 경제 수장이라는 사람이 말입니다. 나라 이익과 사익이 충돌할 때, 고급 정보를 활용하여 사익부터 챙겨 놓는, 참 계산 빠른 자의 모습이 일부 드러난 게 아닌가요? 답해야 합니다.

3. 역사적인 예를 한번 들어 볼게요. 8·15 때 일본이 패망하자 총독부 관리는 비통해하고, 우리 민족은 만세 부르기도 바쁠 때, 떠나가는 일본 관료들에게 조선 변호사 시험 합격증 주고 가라는 자들이 있었습니다. 당시 치러졌던 변호사 시험 중 오전 시험만 치르고, 아직 시험을 치르지 못한 과목들이 있었는데도, 시험을 다 치렀다면 합격 가능성(실제론 10분의 1도 안 됨)이 있으니, 일제의 고시 합격증 내놓고 가라며 총독부 관리에게 떼를 썼습니다. 총독부는 마지막 은혜를 후하게 베풀어 다 합격시켜 주고 떠났지요. 고시 합격증의 이익과 권세는 잠깐의 체면이나 나라 체면보다 더 영속적 이익이 됨을 그들은 잘 깨닫고 있었던 것입니다.

4. 12·3 계엄은 현 대통령이 민주 국가의 틀을 깨 민정에서 군정으로 가고, 국민이 선출한 반대자들을 '수거'하고, 대통령과 동격의 헌법 기관(국회, 선관위)을 무력 침탈한 내란 범죄입니다. 이게 탄핵 사유, 그것도 신속한 탄핵 사유임을 정치적 이해관계를 떠나 누가 부인할 수 있겠습니까. 만일 탄핵 사유가 안 된다면, 앞으로 대통령에게 내란 면허증을 주는 것이 되는데도요?

5. 그런데, 지금 헌재 8인 중 완강하게 버티는 자의 내심에 무슨 생각이 자리잡고 있을까요?

  (1) 나를 신임하여 헌재 재판관으로 뽑아 준 이에 대한 충성? 동조? 연민?

  (2) 탄핵 후, 정치 흐름이 일변하면 변할 세상에 대한 반대? 혐오? 그냥 무조건 싫다?

  (3) 수십 년 이어 온 자기 패거리, 특권 패거리의 관계 유지에서 오는 이익? 적어도 그 관계를 배신하진 말아야겠다는?

  (4) 지금은 내가 터미네이터다. '내가 손가락 쳐들면 살리고, 내리면 죽이고', 라는 로마 황제식 권력 놀음 즐기기?

6. 그(들)는 말할지 모릅니다. 뭐 여러 이유 들이댈 수 있습니다. 더 신중하게 검토하자? 절차적 하자? 중대한 헌법 위반이라고 할 것까진 아니다? 그 모든 법적 주장은 다만 '핑.계!'일 뿐. 그 내심에 있는 자기(집단)의 이익, 권력, 영향력의 확대를 도모하고, 어렵더라도 그 축소를 감내할 이유가 없다는 거겠죠. 자기 비난을 슬쩍 비껴갈 다양한 법적 기교는 내 이미 익숙한 것이니, 까짓거 비난은 잠시, 이권은 오래~, 그런 것?

7. 평생에 익힌 그런 속셈에 익숙하여 그 계산법을 고수하기로 하는 자에 대해서는 그 계산법이 틀린 것이고, 이제껏 자신을 출세길로 이끌어 준 그 계산법대로 하려 한다면 당신이 오히려 폭망할 것이며 마이너스 결산을 초래할 것이라고, 준엄하게 똑똑히 일러 줄 방법을 찾아 압박하는 길밖에 없습니다.

8. 정치-행정-법률권의 저들도 헌법, 법률 기타 규범, 기왕의 관례엔 따르지 않을까 하는 기대는 접어야 합니다. 명백히 위헌이라 선언

되었음에도 대통령의 헌법재판관 임명 의무도 마구 미루면서 거부권은 매일같이 휘두르고 있잖아요. 그러면서도 헌재 결정에 승복 약속하라고 '내로남불'합니다. 이재명 대표의 무죄 판결에 대해 대법원의 '파기자판'이 가능하다는 궤변을 단번에 창출하잖아요. 그러니 그들은 철저히 계산해서 유리하면 법도 잘 따르고, 불리하면 법이고 뭐고 무시하고 미루려 합니다. 그런 냉엄한 현실 앞에서는 최악의 상황을 염두에 두고, 최선의 지혜를 짜내야 할 시점입니다.

9. 누구의 힘으로? 주권자인 국민의 힘으로!

3월말까지 무소식인데, 더 미루면 4월 18일까지 갈지도 모릅니다. 그날엔 문형배, 이미선 두 재판관이 퇴임합니다. 그러면 헌재 재판관이 6인밖에 남지 않게 되는데, 그 경우엔 탄핵 결정에 이를 출석 정족수(7인 이상)도 채우지 못하는 상태가 됩니다. 헌재의 권능 행사가 불능 상태가 되어 버리면, 대통령 권한 대행 체제가 언제까지 지속될지 아무도 예견할 수 없는 국가 기능 불능 상태에 빠져 버리고 맙니다. 그런 불길하고 우울한 예감이 시민들을 괴롭히고 있을 때, 떠올리게 된 시 일부를 인용해 봅니다. 김수영의 '하…그림자가 없다'는 시인데, 그 시를 쓴 날짜가 1960년 4월 3일이니, 4·19혁명 직전에 쓴 것이네요.

…

우리들의 싸움은 쉬지 않는다

우리들의 싸움은 하늘과 땅 사이에 가득차 있다
민주주의의 싸움이니까 싸우는 방법도 민주주의식으로 싸워야 한다
하늘에 그림자가 없듯이 민주주의의 싸움에도 그림자가 없다

하······ 그림자가 없다

하······ 그렇다······

하······ 그렇지······

아암 그렇구말구······ 그렇지 그래······

응응······ 응······ 뭐?

아 그래······ 그래 그래._김수영, '하······그림자가 없다' 중

민주주의의 싸움을 해야 하는데, 그 적은 실체는 물론 그림자도 잘 잡히지 않습니다. 적이 온 사방에 있고, 그림자도 보이지 않을 정도로 밀착해 있으니, 민주주의의 싸움은 우리의 지근거리에, 혹은 우리 마음과 체질 속에 내재화되어 있는 모든 것들과의 싸움입니다. 그렇지만, 우리는 민주주의를 위해 그 싸움을 쉬지 말아야 한다는 것. 그런 시를 떠올릴 정도로, 힘들게 밀고 나가야 한다는 각오를 해야 할 시점이란 것이지요.

그러던 중, 모두가 타는 목마름으로 기다리던 그날이 온다는 통지가 마침내 떴습니다. 선고 기일을 4월 4일 11시로 하는 고지가 나온 것입니다.

나 하나 외친다고?

4월 1일, 헌법재판소 〈새소식〉에는, 취재진은 물론 일반 시민들도 방청 신청할 수 있다는 공고가 났습니다. 이렇게 공고한다는 것은 내부 평의가 평결 수준에 도달했다는 의미일 것이고, 그 평결은 아마도 탄핵

결정을 내렸다는 의미일 것이라고 추론할 수 있었습니다. 물론 탄핵 반대 측에서는 4대 4, 5대 3일 것이라는 다른 추측을 하고 있었고요. 각자의 희망 회로를 강화하고, 불안 회로를 약화시키기 위해서는 거리의 집회·시위 참여가 불가피합니다.

가끔 자문할 수 있습니다. 내 한 명 더 참가한다고 세상이 달라질까? 내 한 표 더하고 덜한다고 선거의 승패에 무슨 영향이 있겠어? 이런 합리적 의혹들, 이 의혹들은 곧잘 날개를 달고, 여러 방향으로 개인을 왜소화시킵니다. 반대도 있을 수 있습니다. 세상이 부패해도 나 혼자 바르면, 그 바른 삶이 온 세상과 대조 효과를 거둔다고. 독립운동가 한 명이 나선다고 곧 독립되는 것은 아니지만, 다음 사람에게 길을 열어 주고, 대조 효과를 만드는 성과는 분명히 있을 것입니다. 내 한 명의 선택, 결단, 용기야말로 모든 변화의 출발일 수 있습니다. 4월 1일 광장에 나갔다가 다음의 시를 만났습니다.

나 하나 꽃 피어
풀밭이 달라지겠느냐고
말하지 말아라
네가 꽃 피고 나도 꽃 피면
결국 풀밭이 온통
꽃밭이 되는 것 아니겠느냐
나 하나 물들어
산이 달라지겠느냐고도
말하지 말아라
내가 물들고 너도 물들면

결국 온 산이 활활

타오르는 것 아니겠느냐

...._조동화 시집, 『나 하나 꽃피어』, 초록숲, 2013

토요일 광화문에서 김경호 목사님이 탄핵을 외치며, 또 기독교의 수치를 질타하면서 도중에 인용한 시입니다. 조동화 시인의 '나 하나 꽃 피어'라는, 널리 애송되는 시이지요. 우리의 민주주의도 그런 것 같네요.

나 하나 외친다고

온 나라가 민주화가 되겠냐고

말하지 말아라.

네가 "민주" 하고, 나도 "탄핵" 하면

결국 온 나라가

탄핵과 민주의 꽃밭이 되는 게 아니겠느냐.

우리의 간절함과 절실함이 모여

한송이 꽃들을 피워 내면

그 꽃들이 모여 세상을 겨울에서 봄으로 달라지게 할 것입니다.

온 산이 물들고, 온 들에 봄향기로 가득 채워질 것입니다.

그날을 향해,

날마다 새롭게, 서로의 힘을 충전시켜 가며

날마다 나아갑니다.

그리고 저는 4월 2일과 3일엔 제주에 있었습니다. 제주대학교에서 특강을 하고, 4·3평화공원을 둘러보는데, 거기에서 우리 대한민국사 최

초의 계엄령과 마주했습니다. 그리고 4월 3일 '제주에서 만난 계엄령'
이란 제목의 글을 올렸습니다.

제주대학교에서 학생들과 소통하는 강연의 즐거움을 누리고 4.3평화공원에 가
서 추모합니다. 계엄령은 1948년 11월 제주를 상대로 이승만 대통령이 선포했
습니다. 당시 계엄법도 없는 상태에서, 대통령이 계엄을 선포함으로써 그 자체
위헌·무법한 행위였습니다. 그런 계엄이니 그냥 군정 체제로의 돌입이었고, 국
가 폭력과 민간 폭력이 합체하여 우리 현대사에 최악의 비극이 펼쳐졌습니다.

도민들을 적으로 몰아 초토화 작전을 펼쳐 죽이고, 절차도 다 생략하고 초중
형을 선고·집행했습니다. 계엄령의 진짜 의도는 그런 것입니다. 반대자는 적으
로 간주하여, 죽이고 불태우고 수거하는 것입니다. 12·3 윤석열도 그런 욕망의
폭주 속에 계엄을 선포한 것이고요.

권력의 악의 폭주를 빛의 속도로 가로막은 우리 국민은, 4개월의 가열찬 싸
움 끝에 단 하룻밤만을 남겨 놓고 있습니다. 제주4·3기념관에서 고삐 풀린 국
가 폭력의 전시를 보는 것만으로도 고통스러웠습니다.

다시는 그런 계엄의 시대를 막아 내야 하겠다는, 그런 다짐과 함께 귀경합니
다. 내일, 전국의 중심가에서 함께 봄의 도래를 합창합시다.

"봄이 오고 있음을 느끼면서
힘을 더 냅시다"

단호한 주문, 아름다운 문장

드디어 2025년 4월 4일 오전 11시, 심판의 날이 다가왔습니다. 계엄의 날로부터 122일째 되던 날입니다. 8인의 헌법재판소 재판관이 입정하여 착석한 뒤 잠시 침묵, 그리고 문형배 재판관(헌법재판소장 직무 대행)의 22분간의 낭독. 마침내!

이에 재판관 전원의 일치된 의견으로 주문을 선고합니다. 탄핵 사건이므로 선고 시각을 확인하겠습니다. 지금 시각은 오전 11시 22분입니다.

주문, 피청구인 대통령 윤석열을 파면한다!

결정서 선고 요지 전체는 이 책의 부록으로 싣도록 하겠습니다. 22분간 발표한 결정서 요지는 누구나 이해할 수 있도록 명료했습니다. 저의 첫 소감은 이러했습니다.

> 헌법재판소의 결정서, 이보다 더 완벽할 수 없습니다. 마디 마디, 조목 조목 짚었습니다. 헌재 재판관들의 노고와 수준에 경의를 표합니다. 빛의 속도로 계엄 해제, 탄핵 소추, 헌재 심리에 충실했던 국회의원들의 노고에도 깊이 감사드립니다.
> 국민이 이겼습니다. 대한민국은 민주공화국이다!
> 계엄의 겨울을 깨고, 탄핵을 통해 민주의 봄이 옵니다.
> 우리 마음들이 꽃의 폭죽을 터뜨립니다.

문자 그대로, 온 천지에 봄바람이 불고, 꽃들이 폭죽처럼 터지는 그런 느낌이었습니다. 그 전날 제주대학교 법학전문대학원에서 강연한 뒤 잠시 둘러본 제주의 만개한 봄을 느꼈던 감정이 확 살아났습니다.

문형배 재판관이 낭독한 22분 분량은 결정서 선고 요지입니다. 전문은 모두 100쪽 분량이고, 이것이 법적으로 효력 있는 정식 결정문입니다. 감격을 누르고 요지와 전문을 하나하나 살펴봤습니다. 비교도 해 보고요. 제가 흐름과 내용을 굳이 요약할 필요는 없을 것 같습니다. 누구나 그 요지, 전문을 직접 형광펜이나 빨간펜으로 밑줄을 쫙쫙 그으며 읽어 보시기 바랍니다. 거기서 자신에게 와 닿는 구절을 필사하거나, 돌아 가며 낭독하면 좋을 것 같습니다. 시민들의 민주주의 교육, 헌법 교육 텍스트로서 최상입니다. 저도 '밑줄 쫙'한 부분을 아래와 같이 가져와 봅니다. 이건 제 소감이고, 여러분은 자신의 '밑줄 쫙' 메모를 따로 만들어 낭독해 보시면 좋겠습니다.

> "탄핵 제도는 누구도 법 위에 있지 않다는 법의 지배 원리를 구현하고 헌법을 수호하기 위한 제도이다."
>
> "야당이 정부를 비판하고 견제하는 역할을 하는 것은 민주주의 체제에서 반드시 보장되어야 할 정당의 활동에 속한다."
>
> "국회에서 다수의 지위를 점하고 있는 야당이 정부에 대한 견제권을 최대한 행사함으로써 발생할 수 있는 상황이므로, 이를 국가 긴급권의 발동이 요청되는 국가 비상 사태라고 볼 수는 없다."
>
> "'경고성 계엄' 또는 '호소형 계엄'이라는 것은 존재할 수 없다."
>
> "이 사건 계엄 선포에 관한 '심의'가 이루어졌다고 보기도 어렵다."
>
> "문서주의 및 부서 제도는 대통령의 국법상 행위의 책임 소재를 확실하게

하고 대통령의 권력을 통제하는 절차로서 기능하는 것이다."

"방송을 통하여 생중계되는지 여부와 관계없이 대통령은 국회에 공식적인 통고를 할 의무를 부담한다."

"헌법이 공무원의 정치적 중립성을 보장하고 있음에도 현행 헌법에서 국군의 정치적 중립성에 관한 규정을 도입하여 이를 다시 한 번 명시적으로 강조한 것은 우리의 헌정사에서 다시는 군의 정치 개입을 되풀이하지 않겠다는 의지를 표현한 것이다."

"피청구인은 곽종근(특전사령관)에게 전화로 '아직 의결 정족수가 채워지지 않은 것 같다. 빨리 국회 문을 부수고 들어가서 안에 있는 인원들을 밖으로 끄집어내라'고 지시하였다."

"조성현은 위 임무가 정당하지 않다고 생각하여, 국회 경내로 들어간 군인들에게는 사람들이 없는 지역에 계속 집결해 있을 것을, 국회로 이동 중이던 후속 부대에게는 서강대교를 넘지 말고 기다릴 것을 각각 지시하였다."

"국군방첩사령관 여인형에게 총 14명의 명단을 알려 주면서 '포고령을 위반할 우려가 있는 사람들로서, 합동수사본부가 꾸려진 뒤 위반 혐의가 발견되면 체포할 수도 있으니 미리 위치 등 동정을 파악해 두라'고 지시하였다. 이 사건 명단에는 국회의장 우원식, 더불어민주당 대표 국회의원 이재명, 국민의힘 대표 한동훈, 조국혁신당 대표 국회의원 조국, 더불어민주당 원내대표 국회의원 박찬대, 전 대법원장 김명수, 전 대법관 권순일 등이 포함되어 있었다."

"피청구인은 처음부터 홍장원(국정원 1차장)에게 계엄 상황에서 국군방첩사령부에 부여된 임무와 관련된 특별한 용건을 전하고자 한 것이라 봄이 상당하고, 계엄 선포 직후의 급박한 상황에서 단순한 격려 차원 또는 간첩 수사 업무와 관련된 일반적 지시를 하고자 한 것이었다는 피청구인의 주장은 믿기 어렵다."

"비상계엄이 선포된 경우에도 국회의 권한을 제한할 수는 없다."

"정당은 국민과 국가의 중개자로서 정치적 도관의 기능을 수행하여 국민의 다원적 의사를 형성·통합함으로써 국가 정책의 결정에 직접 영향을 미칠 수 있는 규모의 정치적 의사를 형성하고 있다."

"국회로 출동한 군인들이 맞닥뜨린 것은 적이 아니라 일반 시민이었고, 일반 시민을 상대로 적극적으로 무력을 행사할 수 없었던 군인들은 위와 같은 지시를 이행하지 못하였다."

"헌법 제정권자인 국민은 우리의 헌정사에서 다시는 군의 정치 개입을 반복하지 않고자 국군의 정치적 중립성을 헌법에 명시하였으나, 국군 통수권자인 피청구인이 정치적 목적으로 그 권한을 남용함으로써 국가의 안전 보장과 국토 방위의 신성한 의무를 수행함을 사명으로 하여 나라를 위하여 봉사해 온 군인들이 또다시 일반 시민들과 대치하는 상황이 발생하게 된 것이다."

"김용현에게 '계엄이 선포된 후, 간부 위주로 구성된 280명만을, 실탄을 지급하지 말고' 투입하라고 지시하였으며, 비상 계엄 해제 요구 결의안이 가결되자마자 즉시 병력을 철수하라고 지시하였다는 점을 들고 있다. 그러나 피청구인이 주장하는 지시 내용은, 곽종근, 이진우, 여인형 어느 누구도 전달받은 사실이 없다."

"피청구인은 병력 투입으로 국회의 계엄 해제 요구권 행사를 방해함으로써, 계엄과 포고령의 효력을 상당 기간 지속시키고자 하였던 것으로 보인다."

"피청구인은 계엄 해제에 적어도 며칠 걸릴 것으로 예상하였는데 예상보다 빨리 끝났다고 자인하고 있으며,"

"최상목이 대통령실에서 받은 문서에는, "국회 관련 각종 보조금, 지원금 각종 임금 등 현재 운용 중인 자금 포함 완전 차단할 것, 국가비상 입법기구 관련 예산을 편성할 것"이라는 내용이 있었다. 피청구인은 해당 문서의 작성 및 전달에 관여한 사실이 없다고 주장하나, 피청구인의 위 주장은 믿기 어렵다."

"'질서 유지' 목적에서 국회에 병력을 투입한 것이라는 피청구인의 주장은 받아들일 수 없다."

"포고령은 단순히 국회의 활동을 금지한다고 규정하고 있어 국회의 모든 활동을 금지한다고 해석된다."

"선거 관리 사무는 그 성격상 행정 작용에 해당함에도 불구하고 우리 헌법이 해당 사무의 주체를 독립된 합의제 헌법 기관으로 규정하면서 그 독립성과 중립성을 강조하는 체계를 택한 것은, 공정한 선거 관리를 위해서는 외부 권력 기관, 특히 대통령을 수반으로 하는 행정부의 영향력을 제도적으로 차단하여야 한다는 확고한 의사가 반영된 것이다."

"전 대법원장 김명수 및 전 대법관 권순일에 대하여 필요시 체포할 목적으로 행해진 위치 확인 지시에 관여하였다. 이는 현직 법관들로 하여금 자신들도 언제든지 행정부에 의하여 체포 대상이 될 수도 있다는 압력을 받게 하여 소신 있는 재판 업무 수행에 중대한 위협이 될 수 있다."

"헌법 질서에 미친 부정적인 영향도 엄중하다."

"권력 분립 원칙을 중대하게 위반한 것이다."

"헌법 수호의 관점에서 용납될 수 없는 중대한 법 위반에 해당한다."

"우리나라 국민은 오랜 기간 국가 긴급권의 남용에 희생당해 온 아픈 경험을 가지고 있다."

"피청구인은 야당의 전횡과 국정 위기 상황을 국민에게 알리고 호소하기 위하여 이 사건 계엄을 선포하였다고 주장하는 바, 이는 본래 그러한 목적으로 행사할 수 없는 계엄 선포권을 여소야대의 정치 상황을 타개하기 위한 수단으로 이용하였다는 것과 다름없다."

"피청구인은 계엄의 형식을 갖추기 위하여 실제로 집행할 의사가 없음에도 이 사건 포고령을 발령케 하였다고 주장하나, 이는 대외적 구속력이 있는 법규 명령으로서의 효력을 가지는 규범을 발령하면서 그 내용대로의 효력 발생은 의도하지 않을 수도 있다는 것이어서 납득하기 어렵다."

"만약 피청구인이 대통령으로서의 권한을 다시금 행사하게 된다면, 국민으로서는 피청구인이 헌법상 권한을 행사할 때마다 헌법이 규정한 것과는 다른 숨은 목적이 있는 것은 아닌지, 헌법과 법률을 위반한 것은 아닌지 등을 끊임없이 의심하지 않을 수 없을 것이다."

"대한민국은 민주공화국이다."

"결과적으로 민주주의에 헤아릴 수 없는 해악을 가한 것이라 볼 수밖에 없다."

"헌법과 법률을 위배하여, 헌법 수호의 책무를 저버리고 민주 공화국의 주권자인 대한국민의 신임을 중대하게 배반하였다."

헌재는 윤 측의 주장을 소개한 다음, 그에 대해 이견의 여지 없이 확실하게 반박하고 있습니다. 논리가 분명하고, 반박이 통쾌합니다. 곳곳에 표현의 미학, 그중에서도 압축미가 돋보이는 부분이 적지 않습니다.

국가 긴급권 남용의 역사

이제 몇 부분을 좀 더 깊이 들여다봅시다. 제 주관으로 추출했으니, 여러분들은 각자 자기 주관으로 추출해 음미해 보시기 바랍니다. 국가 긴급권 남용 부분에 대한 역사적 정리입니다. 재판장 낭독문에는 자세히 나와 있지 않은 많은 내용이 풍부하게 담겨 있네요. 소제목을 많이 달고 있고, 쉽게 소화할 수 있는 내용이어서 국민적 헌법 교재로 잘 활용할 수 있겠습니다.

결정문 전문 중 79쪽 "(2) 국민의 신임을 배반한 행위에 해당하는지 여부 (가) 국가 긴급권 남용의 역사 재현 항목"을 인용해 보겠습니다 (•는 제가 편의상 붙여 봅니다).

"우리나라 국민은 오랜 기간 국가 긴급권의 남용에 희생당해 온 아픈 경험을 가지고 있다."

• 1952년에는 이승만 전 대통령이 부산에서 이른바 '정치 파동'을 일으켜 계엄을 선포한 후 대통령 직선제를 골자로 하는 개헌안을 통과시켰다.

• 박정희 전 대통령은 1971년 12월 6일에 국가 비상 사태를 선포하였는데, 이를 법적으로 뒷받침하기 위하여 1971년 12월 27일에 제정된 '국가보위에 관한 특별조치법'은 대통령이 그의 재량에 따라 비상 사태를 선포하여 국민의 기본권을 정지시키고, 국회에서 심의·확정한 예산안을 변경할 수 있는 등의 비상대권을 대통령에게 부여하였다.

• 박정희 전 대통령은 1972년 10월 17일, 대통령 특별 선언을 통하여 기존의 헌정 질서를 중단시키고 이른바 유신 체제로 이행하고자, 그에 대한 저항을 사전에 봉쇄하기 위하여 비상계엄을 선포하였고,

• 1979년 10월 18일, 유신 체제에 대한 국민적 저항인 부마민주항쟁(부마민주항쟁 관련자의 명예회복 및 보상 등에 관한 법률 제2조 제1호)을 탄압하기 위하여 비상계엄을 선포하였다.

• 전두환, 노태우 전 대통령 등은 이른바 12·12군사반란으로 군의 지휘권과 국가의 정보 기관을 장악한 뒤, 정권을 탈취하기 위하여 1980년 5월 17일 당시 대통령 등을 강압하여 비상계엄의 전국 확대를 선포하게 하였다. 위 계

엄 선포에는 모두 국민의 기본권을 광범위하게 제한하는 계엄 포고가 수반되었다.

- 국가 긴급권의 심각한 남용은 유신헌법(1972년) 제53조에 근거한 긴급 조치 권의 발동에서도 나타났다. 긴급 조치는 9차례에 걸쳐 발동되었는데, 국민의 기본권을 침해하는 위헌적인 내용으로 남용되었고, 이에 대한 반성으로 1980년 10월 27일, 제8차 개헌에서 이를 폐지하고 비상 조치 권한(제51조)으로 대체하였으며, 1987년 10월 29일 제9차 개헌에서는 비상 조치 권한도 폐지하였다.
- 대통령 유고를 이유로 1979년 10월 27일 선포된 계엄이 1981년 1월 24일 해제된 이후, 1993년 8월 12일 '금융실명거래 및 비밀보장에 관한 긴급재정경제명령'이 발령된 외에는 이 사건 계엄 선포 전까지 국가 긴급권이 행사되지 않았다.

"이는 민주주의가 정착되고 국민의 헌법 수호에 대한 의지가 확고해지면서 나타난 당연한 결과였다. 앞에서 본 것처럼 헌법재판소와 대법원 역시 과거 국가 긴급권의 발동이 헌법에 위반됨을 확인함으로써 입헌 민주주의를 공고히 하였다.

피청구인은 마지막 계엄이 선포된 때로부터 약 45년이 지난 2024년 12월 3일 또다시 정치적 목적으로 이 사건 계엄을 선포함으로써 국가 긴급권을 남용하였다. 이 사건 계엄 선포 및 그에 수반하는 조치들은 사회적·경제적·정치적·외교적으로 엄청난 파장을 불러일으켰고, 이제는 더 이상 국가 긴급권이 정치적 목적으로 남용되지 않을 것이라고 믿고 있었던 국민은 큰 충격을 받았다. 피청구인에 의한 국가 긴급권의 남용은 국민의 헌법상 기본권을 침해하고 헌법 질서를 침해하였을 뿐만 아니라, 대외 신인도에 미치는 부정적 영향, 정치적 불확실성의 확대로 인한 외교적, 경제적 불이익 등을 고려할 때, 국익을 중대하게 해하였음이 명백하다.

결국 우리의 헌정사적 맥락에서 이 사건 계엄 선포 및 그에 수반하는 조치들이 국민에게 준 충격과 국가 긴급권의 남용이 국내외적으로 미치는 파장을 고려할 때, 피청구인이 자유 민주적 기본 질서를 수호하고 국정을 성실하게 수행하리라는 믿음이 상실되어 더 이상 그에게 국정을 맡길 수 없을 정도에 이르렀다고 볼 수밖에 없다."

시민의 저항과 군경의 소극적 임무 수행 덕분

헌재 결정을 낭독할 때 가장 감동적이었다고 여러 분들이 지적한 구절은 다음입니다.

"한편 국회가 신속하게 비상 계엄 해제 요구 결의를 할 수 있었던 것은 시민들의 저항과 군경의 소극적인 임무 수행 덕분이었으므로, 이는 피청구인의 법 위반에 대한 중대성 판단에 영향을 미치지 않습니다."

이는, 윤석열 자신이 경고성 계엄이었고, 그래서 신속히 해제하지 않았냐는 주장에 대한 헌재의 답변입니다. 윤석열은 계엄 효과를 위해 "상당한 기간"의 계엄을 실행하고자 했던 것인데, 그것이 저지된 것은 시민과 군경 **"덕분"**이라고 말합니다. 윤석열이 더 하고자 했음에도 시민과 군경의 행동 **덕분**에 저지되었다는 것입니다. 그런데 헌재 낭독에서는 "중대성 판단에 영향을 미치지 않습니다"고 말하니, 인과관계 부분에서 조금 모호하게 되어 있습니다. 그것이 약간 어색하여 전문을 찾아보았습니다. 전문을 보니 헌재 판결의 의미가 명확했습니다.

"피청구인의 국회 통제 등에도 불구하고 국회가 신속하게 비상 계엄 해제 요구 결의안을 가결시킬 수 있었던 것은 시민들의 저항과 군경의 소극적인 임무 수행 덕분이었으므로, 결과적으로 비상 계엄 해제 요구 결의안이 가결되었다는 이유로 피청구인의 법 위반이 중대하지 않다고 볼 수는 없다. 또한 이 사건 포고령의 발령과 동시에 국민의 기본권이 광범위하게 침해되었으며, 피청구인은 계엄사령관 박안수에게 전화하여 경찰청장 조지호에게 이 사건 포고령의 내용을 알려주라고 하였고 조지호에게 직접 6차례 전화하였으므로, 그 외에 이 사건 포고령 위반을 이유로 한 추가적인 조치가 취해지지 않았다는 이유로 피청구인의 법 위반이 중대하지 않다고 볼 수도 없다. 피청구인이 국회의 비상 계엄 해제 요구를 받아들여 이 사건 계엄을 해제한 것은 사실이나, 이는 국회의 계엄 해제 요구에 따른 계엄 해제 의무를 위반하지 않았다는 것을 보여 줄 뿐, 더 나아가 이미 피청구인이 행한 법 위반까지 중대하지 않다고 평가할 수는 없다."

정리하자면, 피청구인 윤석열의 법 위반은 다음과 같은 이유로 중대하다는 것입니다.

1. 국회 통제(군인 투입, 회의 저지 시도, 끌어내라…): 중대하다
2. 포고령 발령으로 국민들 기본권이 광범하게 침해: 중대하다.
3. 계엄 해제했다고, 이미 발생한 법 위반: 중대하다.

윤석열의 국회 침탈을 저지시킨 군인들에 대해서도 현재 결정에서 정리합니다.

특전사 곽종근 특전사령관은 윤의 지시에 따라 국회 진입 방법을 논

의했으나, "곽종근은 비상 계엄 해제 요구 결의안이 가결된 사실을 확인한 뒤 임무 중지 및 철수를 지시하였고, 김용현의 병력 추가 투입 지시로 그 무렵 국회 경내에 도착한 100여 명의 제707특수임무단 소속 군인들도 곧바로 철수하였다. 그 결과 본회의장까지 들어간 병력은 없었다."

수방사 이진우 수방사령관은 제1경비단장 조성현에게 "본관 내부로 들어가서 국회의원들을 외부로 끌어내라"는 지시를 했다. 조성현은 "위 임무가 정당하지 않다고 생각하여, 국회 경내로 들어간 군인들에게는 사람들이 없는 지역에 계속 집결해 있을 것을, 국회로 이동 중이던 후속 부대에게는 서강대교를 넘지 말고 기다릴 것을 각각 지시하였다. 조성현은 비상 계엄 해제 요구 결의안이 가결된 후 이진우에게 철수를 건의하였고, 이진우는 이를 승인하였다."

요컨대, 국회 회의장 침탈을 막은 수훈갑은 국회 결의 이전에 계엄에 협조 않은 조성현이고, 국회 결의 이후의 병력 철수엔 곽종근, 조성현의 확실한 행동이 있었습니다. 조성현 제1경비단장에겐 무공훈장보다 더 높은 훈장을 수여해야겠네요.

비극을 연기하는 희극 배우와 헌재의 일갈

계엄 때 윤석열은 얼마나 바빴을까요? 익히 알려져 있는 바이지만, 헌재 결정문에도 당일 내란 우두머리의 행적이 고스란히 기재되어 있습니다.

❖ 국방장관에게 국회에 대한 군대 투입을 지시

- 특전사령관에게 23:40경, 00:30 2차례 전화
- 수방사령관에게 전화
- 계엄사령관에게 경찰청장에게 포고령 내용 알려주라고 전화
- 경찰청장에게 직접 6차례 전화
- 국정원 1차장 홍장원에게 2차례 전화

결정문 내용을 봐도 계엄 선포 직후부터 윤석열은 전화통을 붙잡고 계속 전화를 해 댔네요. 국방장관, 특전사, 수방사, 계엄사, 경찰청, 국정원 등등, 드러난 것만 그렇습니다.

윤석열은 각 부대들을 지휘 라인에 따라 움직이게 한 게 아니라, 자신이 직접 전화통을 붙들고 확인하고 지시하고 독촉했습니다. 내란의 우두머리 역할뿐 아니라, 주요 임무 종사에다, 부수 임무 종사까지 다 했네요. 윤석열의 전화기와 통신 라인이 내란의 결정적 증거일 듯싶네요. 아마 계엄 해제 때까지 내내 전화를 해 댔을 것 같습니다.

그러니 윤석열의 전화와 비화폰 서버를 압수 수색해야 그 전모가 드러날 것입니다. 그런데 윤석열의 전화는 압수 수색할 생각도 않고 있습니다. 그의 통화 내역을 낱낱이 확인하여 계엄 실행 라인을 재구성해야 할 것입니다.

한편 내내 전화통을 붙들고 소리치고, 독려하고, 뜻대로 풀려 가지 않는 상황에 초조해하는, 그런 윤석열의 모습을 떠올리면, 참으로 비극을 만들어 가는 희극 배우 같기도 하고 그렇네요.

이런 말 있지요. 사실 제가 한 번도 써 본 적이 없는 용어이기는 합니다만, 헌재의 결정문을 읽다 보니, 재판관들이 '깊은 빡침'의 느낌을 드러내는 문장이 있었습니다. 헌재 앞에서도 오만, 독선, 납득 불가의

모습을 보여 준 피청구인에 대해 헌재는 다음의 말로 정리했습니다.

> **"만약 피청구인이 대통령으로서의 권한을 다시금 행사하게 된다면, 국민으로서는 피청구인이 헌법상 권한을 행사할 때마다 헌법이 규정한 것과는 다른 숨은 목적이 있는 것은 아닌지, 헌법과 법률을 위반한 것은 아닌지 등을 끊임없이 의심하지 않을 수 없을 것이다."**

'숨은 목적', '끊임없이 의심'을 불러일으키는, 도저히 믿을 수 없는 인물. 헌재의 윤석열에 대한 인물 판단 총평입니다.

오해를 부른 결정문, 협상의 산물?

헌재의 결정 요지 낭독을 듣던 중 '어, 이건 좀 이상한데…'라고 느껴진 부분이 있었습니다. 거의 끝나기 직전의 부분인데요. 인용하면 이렇습니다.

> **"피청구인이 취임한 이래 야당이 주도하고 이례적으로 많은 탄핵소추로 인하여 여러 고위 공직자의 권한 행사가 탄핵 심판 중 정지되었습니다. 2025년도 예산안에 관하여 헌정 사상 최초로 국회 예산결산특별위원회에서 증액 없이 감액에 대해서만 야당 단독으로 의결하였습니다. 피청구인이 수립한 주요 정책들은 야당의 반대로 시행될 수 없었고, 야당은 정부가 반대하는 법률안들을 일방적으로 통과시켜 피청구인의 재의 요구와 국회의 법률안 의결이 반복되기도 하였습니다. 그 과정에서 피청구인은 야당의 전횡으로 국정이 마비되고 국익이 현저히 저해되어 가고 있다고 인식하여 이**

계엄과 내란을 넘어_국민이 써 내려간 헌법 이야기

를 어떻게든 타개하여야만 한다는 막중한 책임감을 느끼게 되었을 것으로 보입니다. 피청구인이 국회의 권한 행사가 권력 남용이라거나 국정 마비를 초래하는 행위라고 판단한 것은 정치적으로 존중되어야 합니다. 그러나….”

윤석열이 “막중한 책임감을 느끼게 되었을 것이다.… 국회의 권력 남용, 국정 마비 초래라고 판단한 것은 정치적으로 존중되어야 합니다”라니! 이건 윤석열의 입장을 이해하고, 편드는 것 아닌가? 하는 의구심이 들지요. 매우 긴 낭독문 중에서 유독 왜 이 대목에서만 ‘책임감’, ‘존중’이란 단어가 들어갔을까요?

확인하기 위해서는 그 문장을 발표한 결정문 요지가 아닌 전문의 앞뒤를 다 독해해야 합니다. 길지만, 왜 결정 시간이 오래 걸렸을까라는 수수께끼를 풀기 위해서라도 다 읽어 봐야 합니다. 전문의 해당 부분을 인용해 보겠습니다. 붉은색, 초록색 문장이 문제의 대목입니다(물론 전문에는 색깔 표시는 없습니다).

11. 결론

가. 대한민국은 민주공화국이다(헌법 제1조 제1항).
민주주의는, 개인의 자율적 이성을 신뢰하고 모든 정치적 견해들이 각각 상대적 진리성과 합리성을 지닌다고 전제하는 다원적 세계관에 입각한 것으로서, 대등한 동료시민들 간의 존중과 박애에 기초한 자율적이고 협력적인 공적 의사결정을 본질로 한다(헌재 2014. 12. 19. 2013헌다1 참조).

피청구인이 취임한 이래, 국회의 다수의석을 차지한 야당이 일방적으로 국회의 권한을 행사하는 일이 거듭되었고, 이는 피청구인을 수반으로 하는 정부와 국회 사이에 상당한 마찰을 가져왔다. 피청구인이 대통령에 취임하여 이 사건 계엄을 선포하기까지 2년 7개월도 안 되는 기간 동안 22건의 탄핵소추안이 발의되었다. 야당이 주도한 이례적으로 많은 탄핵소추로 인하여 여러 고위공직자의 권한행사가 탄핵심판중 정지되었다. 국회의 예산안 심사도 과거에는 감액이 있으면 그 범위에서 증액에 대해서도 심사하여 반영되어 왔으나, 헌정 사상 최초로 국회 예산결산특별위원회에서 야당 단독으로 증액 없이 감액에 대해서만 의결을 하였다. 특히 국회 예산결산특별위원회는 대통령비서실, 국가안보실, 경찰청의 특수활동비, 검찰과 감사원의 특수활동비 및 특정업무경비 예산의 전액을 각 감액하는 의결을 하였는데, 이 가운데는 검찰의 국민생활침해범죄 수사, 사회적 약자 대상 범죄 수사, 마약 수사, 사회공정성 저해사범 수사, 공공수사 등 수사 지원 관련 예산이 포함되어 있었다. 피청구인이 수립한 주요 정책들은 야당의 반대로 시행될 수 없었고, 야당은 정부가 반대하는 법률안들을 일방적으로 통과시켜 피청구인의 재의 요구와 재의에서 부결된 법률안의 재발의 및 의결이 반복되는 상황이 발생하였다. 그 과정에서 피청구인은 행정부의 수반이자 국가원수로서 야당의 전횡으로 국정이 마비되고 국익이 현저히 저해되어 가고 있다고 인식하여 이를 어떻게든 타개하여야만 한다는 막중한 책임감을 느끼게 되었을 것으로 보인다. 이 사건 계엄 선포 및 그에 수반한 조치들은 국정 최고책임자로서 피청구인이 가지게 된 이러한 인식과 책임감에 바탕을 둔 것으로 이해할 수 있다.

피청구인이 야당이 중심이 된 국회의 권한행사에 관하여 권력의 남용이라거나 국정 마비를 초래하는 행위라고 판단한 것은 그것이 객관적 현실에 부합하는지 여부나 국민 다수의 지지를 받고 있는지 여부를 떠나 정치적으로 존중되어야 한다.

다만, 피청구인 내지 정부와 국회 사이의 이와 같은 대립은 일방의 책임에 속한다고 보기는 어려우며, 이는 민주주의 원리에 따라 조율되고 해소되어야 할 정치의 문제이다. 이에 관한 정치적 견해의 표명이나 공적인 의사결정은 어디까지나 헌법상 보장되는 민주주의의 본질과 조화될 수 있는 범위에서 이루어져야 한다.

나. 피청구인은 야당이 다수의석을 차지한 제22대 국회와의 대립 상황을 병력을 동원하여 타개하기 위하여 이 사건 계엄을 선포하였다.

민주 국가의 국민 각자는 서로를 공동체의 대등한 동료로 존중하고 자신의 의견이 옳다고 믿는 만큼 타인의 의견에도 동등한 가치가 부여될 수 있음을 인정해야 한다. 국회는 당파의 이익이 아닌 국민 전체의 이익을 위하여야 한다는 점에서 소수 의견을 존중하고, 정부와의 관계에서도 관용과 자제를 전제로 한 대화와 타협을 통하여 결론을 도출하도록 노력하였어야 한다. 피청구인 역시 국민의 대표인 국회를 헌법이 정한 권한배분 질서에 따른 협치의 대상으로 존중하였어야 한다. 그럼에도 불구하고 피청구인은 국회를 배제의 대상으로 삼았는데, 이는 민주정치의 전제를 허무는 것으로 민주주의와 조화된다고 보기 어렵다.

다. 우리 헌법은 기본적 인권의 보장, 국가권력의 헌법 및 법률 기속, 권력분립원칙, 복수정당 제도 등 국가권력이나 다수의 정치적 횡포를 바로잡아 민주주의를 보호할 자정 장치를 마련하고 있으므로, 피청구인으로서는 야당이 중심이 된 국회의 권한행사가 다수의 횡포라고 판단했더라도 헌법이 예정한 자구책을 통해 견제와 균형이 실현될 수 있도록 하였어야 한다.

우리 헌법은 대통령제에서 대통령의 권력 남용을 우려하여 대통령의 국회해산권을 규정하고 있지 않다. 그러나 대통령과 국회의원의 임기의 차이 등으로 인하여 대통령선거와 국회의원선거가 일정한 간격을 두고 치러짐에 따라 대통령으로서는 임기 중에 국회를 새롭게 구성하는, 즉, 국회해산과 마찬가지의 효과를 거둘 기회를 갖는 경우가 있다. 피청구인의 경우도 자신의 취임으로부터 약 2년 후에 치러진 제22대 국회의원선거에서 그와 같은 기회를 가졌다. 피청구인에게는, 야당의 전횡을 바로 잡고 피청구인이 국정을 주도하여 책임정치를 실현할 수 있도록 국민을 설득할 2년에 가까운 시간이 있었다. 그 결과가 피청구인의 의도에 부합하지 않았고 피청구인이 느끼는 위기의식이나 책임감 내지 압박감이 막중하였다고 하여, 헌법이 예정한 경로를 벗어나 야당이나 야당을 지지한 국민의 의사를 배제하려는 시도를 하여서는 안 되었다. 피청구인은 선거를 통해 나타난 국민의 의사를 겸허히 수용하고 보다 적극적인 대화와 타협에 나섬으로써 헌법이 예정한 권력분립원칙에 따를 수 있었다. 현행의 권력구조가 견제와 균형, 협치를 실현하기에 충분하지 않고, 국회의 반대로 인하여 국가안위에 관한 중요정책을 실현할 수 없으며, 선거제도나 관리에 허점이 있다고 판단하였다면, 헌법개정안을 발의하거나(헌법 제128조), 국가안위에 관한 중요정책을 국민투표에 붙이거나(헌법 제72조), 정부를 통해 법률안을 제출하는 등(헌법 제52조), 권력구조나 제도 개선을 설득할 수 있었다. 설령 야당의 목적이나 활동이 우리 사회의 민주적 기본질서에 대하여 실질적인 해악을 끼칠 수 있는 구체적 위험성을 초래하는 데 이르렀다고 판단하였더라도, 정부의 비판자로서 야당의 존립과 활동을 특별히 보장하고자 하는 헌법제정자의 규범적 의지를 준수하는 범위에서 헌법재판소에 정당의 해산을 제소할 것인지를 검토할 수 있었다(헌법 제8조 제4항).

그러나 피청구인은 헌법과 법률이 정한 계엄 선포의 실체적 요건이 충족되지 않았음에도 절차를 준수하지 않은 채 계엄을 선포함으로써 부당하게 군경을 동원하여 국회 등 헌법기관의 권한을 훼손하고, 정당활동의 자유와 국민의 기본적 인권을 광범위하게 침해하였다. 이는 국가권력의 헌법과 법률에의 기속을 위반한 것일 뿐 아니라, 기본적 인권의 보장, 권력분립원칙과 복수정당 제도 등 우리 헌법이 설계한 민주주의의 자정 장치 전반을 위협하는 결과를 초래하였다. 피청구인이 이 사건 계엄의 목적이라 주장하는 '야당의 전횡에 관한 대국민 호소'나 '국가 정상화'의 의도가 진실이라고 하더라도, 결과적으로 민주주의에 헤아릴 수 없는 해악을 가한 것이라 볼 수밖에 없다.

위의 전문 일부는 '11.결론' 부분입니다. 흐름상 붉은색과 초록색 문장을 빼고 읽어 보십시오. 문장의 앞뒤 연결이 자연스럽고 결론답습니다. 그런데 붉은색 문장은 전체 흐름과 무관하게 생뚱맞게 삽입되었습니다. "파면한다"는 주문을 내리기에 심적 부담이 매우 컸던 재판관이 분명히 있습니다. 살아 온 과정, 친분 관계, 재판관 임명권자와의 관계상 충분히 있을 수 있지요. 윤석열만 잘못했느냐, 야당의 잘못은 지적도 않는 거냐, 하는 따가운 소리를 의식하지 않을 수 없던 재판관들이 있겠죠. 그래서 윤석열의 입장을 반영한 부분(책임감, 존중)을 삽입해야겠다고 했겠지요. 그래서 그 내용을 결론 부분에 넣자고 한 것입니다. 그래서 윤석열이 처한 상황, 고충 등을 상당히 길게 삽입했습니다. 그것을 보충 의견이 아니라 본문에 삽입하기에 이른 것이죠.

만일 본문에 삽입하지 않고 반대 의견이나 보충 의견에 쓰라고 다른 재판관들이 강력히 반대했다면, 삽입하고자 했던 재판관들이 시간을 더 끌거나 다른 주장을 펼쳐 나갔을 것입니다. 그러니 그 부분에 대한 삽입을 동의해 주는 대신, 그럴 경우 문장이 너무 어색해지니, 초록색 문장을 추가하되 그 흐름의 결론 문장을 매우 강하게 넣은 것입니다. 어떻게요?

> **"피청구인이 이 사건 계엄의 목적이라 주장하는 '야당의 전횡에 관한 대국민 호소'나 '국가 정상화'의 의도가 진실이라고 하더라도, 결과적으로 민주주의에 헤아릴 수 없는 해악을 가한 것이라 볼 수밖에 없다."**

이렇게 말이에요. "헤아릴 수 없는 해악." 다른 문장에서는 "중대하게 배반했다", "책무를 위반했다"는 표현을 썼는데, 윤의 책임감·존중 뒤에는 종합적으로 "헤아릴 수 없는 해악"으로 세게 못박았습니다.

종합적으로 볼 때, 이 결정문은 1인의 단독 작품이 아니라 8인이 공동으로 관여한 공동 창작물입니다. 누가 대부분을 썼다는 보도도 있긴 하지만, 검증되지 않은 주장일 뿐이고요. 8인은 각자 자신이 공들여 삽입시킨 부분이 있을 것이고, 다른 의견과 충돌하고 타협하면서 절충해 간 부분도 있을 것입니다. 그 재판관들에게 필요한 법적 자료, 논리, 표현을 제공한 헌법연구관들은 전문의 도처에 자신이 반영시킨 표현을 확인할 수 있을 것입니다. 저도 제 주장들이 헌재 결정문 여기저기에 반영되었구나 하는 부분을 찾아낼 수 있으니까요. 그러니 그것은 8인의 공동 창작물이며 연구관, 국회 소추단과 대리인(변호사), 그리고 수많은 사람들의 노력의 결정체입니다.

우리는 현 시점에서 8인의 평의 과정과 갈등, 타협의 내용 하나하나를 알 수는 없습니다. 8인의 견해가 전원 일치로 합체되려면, 그 내부의 상이한 의견을 녹여 내는 지난한 논의 과정이 필요합니다. 한쪽의 견해(윤 측의 입장도 본문 속에 표현되어야 한다)도 수용하면서 '다만' '그러나'

계엄과 내란을 넘어_국민이 써 내려간 헌법 이야기

'그렇다 하더라도'로 더 큰 반론으로 맺음 짓는 표현을 종종 쓰고 있습니다. 다른 곳곳에서도 윤 측의 주장을 소개하고 나서 헌재의 반론과 결정을 쓰고 있습니다. 도처에 타협하거나 합의될 수 있는 공약수 부분만 표현한 것이 느껴집니다.

자세히 살펴보면, 헌재의 결정은, 처음부터 한 방향으로 8명이 나란히 달려간 것이 아니라, 중간에 불편하고 어려운 난제들에 대한 다양한 논의가 있었음을 알 수 있습니다. "파면한다"라는 하나의 전원 일치 결론에 이르기 위한 타협과 양보의 과정을 느낄 수 있는 것입니다.

그래서 문제라고요? 아닙니다. 오히려 그런 과정을 거쳐 나온 전원 일치 도달 작품이기에 저는 오늘의 판결이 더욱 소중한 것이라 생각합니다.

8

헌법과 시민 주권

민주 시민의 헌법적 물음과 단상들

이제 이쯤에서 제 이야기를 듣고 생긴 여러분의 궁금증을 한번 모아 봤습니다. 자유롭게, 두서없이 말입니다.

❖ 다행스럽게도 헌법이나 형법 등 법률에 우리 헌정사에서 축적된, 지금과 같은 폭동으로부터 국민들을 지켜낼 수 있는 그런 조항들이 있다는 것을 처음 알게 돼 헌법에 대한 긍정적 느낌을 갖게 되었던 시간이었습니다. 동시에 두 시간 반 만에 어쨌든 계엄을 해제하게 만들었다는 긍정적 평가의 이면에 '우리나라의 권력 분립이 제도적으로 잘 되어 있긴 한 건가'라는 고민이 맴돌기도 합니다. 사법부에서 일하는 친구들 이야기를 들어보면, 법적·제도적으로는 독립이 보장되었다고 하지만 업무 처리 과정에서 굉장한 정신적 압박을 많이 받는 경우도 많다고 합니다. 우리 헌법이 교수님 말씀처럼 잘 만들어진 부분도 있지만, 현실적 맥락들을 고려하여 수정이 필요하다고 생각하는 부분이 있는지 궁금합니다.

❖ 입법부에서 일하는 저의 입장에서 엄연히 존재하는 삼권 분립에도 현실에서는 행정부의 권한이 너무 크다는 생각이 드는 경우가 많았습니다. 입법부에서 법률을 만들어도 시행령으로 해당 법의 취지를 넘어서는 정책을 펼치며 통치 행위라 주장합니다. 이러한 현실을 어떻게 바라보는지, 삼권 분립이 확고히 이행될 수 있는 또 다른 방안이 있는지 궁금합니다. 그리고 탄핵의 과정을 통해 "주권자가 5년 내내 주권자임을 자각해야 한다"고 말씀하셨습니다. 돌아

보니 계엄 사태 후 한 달간의 논의가 결국 다 헌법에 관한 내용이더군요. 물론 내란죄는 형법 조항이지만, 탄핵 정족수는 몇 명인지 등 국회와 정치권에서 논의되는 실질적 내용들이 모두 헌법에 기초한 것을 알게 되었습니다. 생각해 보니 제가 헌법 전체 조문을 다 읽은 게 이번이 처음이더라고요. 고등학교까지 한국사, 근현대사는 배웠지만 헌법, 민주주의라는 과목이 없어 학창 시절에 제대로 배우지 못했다는 아쉬움이 있었습니다. 더불어 이 탄핵 국면에서 제가 가장 궁금했던 한 가지 문제가 대통령이 협치를 못 해서 이 지경까지 왔다는 평가가 있는데, 협치란 무엇이고 어떻게 해야 되는 건지 궁금합니다.

❖ 지난 주말, 집회 참석을 위해 나섰는데 번지수를 잘못 잡은 거예요. 그동안 광화문 광장이 민주 시민들의 촛불 광장이었으니 당연히 광화문을 향해 가고 있었는데 그날, 그 시간에 하필 어르신들이 그곳에서 집회를 하고 있었던 거예요. 늘상 향하던 방향이라 그쪽으로 향했던 것이었는데 이전과 달리 막 영어 피켓과 성조기 등이 날리는 거예요. 깜짝 놀라 '오늘은 이곳이 아닌가' 생각하며 인스타그램에 사진을 찍어 올렸는데, 친구가 거기 아니고 다른 장소로 가야 돼, 하는 거예요. 그래서 서둘러 옮겨 가는데, 그 경계를 건너는 길지 않은 동안 든 생각이 있었습니다. 저는 늘 '우리의 응원봉 집회가 너무 신난다. 함께하는 우리 시민들이 너무 훌륭하다. 어쩌면 이렇게 평화로울까', 하는 생각을 가졌었습니다. 그런데 그날 제가 지나며 보았던 보수 집회 참석자들 또한 진심인 듯 보였어요. 참여자들의 얼굴을 보면서 가는데, 동네에서 마주칠 법한 젊은이들도,

어르신들도 진짜 열심히 태극기 흔들며 본인들이 가진 어떤 신념과 가치를 응원하고 지지하는 듯 느껴졌습니다. 오늘 강연을 들으며 그 두 개의 잔상이 다시 떠올랐습니다. 우리는 서로를 설득할 수 있을까? 서로 달리 믿는 가치가 오늘 이 자리에서 들은 헌법이라는 가치로 수렴될 수 있을까? 저는 그렇지 않을 거라는 생각이 들었습니다. 그냥 각자의 헌법 해석에 따른 어떤 차이가 있는 건 아닐까? 제가 이 시기에 갖는 의문이기도 한데, 현재 평행선을 달리는 시민들이 뭔가 합치되지 않는 사실이 슬프기도 합니다. 사실 대통령은 어쨌든 국민들이 선택한 사람이므로 사랑받고 응원받고 지지받아 마땅한 사람일 텐데, 이렇게 막 욕해야 하는 현실이 슬프기도 하고, 부끄럽기도 해요. 우리나라에 대한 자부심이나 이런 것들에 비해서 말이에요. 그러면서 '도대체 이 국면이 해결 가능할까'라는 의문이 들었습니다. 관련하여 작금의 현실처럼 혹시 교수님 페이스북 글에 반대하는 의견이나 악성 댓글이 달리지는 않는지, 그런 경우 교수님께서는 어떻게 대처하시는지 궁금합니다.

❖ 저는 상상력에 관해 이야기를 나누어 보고 싶습니다. 사실 우리가 상상하는 공동체의 지향점은 대단히 멋있는 것이라는 생각을 했었어요. 헌법에 의한 나라는 일종의 유토피아 같은 나라고, 우리들은 그러한 헌법의 가치들을 모르지는 않을 거라 생각합니다. 지금 진행하는 이같은 실내 공론장이 집회이고, 야외 집회에 나가면 그 자리가 다시 공론장이 될 텐데, 이 공론회를 준비하며 민주 시민의 헌법 공론장에서의 약속을 만들어 봤습니다.

"민주 시민의 헌법 공론장"
-평등하고 민주적인 토론을 위한 모두의 약속

1. 민주 시민의 헌법 공론장입니다. 우리가 지키고 만들어 갈 민주주의는 지금 바로 이곳에서 시작합니다.
2. 민주주의는 성별, 성적 지향, 장애, 연령, 국적 등 서로 다른 사람이 배제되지 않고 안전하고 평등하게 참여할 수 있는 곳에서 시작합니다.
3. 발언 시 여성, 성소수자, 장애인, 청소년, 이주민 등 사회적 소수자를 차별하거나 배제하는 말을 하지 않습니다.
4. 특정 대상에 대한 욕설이나 차별, 혐오, 외모 평가 발언 없이도 토론할 수 있습니다. 상대방을 존중하며 대화합니다.

'모두의 약속'에는 이주민이나 성소수자, 소외된 사람들에 대한 차별이나 배제를 하지 말자는 항목이 있어요. 예컨대 미등록 외국인이거나, 한국에서 태어났지만 부모가 외국인이어서 한국 국적을 갖지 못하는, 이런 친구들도 사실 모두 한국에서 살아가는 구성원 아니겠습니까. 그런데 우리 헌법에 '국민'으로 규정된 용어는 이러한 현실을 명확히 담고 있지 못하는 거 아닌가 생각합니다. '시민'이란 개념을 더 많이 사용해야 하며, 그 개념이 현실을 제대로 반영하는 게 아닐까 생각합니다. 다음 헌법 개정 시 '국민'이란 용어를 '시민'으로 바꿀 수 있는 논의를 할 수 있을까 하는 기대와 궁금증이 있습니다. 더불어 헌법을 이해하고 지키고자 하는 의지를 가진 시민들이 할 수 있는 일은 무엇이겠습니까?

❖ 공수처는 검찰에 대한 기소권을 갖고 수사권을 보유하지만, 기존 검찰과는 달리 소수의 조직으로 운영되고 있습니다. 이러한 법안

체계가 헌법 정신에 부합하는지, 사회·정치적으로 바람직한 효과를 가질 수 있는지 의견을 듣고자 합니다. 공수처가 실질적으로 고위직 공무원을 가리지 않고 기소·수사할 수 있는 권한이 있어야 상호 간 실질적 견제가 가능하지 않을까 생각합니다. 지금처럼 기존 법조인 중에 선발하는 소수 인원 중심으로 운영되는 한, 실질적이고 유의미한 상호 견제 효과에 한계가 있어 보입니다. 검찰과 별도의 방식으로 공수처 검사를 육성하는 것이 현행 헌법에 부합하지 않겠나, 이렇게 상호 기소가 가능한 이원적 측면의 유지가 바람직한 결과를 낳지 않을까요?

❖ 헌법은 철저한 법치주의적 관점에서 이해되어야 하는 건지, 아니면 자연법을 보강하는 관점에서 이해되어야 하는 건지요. 더불어 헌법은 국민 모두가 만든 법으로 국민들의 기본권 및 행복 추구권 보장을 위해 만들어진 법이라 말씀하셨는데, 실제 우리 사회에는 현행 헌법이 규정하는 기본권조차 보장받지 못하는 경우가 많습니다. 실제로 모든 법과 사회 현실 간에는 괴리가 많을 수밖에 없다고 생각하는데, 이에 대한 견해를 부탁드립니다.

❖ 이번 계엄을 계기로 현행 헌법의 한계를 지적하며 개헌 논의가 물살을 타는 듯합니다. 개헌에 동의하시는지, 그렇다면 어떤 측면에서 현행 헌법에 문제가 있는지, 어떤 방향으로 개헌 논의가 진행되어야 하는지 묻고 싶습니다.

헌법적 가치와 소통의 방식에 대하여

감사합니다. 질문이 다채롭고, 궁금증이 궁금증을 낳습니다. 저는 민주 시민은 늘 질문하는 시민이라 생각합니다. 특히 힘 있다는 누군가가 "이다, 한다, 해야 한다"고 할 때, 가볍게 질문의 잽을 던져 보는 거지요. "글쎄, 그럴까요, 꼭 그래야 하나요, 그렇게 해야 할 근거는 무엇일까요?" 이렇게요. 반대 의견을 정면으로 제기하면 부담을 느낄 수도 있는데, "예 귀하의 입장은 잘 알겠는데, 그런데 그렇게 보게 될 만한 근거나 증거가 혹 있을까요?" 이런 질문을 늘 장착하고 살아가는 거지요. 얼마전 오바마 대통령이 한국 기자에게 질문할 것 없냐고 물었더니, 한국 기자들이 받아 적고만 있고, 질문하지 못해 비판받았잖아요. 대통령에게 직접 질문할 기회를 확보한다는 것은 기자로서는 정말 바라는 순간일 텐데, 이를 어이없이 놓쳐 버리다니요. 저는 민주 시민의 기본 덕목 중의 하나는 합리적 의심을 갖는 것이고, 늘 근거를 요청하는 자세라고 봅니다. 그런 점에서 오늘의 질문 내지 궁금증의 토로가 고맙지요.

쉬운 답부터 시도해 봅시다. 제 페북 글에 악성 댓글이 있는가? 물었지요. 거의 없습니다. 제가 페이스북 포스팅을 하며 세운 원칙은 비평은 언제건 환영하지만 욕설은 무조건 차.단! 합니다. 우리가 대화를 나누는 경우, 견해 차는 얼마든지 있을 수 있으며, 그 차이를 통해 서로 배우고, 자신의 부족함을 깨우치는 계기도 됩니다. 견해 차이, 입장 차이 여부가 아니라 서로가 서로를 기본적으로 존중하는 마음이 있는가, 그렇지 않은가가 중요합니다. 대화하는 상대가 인간으로서의 기본적 존엄성을 갖는 존재임을 서로 인정하는 데서 출발해야 합니다. 우리가 헌법에 배울 수 있는 것들은 한 사람 한 사람이 인간으로서, 평등한 존재로서, 서로를 대할 줄 아는 덕목을 갖추자는 것입니다. 가장 존엄한 평등, 즉 서로의 차이를 존중하되 간섭하지 않는 태도, 이런 것이라 생각합니다. 오늘만 해도 헌법상 권력에 관한 의문을 자주 제기하는데, 저는 사실 민주 시민 상호 간의 기본 덕목에 우선 집중해야 한다고 생각합니다. 제 말에 동의한다면, 헌법적 가치로서의 진짜 기본 덕목은 이미 다 만들어져 있습니다. 그 모든 헌법적 가치를 생활 속에서 실천할 수 있다면 좋겠다, 그게 제 바람입니다.

아까 제 이야기에서 희망의 메시지, 긍정의 메시지를 찾았다고 했죠. 하지만 작금과 같은 사태에서 그런 희망과 긍정의 메시지들이 결코 저나 여러분들의 마음을 편히 즐기며 지내게만 해 줄 수는 없겠죠? 사태의 와중에 많은 고민과 노력 끝에 도달한 몇 가지 지점들이 있습니다. 그중 하나는 그때 그때의 시기와 상황에만 매몰되지 말고, 단기적 상황과 장기적 전망을 취합해 크게 그려 보는 것입니다. 이런 경우 과거의 통계를 많이 활용하게 되죠.

단기적 상황으로만 보면, 계엄과 탄핵 이후 국민들을 현혹하는 수많은 궤변들이 쏟아져 나왔잖아요. 그런데 지나고 보면 한 이슈가 사나흘 만에 그럭저럭 해결되는 것 같잖아요. 예컨대 국무총리 탄핵 정족수 쟁점으로 2~3일간 온 나라가 전전긍긍했잖아요. 하지만 지금 그런 문제들은 장기적으로 보면 자연적으로 해결될 지엽적 문제이거든요. 단기적 안목으로 보면 수백 가지 쟁점이 치열하게 다투며 급변하는 듯 보이지만, 장기적 추세로 보면 일정한 방향으로 나아가는 그림을 확인할 수 있습니다. 여론조사도 마찬가지입니다. 거의 매일같이 여론조사 결과가 나오는데 거기에 일희일비하지 말고, 추세가 어떻게 되는가의 큰 그림을 파악하면 좀 낫습니다. 그렇게 한 10~20년 장기 통계를 보면,

계엄과 내란을 넘어_국민이 써 내려간 헌법 이야기

우리의 민주주의는 일직선은 아니지만 나선형적으로 발전해 나아가고 있다는 사실을 확신할 수 있습니다.

아까 태극기 부대 집회와 촛불(야광봉) 집회 사이의 간극이 엄연히 있고, 그 간극을 메꿀 가능성은 없는가, 하는 질문이 있었죠. 누구에게도 쉽지 않은 문제입니다. 문득 생각해 보면, '이 사람들 세력이 언제 어떻게 이리 커졌지?' 하는 놀라움에 한번 분석해 봐야겠다는 생각도 가졌습니다. 유튜브와 알고리즘을 통해 매일같이 듣고 싶은 정보만 접하고, 집회 시위 방법도 이쪽이 개발하면 저쪽에서 금방 응용해 써먹는 것 같습니다. 집회 장소만 해도 박근혜 탄핵 때는 광화문 근처에도 못 가고 시청 끄트머리쯤에 자리 잡았었는데, 이제 광화문 광장을 점령하다시피 한 지경까지 이르렀습니다. 이런 상황에서 우리는 그들을 어떻게 대해야 할까?

정면으로 맞설 필요는 없다고 생각합니다. 그 사람들에게 내 주장을 설파한다고 내 편으로 올 가능성은 희박합니다. 다만 그들이 무슨 얘기를 하거나 주장을 펼 때, 그 근거가 무엇이냐, 출처는 어디인가를 질문하는 잽은 날려야 합니다. 가족 간, 친구 간에도 다투지 말고, 그렇게 보는 근거가 무엇이냐? 그 근거는 확실한 거냐? 가장 쉽게는, 그거 어떻게 알게 된 건데 하는 질문 정도는 해야지요. 요즘 유튜브 등을 통해 수많은 정보들이 범람하는데, 그중에서 정확한 정보를 걸러 내는 능력은 누구에게나 필요합니다. 마찬가지로 내가 무슨 주장을 펼칠 때, 또한 그 근거와 출처를 명확히 하는 것이 중요합니다. 그것이 바로 민주 시민의 기본 소양이라 생각합니다. 그런 과정을 차근차근 거치면서 소통의 방식을 나름대로 개발해 가야겠지요. 당장은 가족 내 세대 간의 격차를 어떻게 줄이고, 소통 방식을 찾아낼 수 있는지부터 고민해야 할지 모르겠

2025년 1월 13일

[공과 사는 구분해야 합니다]

나훈아, 야당에 재반박, "형과 내가 싸우면 어머니는 둘 다 팼다."

가족 내에서는 인정(人情)도 있고, 사정(私情)도 있습니다. 친구, 패거리 집단 내에선 "의리, 의리!"가 폼나는 미덕일 수 있고, 배신자는 아웃입니다. 그러나 공적 관계에서는 그런 인정과 사정에 흔들려서는 안 됩니다. 인간 관계를 의리와 배신으로 구분짓는 조폭, 패거리 잣대를 끌고 와서는 안 됩니다. 나이를 갖고 깡패짓을 해서도 안됩니다. 인정과 의리가 아니라 공정과 정의의 원칙에 따라야 합니다. 인정·의리와 공정·정의가 충돌할 때 후자를 따르는 것을 '선공후사(先公後私)', 나아가 '지공무사(至公無私)'라 합니다.

윤의 죄악과 폐해를 공적으로 비판하고 있는데, 가족 관계의 비유를 끌어대는 것은 공과 사를 혼동한 것입니다. 가족 간 또는 패거리 집단 안에서나 통할 윤리를 국가의 기준으로 함부로 끌고 들어와선 안 됩니다. 더욱이 심각한 범죄를 논하는데, 인정사정을 끌어오는 것은 절대 금물입니다.

덧붙여, 오늘날은 가족 안의 문제라 할지라도 부모가 자식을 팰 수는 없고, 형제간 다툼이 있을 때 앞뒤도 따지지 않고 둘 다 패는 못난 부모가 되어선 안 됩니다. 수십 년 전에나 용납되었을 법한 어머니의 행동을 갑자기 끌고 들어와 자신의 판단 부족을 호도하려는 것은, 돌아가신 어머니께 큰 결례입니다. 그냥 자신의 언행에 대해 자기 책임을 감수하면 그만입니다.

네요.

　민주 시민은 다양성을 존중합니다. 광장 이곳 저곳을 다니다 보니, "다만세"에서 다~를 갖고 하는 말놀이 중에서, 귀에 꽂힌 몇 마디를 받아 적어 봤습니다.

　요즘 사람들을 제일 개탄케 하는 것은 개신교 목사들의 극단적 발언입니다. 도를 넘는 극악한 발언들을 엄청난 성능의 확성기를 통해 온 거리에 쏟아냅니다. 예언자적 질타가 아니라, 혐오로 범벅된 발언들, 폭력성 언사들을 종교인이 쏟아낼 때, 과연 종교란 무엇인가 하는 개탄이 절로 나옵니다. 교회 다닌다고 말하기가 부끄러울 정도의 발언들 앞에, 그래도 성경의 말씀을 찾아봅니다.

[다~의 세상 열어 가세]

"다~정한 삶이 가장 인간적 삶입니다."

"응원봉도 알록달록, 구호도 다~채롭습니다."

"세뇌된 자들은 앵무새처럼 주장을 반복하지만, 우리는 다~양한 이야기를 무지개처럼 조화시켜 펼쳐 냅니다."

"독재자는 1을 추구하지만, 우리는 다~를 추구합니다."

"다는 다(多)~다익선의 다(多)이기도 하고, 다~만세의 다이기도 하고, 우리 모두 다~함께의 다이기도 합니다."

"우리는 제각기 다~릅니다. 그러기에 다~양한 아이디어로, 다 함께 만나니 즐거움이 배가 됩니다."

이제 다~시, 힘차게 다~알려 갑시다!

2024년 1월 12일

[예수님과 사랑]

기독교가 눈쌀을 찌푸리게 하고, 혐오를 만들어 내는 혐오 종교가 되어 버린 현실 속, 그래도 성경 말씀을 찾아봅니다. 하나님이 요구하신 것이 무엇이냐? 수없이 말했듯, 다음의 요구입니다.

1. 정의를 실천하라(to do justice).

2. 친절하게 사랑하라(to love kindly).

3. 겸손하게 하나님과 동행하라(to walk humbly with God).

간.단.명.료.합니다.

정의는 사랑인데, 차별없는 보편적 사랑이요, 사회적·공적 사랑입니다.

사랑은 친절하게! 이기, 독선, 무례는 사랑과 거리가 멉니다.

하나님과의 동행은 겸손하게! 뜻이 하늘에서 이룬 것같이 땅에서도 겸손하게 동행합니다.

온유, 친절, 겸손, 배려, 이런 자세로 위기에 처한 민주주의를 치유해 내는 것이 오늘날 기독자의 자세라는 것입니다.

너 사람아, 무엇이 착한 일인지를 주님께서 이미 말씀하셨다. 주님께서 너에게 요구하시는 것이 무엇인지도 이미 말씀하셨다. 오로지 공의를 실천하며 인자를 사랑하며 겸손히 네 하나님과 함께 행하는 것이 아니냐! (미가 6:8)

◆ **댓글**

김경호 변호사: 감사합니다.

'사랑'의 예수님에서 '사랑'은 '보편적'이어야 '사랑'입니다. 편을 나누게 하고 배타적으로 이야기와 행동을 하면서 '사랑'을 강조하는 것은 모순입니다. 모순을 이야기하는 이유는 딱 한 가지입니다. '돈'과 '권력'입니다.

한 걸음씩 나아갈 개혁의 길

법학자로서 제가 쓴 글들을 모아 놓고 한인섭, 당신이 주장하는 핵심 키워드가 뭐냐 물으면, 저는 '개혁'이라고 답합니다. 저는 '개혁의 법학자'이죠. 그런데 개혁이라는 구체적 성과가 아무 때나 이루어지는 것은 아니었습니다. 이명박근혜 정부에서 제가 가지고 있던 개혁의 아이디어를 구체화할 여건이 되었겠습니까. 그런 시기에는 한걸음 더 파고들어 공부하며 할 수 있는 일이 무엇인지 연구해야겠죠.

개혁의 적기라는 시간은 길게 주어지지 않습니다. 이때 충실히 준비되어 있다면 최대한 실행에 가깝게 다가설 수 있는데, 준비가 안 되어 있다면 개혁의 적기는 멀리 달아나 버립니다. 그래서 여건이 어려울 때는 미래를 준비하고, 여건이 무르익었을 때는 바로 정책화, 법률화하고, 인사와 예산을 바꾸는 데까지 나아가야 합니다.

말하자면, 개혁도 단계에 따라 '씨뿌리기 개혁'과 '열매따기 개혁'이 있다고 봅니다. 하루하루 버티는 삶 속에서 당장의 '열매'를 거둘 수 없다 하더라도 우리는 '씨'를 뿌려야 합니다. 물론 당장 열매를 거두어야 할 처지에서는 초조하겠죠. 하지만 초조함 속에서도 힘들게 뿌려 둔 씨에서 10년, 20년 후 새로운 열매를 거둘 수 있는 것입니다. 그러니 새로운 주장을 펼치고자 하면, '지금 씨앗을 심는다' 생각해야 합니다. 이육사 시인의 한 구절을 가져오겠습니다.

**"지금 눈내리고 매화 향기 홀로 아득하니
내 여기 가난한 노래의 씨를 뿌려라"**

이런 심정으로요. 이런 '씨 뿌리는 마음'으로 시기 시기 해야 할 바를 준비하다 보면, 언젠가는 열매를 거둘 수 있지 않겠습니까.

개혁의 문제에 마주해서는 언제나 꼼꼼히 살펴 조정해야 할 조건과 함정들이 곳곳에 넘쳐 납니다. 이를 테면, 제가 관여했던 법무·검찰 개혁에 관해서만 해도 온갖 꼼수가 난무합니다. 그러한 꼼수들 모두 그 분야의 전문가연하는 법률가들이 만들어 놓는 꼼수입니다. 거기에 말려들지 않아야 합니다. 조금만 놔두고 방심하면 방향은 엇나가게 됩니다. 요즘 이래저래 많은 이야기가 돌고 있는 공수처만 해도 그렇습니다. 사실 법무·검찰개혁위원회에서 2017년 성안했던 첫 공수처법안은 꽤 잘 설계된 법이었습니다. 그런데 아무리 잘 설계된 법도 단계 단계를 거칠 때마다 쪼그라들고 훼손되어 누더기가 되어 버립니다.

예컨대 제정되는 법의 희망 목표를 100이라 했을 때, 설계 단계에서 많은 논의를 거쳐 50으로 만들어 법무부를 거치고 나면 25가 되고, 다시 국회를 거치고 나면 15가 되고, 여야 공방을 하다 보면 10쯤 남는 거예요. 이쯤 되면 '이런 법을 왜 만들었지!'하는 자괴감과 아쉬움이 들죠. 하지만 무에서 유를 창조해 내는 일은 결코 쉬운 과정이 아닙니다. 현재 공수처 검사 정원이 25명입니다. 실제 25명의 검사로 거악에 맞서 성과 있는 수사를 해 내기란 쉬운 일이 아닙니다. 상대 변호사단보다 규모도, 시간도 적은 경우가 허다합니다. 공수처 수사관 다 합해야 70~80명 정도 될 겁니다. 그 인원 모두를 모아 이른 바 '한남산성'에 체포 영장을 집행하러 들어가면 한 발자국도 나아가기 쉽지 않을 정도의 규모입니다.

그럼에도 공수처 설립 목표의 일부는 성공한 것으로 봐야 합니다. 이제 검찰, 경찰, 공수처 간에 어떤 사건 수사에 있어 경합을 할 수 있음을 보여 주었잖아요. 그나마 이런 시스템을 갖춤으로써 서로 간 경쟁 끝에 1월 15일, 내란죄 우두머리 윤석열 체포라는 작은 발걸음을 내디딜 수 있었던 것이에요. 지금 드러나는 미비한 점은 이후 정교한 조정을 통해 변화시켜 나가면 될 것입니다. 무에서 유를 만들어 낸 후, 거기서 한 걸음씩 앞으로 나아가는 방법을 찾아야 합니다. 그렇게 개혁은 한 걸음씩 만들어지는 것이죠.

공수처, 첫술에 배부를 수는…

공수처의 공식 명칭은 '고위공직자범죄수사처'입니다. 저는 그 공수처에 애정을 가장 많이 가진 사람 중의 한 사람입니다. '고위공직자범죄수사처'라는 명칭은 2017년 법무부 법무·검찰개혁위원회에서 만든 안이 그대로 입법화된 것입니다. 제가 바로 그 위원회의 위원장이었습니다. 저희들이 안을 내기 전 첫 아이디어에는 '고위공직자비리조사처'라는 이름으로 되어 있었습니다. 생각해 보니 이 기관은 고위 공직자의 비리를 조사하는 게 목적이 아니잖아요. '비리' 즉, misconduct, misbehavior를 '조사'하는 게 아니라 고위 공직자의 중대 '범죄'를 '수사'하는 게 목적인 기관입니다. 범죄는 '조사'하는 게 아니라 '수사'하는 것이니까요. 그래서 '고위공직자범죄수사처'라 이름을 바꾸고 조문까지 위원회에서 잘 만들어 법무부에 제출했습니다.

그런데 당시 문재인 정부하에서도 검찰 출신들이 법무부 내 요직을 차지하고 있었습니다. 그러다 보니 법무부에서 우리가 제출한 원안을 반토막 내 버린 거예요. 검사 50명까지 임명할 수 있다는 원안을 25명으로, 공수처 검사 임기를 6년에서 3년으로 반토막 내고, "공수처는 수사·기소권을 가진다"고 한 원안을, 다른 기소권은 싹 빼고 "검사에 대한 기소권만 공수처가 가진다"로 한정해 버린 거예요. 그렇게 개혁위원회의 원안에서 1/5 정도로 축소시켜 버린 결과가 지금의 공수처법입니다. 그나마 최대 25명까지 되어 있는 공수처 검사의 정원도 현재 15명, 수사관 약 40명 정도밖에 안 돼 성남지청보다 작은 규모입니다. 그 규모로 죽을 동 살 동 대통령을 체포, 구속까지 하는 데 이르렀잖습니까.

그럼에도 공수처는 무능하다, 능력 없다고들 비난합니다. 저는 그러한 비난에 무리가 있다 생각합니다. 법무부, 검찰, 국회, 정부가 과정과정에 끼어들어 쪼개고 줄이고 줄여서 지금의 규모로 만들어 놨습니다. 저는 이것을 원안으로 복원해야 된다 생각합니다. 지난 해 6월에 국회에 새 공수처법안을 만들어 개정 제안해 놓은 상태입니다. 그럼 현재 정도의 공수처라도 있는 게 나은가, 없어도 되는가?

이번에 경찰과 검찰이 서로 잘해 보겠다며 경합했잖아요. 2020년 이전의 상황이었다면 어떻게 되었을까요? 검찰이 수사부터 기소까지 모든 과정을 다 장악했을 겁니다. 경찰은 검찰의 지휘를 받아 수사하게 되어 있었습니다. 경찰이 제 아무리 수사를 잘하려 해도 검찰이 "사건 검찰로 보내!" 하는 전화 한 통화면 사건을 바로 검찰로 이첩해야 합니다. 그러면 검찰은 이 사건 전체를 자기들 입맛에 맞게 요리할 수 있어요. 예컨대 경찰청장 수사는 세게 집행하고, 다른 건은 약하게 마음대로 요리할 수 있었을 거예요. 그런데 이번에는 검·경·공수처가 서로 수사하겠다며 조직의 명운을 걸고 달려 들었어요. 그렇게 하여 그나마 지금 정도껏 수사가 진척될 수 있었던 거예요.

어느 한 기관에 완전히 맡겨 두었다면 현재 진행된 수사의 1/3도 밝혀 내지 못했거나 않았을 겁니다. 한 기관이 전담하는 경우, 해당 기관을 압박해 수사를 유명무실하게 만들기 쉽거든요. 그런데 어느 기관이 못 하면 다른 기관이 나서 국민적 기대에 걸맞는 수사 결과를 내기 위해 노력하는 구조가 된 거예요. 그래서 저는 굉장히 힘든 고위 공직자의 범죄에 대한 수사는 한 기관의 힘만으로는 힘들다. 세 개 기관의 경쟁 구도 속에 둘 수 있어야 한다 생각했습니다. 그렇게 100%의 결과가 도출될 것을 한 250% 정도까지 끌어올릴 수 있었던 것 같아요.

이러한 현상을 가지고 수사권 경합 과정에 문제가 있는 것 아니냐? 반문해요. 처음부터 그러한 경합을 판가름해 어떤 건은 공수처, 어떤 건은 검찰이나 경찰로 하여금 전담하게 했다면, 애초에 다른 기관이 수사에 나설 수조차 없잖아요. 그렇게 되면 100%가 아니라 한 50% 정도밖에 진척되지 못했을 거라 생각합니다. 그래서 저는 일부러 일정 사건에 대해 경합적 수사를 할 수 있다고 애초에 수사의 문을 확 열어 놓았던 것입니다.

물론 수사권 경합이 또 다른 문제를 야기할 수도 있으므로 그 경우, 약간의 조정 장치가 필요하다고 생각했습니다. 공수처가 이첩을 요구하여 우선 관할할 수 있으며, 이 경우에도 수사가 한창 진행되어 영장 신청 단계까지 진행된 경우에는 이첩 요구를 할 수 없다고 선을 그어 놓았습니다. 그렇게 하여 이번 내란 사태 수사의 경우 경찰도, 검찰도, 공수처도 수사에 나설 수 있게 된 것입니다.

그런데 애초에 공수처 법안을 구상했을 때 이번과 같은 계엄이나 내란 사태를 누가 예상이나 할 수 있었겠어요. 하여 내란죄, 외환죄는 공수처의 우선 관할에 집어넣을 생각을 애초에 상상도 못 했습니다. 검찰의 경우는 검찰법상 독자적인 내란죄 수사를 못 해요. 하지만 경찰 고위 공무원의 범죄는 검찰이 다 수사할 수 있어요. 그래서 검찰은 이번 내란 사범 중 경찰청장, 서울경찰청장을 수사하면서 '관련 사건'으로 윤석열 및 내란 참여자들에 대해 수사를 확대할 수 있었던 것입니다. 그 과정에서 여러 혼선이 있었던 것도 사실입니다. 그걸 빗대어 근본적인 문제가 있네, "불법에 불법에 불법을 거듭하네" 하는데, 얼토당토 않은 주장입니다. 다만 이후에 여러 조정과 추가 입법이나 점검이 필요할 뿐입니다.

저는 비록 공수처가 현재는 힘이 없지만 이번 사건의 경우 많은 효과를 보았다고 생각해요. 예컨대 경찰이 수사해 검찰에 영장을 신청했는데, 그 영장 청구를 기각한 검찰이 독자적으로 법원에 영장을 청구해 내란 사범을 잡아들인 경우가 있었어요. 그러니까 경찰이 '검찰에 영장을 신청하면 검찰이 마음대로 하네' 하며, 공수처로 길을 뚫어 발부받은 체포 영장으로 윤석열을 체포할 수 있었던 것입니다. 그런데 이러한 과정이 이상한가? 아닙니다. 애초에 공수처법을 설계할 때 의도했던 결과입니다. 검찰이 진척을 막을 경우 공수처라는 출구를 활용해야 한다, 그렇게 두 가지 가능성을 남겨 둔 것이죠. 그리고 그 효과가 이번에 나타난 것이라 생각합니다. 물론, 이번 사태 과정에서 나타난 일부의 문제들을 차분하게 복기하면서 법률적으로 수정하거나 보완해야 될 과제는 남아 있습니다.

적대적 존재에도 존중과 타협을 이끌어내는 리더

앞서 윤석열 정부가 시행령을 앞세워 법률을 무력화해 왔다며 물었죠.

"대통령이 법률 무시를 일삼고, 시행령으로 제멋대로 할 때 통제 방법은 무엇일까요?"

윤석열이 그런 위헌·위법적 행위에 따른 많은 잘못들이 누적된 끝에 12월 3일, 마침내 자신의 잘못을 뭉개 버리고 단 번에 정국 주도권을 장악하려 시도했지만, 국민과 국회에 의해 거부당했잖아요. 이 과정은 윤석열의 무도함이 누적되어 만들어 낸 것으로 볼 수밖에 없잖아요.

윤석열이 할 수 있었던 다른 대응 방법은 정녕 없었던 걸까요? 그가 주장하는 대로 여소야대의 정치적 환경에서 정말 아무것도 할 수 없었던 걸까요? 예컨대 김대중 대통령은 지금의 상황과 비슷하게, 불행하게도 5년 임기 내내 여소야대 상황에서 국정을 운영해야 했습니다. 총리 임명은 반드시 국회 동의를 거쳐야 하는데, 김대중 대통령이 내놓은 총리 후보 중 장상, 장대환 등이 국회 표결에서 과반을 얻지 못했습니다. 결국 김대중 대통령은 야당 이회창 총재가 거부하기 힘든 인사, 김석수 총리 후보를 내세워 국회 관문을 통과할 수 있었습니다. 지역 감정을 극복하기 위해, 수십 년 보좌한 권노갑 등 비서진에게 어떠한 자리도 내어 주지 않고, 경북 출신의 김중권을 비서실장으로 임명했습니다. 통일부는 과거 정부 중앙정보부 출신 인사를 장관으로 임명했음에도 남북 대화를 차원 높게 성사시켰습니다.

당시 대통령 비서실장이었던 박지원 현 더불어민주당 의원은 아침에 일어나면 '여의도 대통령'이었던 이회창 대표에게 문안 인사를 올려 온갖 사안을 상의하며 어려움을 돌파한 끝에 임기 동안 많은 일들을 이루어 낼 수 있었다고 회고합니다. 이렇게 정치는 대화와 타협과 조정의 영역으로, 야당과 대결하면서도 진심을 다한 존중을 보여야 합니다. 그런데 이게 쉬운 일이 아닙니다. 대화와 타협을 통해 성취를 이루어 내는 높은 '정치 역량'을 평생 연마해야 합니다.

계엄 사태 이전 우리 사회 최대 의제였던, 의대 정원 조정 문제만 해도 그렇습니다. 이러한 정책은 수많은 이해관계가 얽혀 있는 문제입니다. 그러니 많은 대화와 수백 번의 토론을 거쳐 차근차근 결론을 도출해야 하는 정책입니다. 그런데 이런 과정을 싹 무시하고 어느날 갑자기 2,000명이라는 정원을 발표했습니다. 왜 2,000명이라는 결론이 나왔는지, 아무도 모르잖아요. 이의를 제기하는 이해관계자의 목소리는 '입틀막'하고, 압수 수색을 전가의 보도처럼 휘둘러 겁박하고요. 결국 그러한 독선적·위압적 정책 추진이 부메랑으로 돌아와 자신의 발목을 잡혀버린 꼴이 지금의 모습입니다.

내각 구성만 해도 그렇습니다. 역대 정부의 인사에서 실력과 균형 안배를 조화시킨다고 함에도 사방에서 얻어 맞는 일이 다반사였습니다. '고소영' 내각이니, '영포라인'이니 온갖 비판에 직면하는 문제였어요. 늘 그러한 비판을 의식하며 조심스레 인사를 단행하는 게 수십 년 쌓인 인사 관행이었습니다. 그런데, 윤 대통령은 충암고, 서울 법대, 검사 출신을 왜 그렇게 좋아하는 건지, 전혀 맞지도 않는 자리에 완전히 편중된 인사를 겁도 없이 임명했잖아요. 몇 십 년간 출신 지역, 연령, 남녀 간 안배 등 고심 끝에 이루어진 인사 원칙을 내세웠음에도 늘 말썽이 일어나는 게 정부의 인사인데, 윤석열은 그러한 과거의 노력과 원칙들을 깡그리 무시했습니다. 이러한 일방적 정책과 잘못된 인사 관행들이 쌓여 한꺼번에 국민들로부터 빚 청산 요구에 직면한 사태가 바로 작금의 사태인 것입니다.

그렇게 벌이는 독단 정치를 통해 마음대로 권력을 휘두르는, 뿌듯함이야 있었을지 모르겠지만, 그것들이 차곡차곡 쌓여 우리가 이미 느끼고 있는 시대적 수준과 시민적 역동성, 법적 판단에 따라 조용히 합격·불합격이 결정되는 겁니다. 노력 여하에 따라 최소한 '양, 가'는 안 줄게, 하고 최대한 인내하며 가능한 최저점을 면해 주려 하는데, 이들은 아예 'F 학점'이란 말이죠. 제왕 놀이에 빠져 그러한 행위들이 차곡차곡 이런 평가로 쌓이는지 느낄 공감력도 없다 보니 스스로 지금의 상황으로 빠져든 꼴입니다. 김대중 대통령과 같은 협치가 절실히 요구되는 상황이고, 매일같이 야당 대표와 머리를 맞대 밀당하고, 양보와 타협을 추구해 나가야 할 정치 구도였는데 말이에요.

빼앗긴 이름, '인민'

"국민, 시민, 인민의 차이가 무엇인가. 앞으로 개헌을 한다면 국민 대신 '시민'으로 쓰면 어떨까요?"

문재인 정부 당시 헌법 개정안을 만들어 놓은 게 있습니다, 거기에는 '사람'과 '국민'이라는 개념을 함께 포함했습니다. 현재의 헌법에는 "모든 '국민'은 인간으로서의 존엄과 가치를 가진다"고 규정되어 있는데, 인간이라 함은 '모든' 사람들을 다 포함하는 개념이잖아요. 그래서 아예 '국민'이라는 용어를 빼고 "모든 '사람'은 인간으로서의 존엄과 가치를 가진다", 이렇게 바꿔 놓았어요. 이게 정확하지요. 그리고 투표권 같은 제한적 내용을 규정할 땐 '국민'이라 하여, 국민과 사람을 구분해 규정했습니다.

부연하면, '민(民)' 자를 포함하는 용어 중 가장 먼저 생각나는 글자가 무엇이 있죠? 대개 국민, 시민, 인민 이렇게 생각할 거예요. 1948년 제헌의회에서 헌법을 만들 때, 본래 유진오 초안에서는 '인민'이라고 규정되어 있었습니다. 그럼 '인민'이라는 개념은 어디에서 왔는가? 본래 '인민'이라 할 때 '인(人)'은 높은 사람이고 개인을 지칭하고, '민(民)'은 낮은 사람, 집단을 의미합니다.

1919년 3·1 운동 당시 기미독립선언서의 시작 부분을 볼까요.

> **"오등(吾等)은 자(兹)에 아조선(我朝鮮)의 독립국(獨立國)임과 조선인 (朝鮮人)의 자주민(自主民)임을 선언(宣言)하노라."**

여기서 조선(朝鮮)과 자주(自主)를 잠시 내려 두면 다음과 같이 다시 쓸 수 있습니다.

> **"인(人)의 민(民)임을 선언하노라."**

어디선가 많이 보았던 문장 아닌가요? 네, 바로 동학, 천도교의 핵심 사상인 '인내천(人乃天)' 곧, '사람은 하늘'임을 천명하는 문장입니다. 사실 3·1 운동 당시 이 운동을 주도하고 선언문을 준비한 핵심 인물들은 대부분 천도교 인물들이었습니다. 인(人)과 민(民)의 차별을 없애자는 속뜻도 넣어 '우리는 모두 인민(人民)'임을 선언한 것입니다. 그래서 1948년 우리 헌법 초안에 '인민'으로 되어 있었는데, 뜬금 없이 국회의원 두어 명이 인민이라는 용어가 좌익들이 자주 쓰는 용어라며 '국민(國民)'으로 쓰는 게 어떠냐 요구한 것입니다. 이런 이의가 있으면 서로 치열한 토의가 오갔어야 했는데, 숙고할 시간적 여유도 없는 상태에서 순식간에 인민 두 글자가 국민으로 바뀌 결정되어 버렸습니다.

이에 대해 당시 헌법 초안을 기초한 유진오는 좌익이든 우익이든,

인민이라는 단어는 공히 쓰는 언어인데, 이쪽에서 '인민'이란 용어를 안 쓴다고 하는 바람에 "이 단어를 빼앗겨 버렸다"고 통탄했습니다. 그렇게 몇 십 년 지나고 나니 '인민'이라는 용어는 북한 용어처럼 되어, 대한민국 사람들은 웬지 쓰기 꺼리는 단어가 되고 말았어요. 그렇다고 '시민'이라는 용어로 규정하자니 '촌사람'은 시민이냐, 아니냐 하는 우스갯소리도 있어 고민하다, 결국 지난 번 헌법 개정안 만드는 과정에서 '국민'과 '사람'이라는 용어로 구분하여 넣기로 했던 것입니다. 다만 국민은 국가주의적 색채가 적지 않으니, 우리의 일상 정치나 민생 개혁을 말할 때는 시민이란 단어가 더 어울린다고 봅니다. '시민 단체' 해야지, '국민 단체' 하면 의미가 확 달라지지 않나요. 국민 참여 재판이란 말도 저는 시민 참여 재판이 더 어울린다고 생각합니다. 시민에는 권위주의 색채가 없으니까요.

사람이라 쓰지 말고 '인간'으로 쓰면 어떠냐 반문할 수도 있습니다. 프랑스 혁명 후 공표된 인권 선언을 〈인간과 시민의 권리 선언〉으로 번역하기도 하니 '인간'이라 표현해도 좋습니다. 그런데, "저런 인간…", "야, 이 인간아!" 할 때처럼 부정적 뉘앙스를 느끼는 사람이 있을 수도 있잖아요. 그래서 '사람'이라고 한 것 아닐까? 또 최근 경향상 새롭게 표기하는 경우 가능한 한 한글 표기를 하자는 경향도 있고요.

'87년 헌법'과 개헌의 문제

지금 개헌을 이야기하는 사람들이 있는데, 저는 그러한 개헌 논의 자체를 '꼼수'라 생각합니다. 개헌은 너무도 복잡한 게임입니다. 굉장히 많은 토론이 야기되는 문제이죠, 예컨대 특정 조항 하나를 바꾸자고 제안하면, 왜 그 조항 하나만 바꾸냐, 다른 조항도 넣자는 주장이 나옵니다. 그렇게 논의마다, 문구 하나하나마다 충돌이 일어날 수 있습니다. 게다가 개헌 국민 투표 부의를 위해서는 국회 재적의원 2/3 이상의 동의를 얻어야 하는데, 우리가 원하는 조항을 반영하지 않으면 찬성표를 주지 않겠다는 등, 각종 이해관계가 한 데 몰려 "한 개 더 넣자, 이건 빼야 한다" 논쟁이 벌어지지 않겠어요. 어렵사리 그 과정을 통과하고 나면 국민 투표 시기를 정해야 하는데, 대통령 선거 일정에 맞추자, 지방 선거 일정에 맞추자, 그리고 권력 체계는 어떻게 할 것이냐 등 온갖 백가쟁명이 난무하게 될 거에요. 그러니 이 시점, 윤의 탄핵과 내란죄 처벌로 향하는 이 국면에서 개헌 국민 투표를 끄집어내는 것은 마구 혼잡한 상황으로 밀어 넣어 탄핵을 막자, 처벌을 면하자, 혹은 누가 대통령 되는 건 절대 안 돼, 등등 대표적 꼼수 중 하나입니다. 헌법 개정은 필요할 수 있지만. 지금의 국면에서는 아닙니다. 필요하다면 다른 국면에서 이야기할 수 있습니다.

흔히 '87년 체제', 혹은 '제왕적 대통령제', 이렇게 규정하며 사회적 관심을 모으는데, 저는 그에 동의하지 않는 편입니다. 87년 체제라고 하면, 1987년에 만들어진 헌법에 따른 정치 체제를 의미합니다. 그런데 생각해 보세요. 당시 개헌 이후 40년 가까이 흘렀잖아요. 1948년부터 1987년까지 9차례 개헌이 있었습니다. 그런데 1987년 이후 현재까지 개헌이 한 차례도 없었어요. 우리 역사에 유례없이 지속 가능했던 헌법 시대였습니다. 그렇게 본다면 87년 헌법은 현재 우리 정치 상황에 손색없다 평가할 수 있지 않을까요?

그렇다면, 당시 헌법은 왜 그렇게 만들어졌을까요? 87년 대선을 돌이켜보면, 누구도 대통령이 될 것이라는 확신을 갖지 못하는 상황이었습니다. 그러니 자신이 대통령에 당선되었을 때의 권한 행사 범위도 생각하고, 다른 한편 그러지 못했을 때의 정치적 상황들을 당시 정치인들은 꼼꼼히 저울질했어요. 그런 환경 속에서 매우 이기적이면서 이타적인 계산법이 총 동원되어 87년 헌법이 만들어진 것입니다. 이렇게 만들어진 헌법의 경우 대개는 오래갑니다. 이상주의적 헌법은 곧 좌초하고, 지나치게 현실을 반영한 헌법은 지속 가능성이 없다는 게 여러 나라 헌정사의 경험이기도 하고요.

5년 단임제와 제왕적 대통령제?

앞서 얘기한 정치적 환경과 협의 과정을 거쳐 우리 헌법은 대통령 임기를 5년 단임으로 정했습니다. 요즘 4년 중임제 개헌 이야기가 많이 나옵니다. 그럼 대통령 임기는 5년 단임제가 나을까요, 4년 중임제가 나을까요? 저는 5년 단임제가 백 번 낫다고 판단합니다. 4년 중임제의 경우, 현직 대통령은 당선 때부터 4년 내내 재선을 위해 절치부심하고, 그 목표를 위해 모든 정치·행정·예산 과정을 왜곡하게 됩니다. 재선을 위해 수사, 정보, 언론 기관을 동원해 온갖 공작을 다할 테고요. 현직이 대체로 유리하여 사실상 8년 임기가 될 가능성이 그렇지 않을 가능성보다 높지요. 그렇게 재선이 되었다 해 봐요. 그때부터 다시 5년 단임제의 폐단이라 하는 '레임덕' 현상이 생기긴 마찬가집니다. 그래서 개인적으로는 4년 중임제의 폐해가 더 많을 것이라 예상하는 것입니다.

5년 단임제는 장기적 정책을 추진하기에 한계가 있다는 지적도 하지요. 그런데 준비 안 된 대통령이 온갖 술수로 8년 임기를 채운다고 해봐요. 장기 정책은 실종되고 나라는 후퇴합니다. 현재의 5년 단임제에서 제대로 준비된 대통령은 수십 년 동안 공약을 철저히 준비해, 대통령에 당선되면 힘이 실려 있는 1년차에 개혁을 추진하여, 2~3년차에 법을 통과시키는 등 개혁 완수를 위해 열심히 노력합니다. 물론 마지막 해인 5년차에는 힘이 빠지겠죠. 하지만 5년 중 3년을 정상적으로 노력해일할 수 있다면, 정치 과정을 성공적으로 수행한 것이라 볼 수 있습니다. 김영삼 정부는 하나회와 정치 군부 척결, 금융·부동산 실명제 정착, 지방자치제 개시 등의 업적을 남겼습니다. 김대중 대통령은 5년 내내 여소야대에 시달렸지만, 그리고 부시 대통령과의 마찰도 있었지만, 외환 위기 극복, 햇볕 정책, 인권 강화, IT 강국의 토대 만들기 등 굵직한 업적을 남겼습니다. 노무현 대통령은 탄핵 소추까지 당하고 언론의 온갖 공격을 받으면서도, 행정 수도 이전, 지방화, 사법 개혁 등에 주요한 업적을 남겼습니다. 철저히 준비된 대통령은 5년의 기간 동안 주요 정책을 추진할 수 있었습니다.

5년 단임제하에서는 전임 정권에 대한 후임 정권의 보복이 심하다는 주장이 있잖아요. 보복하기로 맘 먹는다면 4년 중임제라고 뭐가 다를까요. 이번 윤석열 정권처럼 검찰권 동원해 엉망으로 하듯이 말이에요. 그런데 부패의 법리로만 놓고 보자면, 1988년 1조여 원에 달했던 부패의 규모가 1,000억, 100억, 10억, 요즘에는 십 몇 만원 가지고도 기소되잖아요. 그렇게 부패의 규모가 엄청나게 줄었어요. 5년 지나 정권이 바뀌면 재임 기간 중 행적이 탈탈 털립니다. 정치 보복 요소도 많지만, 탈탈 털릴 줄 아니까 재임 중 조심하는 측면도 많습니다. 그러니 현재의 체제가 갖고 있는 유리한 점이 적지 않습니다.

흔히들 우리 헌법이 제왕적 대통령제여서 문제가 많다고들 하는데, 실제로 그런가요? 대통령이 헌법상 권한을 넘는 권력을 남용해 제왕적 통치를 하려 해서 문제가 되는 것이지, 헌법 규정에서 제왕적 통치하라고 부추기는 조항은 어디에도 없습니다. 이번 대통령의 비상계엄 또한, 본인은 제왕인 줄 알고 요건과 절차 다 무시하고 선포했지만, 헌법과 법률 규정을 위배해 지금 탄핵 심판을 받고 있는 것 아닌가요.

헌법은 국회로 하여금 대통령의 계엄을 견제하게 만들었습니다. 대통령 거부권 행사의 남용 문제도 불거지는데, 그렇다고 대통령 거부권을 제거해 버리는 게 맞을까요? 현재 국회의 입법권과 대통령의 거부권은 서로 긴장 속에서 견제·균형을 추구하는데, 현 대통령이 배우자에 관한 특검을 연거푸 거부하면서 공정에 대한 신뢰를 상실한 것이잖아요. 현재 대통령에게 과잉 권한이 부여되어 있지 않다고 할 순 없겠지만, 흔히들 얘기하듯, 제왕을 만들어 주는 정도는 명백히 아니라고 봅니다.

헌법재판소 재판관 임명 건을 볼까요. 재판관 9명 중 3명을 대통령이 직접 임명하고, 3명은 국회에서 "선출"하는 자를 대통령이 임명합니다. 그리고 3명은 대법원장이 "지명"하는 자를 대통령이 임명합니다. 만일 국회에서 선출한 자, 대법원장이 지명한 자를 대통령이 임명하지 않을 수 있나요? 우리 헌법엔 이를 허용하지 않습니다. 대통령은 "임명한다", 즉 임명해야 한다는 겁니다. 이를 임명하지 않거나 지연시킬 수 있다고 해석해 행위하면, 이는 제왕적 대통령이어서가 아니라 그냥 위헌입니다.

이렇듯 우리 헌법에서 부족한 부분도 적지 않고, 일부 소소한 문제는 있을 수 있겠지만, 큰 문제는 없다, 그러한 문제들이 87년 체제를 부정할 정도는 아니라고 생각합니다. 87년 체제를 부정한다면, 그 대안은 무엇인가? 오히려 묻고 싶습니다. 1787년에 만들어진 미국 헌법은 1791년에 만들어진 수정 헌법과 함께 두 개의 기본 헌법을 유지하고 있습니다. 권력 체제는 1787년 헌법 체제를 거의 그대로 유지하고 있습니다. 물론 시대에 안 맞는 것도 있겠지요. 그런 것들은 해석 적용을 통해 보완할 수 있습니다. 저는 현재의 헌법을 함부로 건드리려 하는 정략적 시도에 반대합니다. 그런데 그런 논의가 계속 나오고 있으니, 제 견해를 요약 정리해 포스팅했습니다.

[이 시점에 개헌 논의? 난 반대]

1. 누가 개헌 논의에 적극적인가?

➤ 심지어 윤석열도 임기 단축 개헌하겠다고 함. 헌재 최후 진술에서. 탄핵 불리함을 피해 가려는 꼼수에 지나지 않음. 곧 탄핵될 사람이 개헌 주도권을 쥐겠다는 주제 넘은 주장.

➤ 군소 주자들은 모두 개헌하자고 하는데, 못 먹을 감 찔러라도 보고, 판이라도 좀 흔들어 보자는 의도.

➤ 이번 대통령은 임기 3년으로 하자는 말도 나옴: 현재는 세 불리하니, 남은 3년만 하도록 해 놓고 자신이 3년 뒤에 대통령 되고 싶다는 속내 표출.

➤ 한물간 정치인도 가세: 개헌 논의는 정치인에겐 늘 숟가락 얹을 수 있는 호재임. 한 마디 말도 보도해 주는데다, 집합 행동할 동기 부여.

➤ 보수 언론도 개헌론에 적극 가담함. 자신의 선호 후보가 당선 가능성 낮기에 판 흔들자는 의도.

2. 왜 개헌에 반대?

➤ 지금은 계엄 내란을 극복하고, 탄핵에 힘을 모아야 함.

➤ 개헌 논의는 백가쟁명, 모두가 이건 꼭 개헌 내용에 넣어야 한다, 이러면서 단일 의견 나오지 않음. 언제, 어떻게, 무슨 내용, 마디마디 다양한 의견 속출.

➤ 5년 단임 대신 4년 중임은 공약수다, 그것만 one point 개헌하자는데?: 지금 윤석열이 4년 더 해 먹으려다 헌정 위기가 온 게 아님, 탄핵 국면에 엉뚱한 해법 찾기임.

3. 내용으로 좀 들어가 보면

➤ 5년 단임제!!는 이승만, 박정희, 전두환 거쳐 가며 싸워 쟁취한 국민적 업적 중 최고의 작품. 모든 정파가 다 합의했던 드문 경우. 함부로 건드릴 일이 아님.

➤ 4년 중임은 5년 단임보다 훨씬 위험함. 첫 4년 임기 동안 재선하려 온갖 편법(정치 조작, 반대파 탄압, 검·경·국정원 공작)을 다 동원할 것임(지금은 임기 후반기에 그럴 엄두를 잘 못냄). 그런 다음 후 4년에는 똑같이 레임덕 옴.

➤ 급변하는 요즘 세상에 5년은 왕년의 8년만큼 길다. 5년 동안 뭘 하냐고 하지만, 준비된 정치인은 충분한 업적 쌓았음(YS-하나회 청산 실명제 정착, DJ-남북 교류 문화 강국, 노무현-사법 개혁, 지방 분권 등. 이 정도 하면 시대 과제에 도전하여 나름의 업적을 쌓았다고 봐야 함).

4. 잦은 탄핵, 선거 등으로 안정된 국정 기반 어렵다는 불평?

➤ 탄핵 계속 나와도 국민을 무서워할 줄 모르는 대통령은 계속 탄핵되어야 함.

➤ 대통령은 임기 중 권력 남용 않도록 늘 자기 경계해야 함. 오만과 독선의 점철이 윤석열의 말로임.

- 탄핵은 의회 독재가 아니라 국민 주권 실현의 방법임(의회 독재와 국민 의사 충돌하면, 노무현 탄핵 때처럼 실패함).
- 선거를 대선, 총선, 지선이 거듭되니 낭비 심하다는 말? 선거 끝난 뒤 6개월만 지나면 민의를 싹 잊어버리고 개인 아집, 정파 이익에 몰두하는 정치권임. 다음 선거가 다가와야 비로소 정신 차리고 국민 소리 들음. 선거는 정치인이 국민에게 다가오고, 국민에게 수그리는 시기임. 잦을수록 좋음. 미국에도 큰판 선거(하원)가 2년마다 있음. 대선, 총선, 지선을 인위적으로 시기 조정할 필요 없음.

5. 개헌의 동력은 있는가?

- 정치인 몇, 언론 몇의 공론화는 자신들 정파, 세력의 것일 뿐. 그동안 개헌 논의는 끊이지 않았지만, 실제 실행에 이르지 못했음.
- 개헌은 헌법 개정 권력체의 형성을 통해 이루어짐. 독재 권력이 압도할 정도의 힘을 가졌을 때(1961년, 1972년, 1980년), 혹은 국민 에너지가 기성 권력체를 압도했을 때(1960년, 1987년) 개헌이 이뤄졌음. 현재 그런 압도적 동력은 없다. 민주 개헌에는 국회의원들의 자기 헌신이 있었음(예컨대 1960년, 1987년에는 의원 임기 절반 단축 효과). 현재 그런 헌신을 자발적으로 치를 상태인가?

6. 맺음

- 현 시점에서 개헌 논의는 불순하고, 수상쩍고, 물흐리기다.
- 필요한 부분은 해석 통해 극복하고, 입법 개헌은 신중해야.
- 대선 끝나고, 충분한 개헌 논의하는 것은 필요(다만 지난 수십 년간 그런 논의 끊임없이 했으나, 성공 못 했음도 감안해야).
- 그때의 개헌은 정파 이익이 아닌, 국민 주권 확장과 기본권 신장의 관점, 국민 이익의 관점에서 진행되어야 함.
- 현행 헌법의 엄청난 성취도 긍정 평가해야(5년 단임 꼬박꼬박 잘 지켜졌고!!!! 정권 교체가 이어졌고!!! 내란 계엄 막아 냈고!!!!, 대통령의 제왕화를 저지시키고 있음!!!).

헌법, 주권자 국민 모두의 것

제가 자주 강조하다시피, "헌법은 국민 모두가 만든 법"입니다. 그러므로 헌법은 국민 모두가 지켜야 할 가치를 담고 있고, 국민 모두는 헌법의 수호자가 되어야 합니다. 제정 주체가 국민이면 그에 대한 혜택 역시 국민이 직접 받을 수 있습니다. 헌법 전문가연하는 사람들이 자주 언급하는 헌법 판례나 헌법학적 해석에 따른 헌법도 있지만, 실은 모든 국민이 각자 헌법을 해석하고, 자기 분야에서 적용하면서 살아갈 수 있습니다. 헌법이 장식 규범이었던 시대도 있었지만, 이후 헌법재판소를 통해 헌법은 재판 규범화되었습니다. 더 나아가 국민과 공직자의 행동 규범, 행위 규범으로 정착되어야 합니다.

생각건대 헌법 중 국민 각자의 기본권을 보장하는 가장 강력한 조항은 바로 평등권입니다. 여러분 각자가 일상 곳곳에서 불평등하게 느껴지는 바가 있을 수 있잖아요. 그러한 불평등을 당연시하지 말고, '이거 평등권 침해 아닌가' 하는 문제의식을 가져야 하며, 그러한 문제의식을 바탕으로 토론하고 시정을 촉구하는 각자의 노력이 이어져야 합니다. 그것이 바로 '헌법 실천 행위'입니다. 헌법 조항 하나 하나는 국민 각자에게 적용하고, 주장하라고 만든 것입니다. 그러니 위헌적 요소가 있다고 판단되는 문제를 주장하거나 해결하려는 데 활용한다면 얼마든지 건질 게 충분한 게 헌법입니다.

촛불 광장, 응원봉 시위에서 우리는 노래합니다.

"대한민국은 민주 공화국이다!"

민주 공화국에서 국민의 공복이어야 할 공직자가 주권자인 국민

위에 군림하려 든다고! 그러면 우리가 그들을 날려 버리자! 외칠 수 있는 근거가 바로 이거예요.

군주제하의 프랑스에 루브르 궁전이 있었습니다. 그 궁전에 루이 13, 14세 등 황제들이 진귀한 보화와 회화를 어마어마하게 모아 두었습니다. 당시는 왕이 유일무이한 주권자이자 통치자였고 최고 갑부였으니 그 모든 것이 가능했고 궁전을 비롯, 그곳에 모아 둔 모든 것들은 왕의 소유물일 수밖에요. 프랑스 혁명으로 군주정이 붕괴되고 공화정이 수립되자, '모든 인민이 주권자'라는 관점에서 궁전과 궁전에 있는 모든 것은 이제 인민 전체의 것이 되었습니다. 궁전은 개방되어 지금의 루브르박물관이 되었고, 왕이 독점하던 모든 것을 전 국민이 함께 즐기게 되었습니다. 러시아의 겨울궁전 또한 혁명 이후 에르미타쥬 박물관이 되었죠. 우리의 경복궁 또한 누구나 들어가 볼 수 있잖아요. 가까이는 예전의 서울 시청이란 관청도 모든 시민이 이용할 수 있는 서울도서관이 되어 시민 모두의 공간으로 변모했잖아요. 이렇게 평등권, 국민 주권 조항만 이해해도 얼마든지 우리의 권리를 주장할 근거가 될 수 있는 것입니다.

선거 제도에 있어서도 마찬가지입니다. 예컨대, 총선에서 10% 정도의 지지를 얻은 정당이 있다면, 현 300석 의석의 10%인 30석은 확보되어야 하잖아요. 그런데 지금 그렇게 되어 있나요? 10석, 5석도 못 얻지 않나요. 이는 현행 선거 제도가 국민의 뜻을 정확히 반영하지 못하고 있음을 반영하는 것입니다. 왜곡되게 반영되는 것이지요. 일정 비율 이상의 국민들이 지지하는 정당이 있고, 그 정당이 얻은 의석수가 지지하는 국민들 비율에 맞게 배분되면, 우리 주권자들이 매주 길거리에 나가 외칠 일이 훨씬 줄어듭니다. 자신을 대리하는 일정 수의 의원들이 주권자의 뜻을 받들어 국회에서 관련 법안 내고, 지지자의 뜻을 받들어 행정부에 대해 압력을 행사하는 등 열심히 일할 거 아니에요. 그렇게 지지층의 다양한 이해관계를 반영한 법률안들이 국회라는 장에서 논의되면, 소수당의 입법이나 정책일지라도 조정과 타협을 통해 상당히 반영될 수 있습니다. 각 세력 간 연합이나 협상을 통해 주권자들이 원하는 방향으로 나아가고자 노력하는 것이죠. 그런데 지금 그런 소수당이 설 자리가 없습니다. 나의 지지가 그대로 국회 의석수에 반영되면, 국민 노릇하기 좀 편할 겁니다. 현재 선거 제도가 그렇게 되어 있지 못하니, 잘못된 대의 구조를 바로잡기 위한 압력과 노력을 계속 해야만 됩니다. 소리 높여 요구하지 않는 한, 기득권 구조는 흔들리지 않습니다.

아름다운 헌법, 인간으로서의 존엄과 가치

헌법의 핵심은 인권입니다. 저는 우리나라의 공식 문서에 새겨진 가장 아름다운 문구가 헌법 제10조라 생각합니다.

"모든 국민은 인간으로서의 존엄과 가치를 가지며, 행복을 추구할 권리를 가진다. 국가는 개인이 가지는 불가침의 기본적 인권을 확인하고 이를 보장할 의무를 진다."

이때 국민은 앞서도 이야기했듯, '모든 사람'을 의미합니다. 이 땅에 살고 있는, 내외국인을 불문하고 '모든 사람'은 대한민국 헌법의 효력이 미치는 범위 내에서, 인간이기만 하면 존재 자체로서의 존엄과 가치를 가집니다.

그렇다면 여기서 말하는 '존엄'이란 무슨 의미일까요? '존중'과는 뉘앙스가 조금 다르죠. '존(尊)'은 '존속(尊屬)'이라는 쓰임새에서 의미하듯 '어버이와 같은 존재'를 말합니다. '엄(嚴)'은 '엄숙하다, 엄정하다, 엄벌하다'는 쓰임새에서 느껴지듯 '최고, 최대, the best, maximum'의 의미를 가집니다. 그러니 헌법에서 규정하는 '인간으로서의 존엄'이라 함은 "모든 인간은 서로 어버이와 같은 존재로서 최상의 존중을 받아야 한다"는 의미입니다. 익히 알고 있는 '인내천(人乃天), 사인여천(事人如天)' 즉, "사람은 곧 하늘이니, 사람 섬기기를 하늘같이 대하라"는 의미를 담고 있는 것이죠. 그렇다면 우리 헌법 제10조를 다음과 같이 달리 쓸 수 있겠습니다.

"모든 사람은 하늘 같은 존재로서, 그 가치는 비교 측정이 불가능할 정도다…."

　그런데 정말 나쁜 사람이 있잖아요. "사람의 탈을 쓴 짐승" 심지어 "짐승만도 못 한 사람" "야수적 인간" 그런 표현을 쓰게 되는 자들. 그럼 이런 의문을 제기할 수 있겠죠.

"그런 사람에게도 존엄과 가치를 가진 존재로서 섬기듯 대해야 합니까?"

　비록 각자는 그런 대상을 증오할 수도 있겠지만, 적어도 국가는 그렇게 접근해서는 안 된다는 의미입니다. "공적·제도적 관점에서 인간으로서의 존엄과 가치를 갖는다"는 것은 우리 헌법 가치의 알파이자 오메가입니다. 존엄과 가치를 부여하는 전제는 '인간이기만 하면' 되는 것입니다. 물론 우리의 법률에 따라 개개인에게 잘못에 대한 책임을 추궁하고 처벌을 내립니다. 하지만 그것도 요건과 절차에 따라 하는 것이고, 인간 존엄을 훼손하지 않으면서 진행되어야 합니다.

인간은 왜 태어났습니까? "당신은 사랑받기 위하여 태어난 사람"입니다. 그러니 인간은 행복을 추구할 권리가 있습니다. 각자가 추구할 행복의 내용과 가치는 다를 수 있지만, 개개인의 행복을 추구할 권리는 누구도 침해할 수 없음을 규정하고 있습니다. 개인은 태어나면서부터 기본적 인권을 갖고 있습니다. 이를 '천부인권', 또는 인위적으로 주어지는 것이 아니라 태어나면서부터 자연적으로 갖고 있다는 의미에서 '자연권'이라고 합니다. 국가는 이러한 개인의 기본적 인권을 창설하거나 부여하지 않습니다. 국가는 개개인의 기본적 인권을 '확인'해 줄 뿐입니다.

이 개념은 어디서 나왔을까요? '자연권', '자연법'이라 함은, 인간은 '천부인권' 즉, 하늘로부터 부여받은 권리를 가지므로 누구도 함부로 빼앗을 수 없음을 규정하는 의미입니다. "하늘로부터 부여"받았다 곧, 태어날 때부터 '자연'적으로 가지고 나오는 것이므로 타인이나 제도가 빼앗을 수 없음을 의미하는 것이죠. 현대 들어 이러한 '자연권', '자연법'을 애써 강조하지 않는 이유는, 헌법 속에 이미 그러한 권리를 내재화하고 있기 때문입니다. 물론 자연법의 구체적 내용이 무엇인가에 대해서는 논의가 분분할 수 있지만 평등·자유·존엄 등 인간으로서의 기본적 조건에 대해서는 대부분 헌법 조문이 포함하므로 조문의 해석을 통해 충분히 각자의 일상을 향유할 수 있다고 보는 것입니다.

헌법 수호자, 민주 수호자로서의 주권자의 의무

헌법을 지킨다는 의미는 무엇일까요? 예컨대 "사법부는 국민 인권 수호의 최후의 보루" 또는 "우리 사회 소수자를 보호하는 데 사법부가 앞장서야 한다"는 이야기를 많이 듣죠? 왜 그럴까요? 국민 개개인이 국가 기관인 입법·행정·사법부의 문을 두드릴 때가 가끔 있을 것입니다. 그런데 이 기관들이 모두 개인들에게 흔쾌히 문을 열어 응대해 주던가요? 상당한 힘을 가진 집단이나 개인이 아닌 한, 쉽지 않은 일입니다. 개인이 행정부나 입법부의 문턱을 넘자면 입구부터 제동이 걸리잖아요.

그런데 사법부는 어떻죠? 국민 누구나 제소하면 일단은 다 들어오게 하고, 그 주장을 읽어 주고 들어주고, 판단까지 내려 줘요. 그 판단이 마음에 안 들면 상소를 할 수 있어요. 물론 그에 따른 비용은 변호사비 포함 좀 들겠죠. 그럼에도 누구든 문제가 있어 국가 제도의 문을 두드릴 때, 직접적으로 응답받을 수 있는 가장 손쉬운 기관이 사법부입니다. 이처럼 사법부는 국민 개개인의 목소리에 대해서도 반드시 답을 줍니다. 다만 그때 내리는 답은 개개인에 맞춤형인 '상담'적 응답이 아니라, 법률이라고 하는 보편적 기준에 따른 '해석'적 답입니다. 이처럼 입법·행정 등을 통해 풀리지 않는 문제가 있다면 언제든 사법부의 문을 두드릴 수 있으며, 그렇게 내려지는 사법부의 결정은 '공표'된다는 특징이 있습니다. 적어도 사법부의 결정은 다른 기관에서 내리는 결정보다 훨씬 공정할 가능성이 있습니다.

사법부가 침탈당하면 입법·행정부가 나서 막아 줘야 합니다. 최후의 보루로서 국민 전체가 나서 지켜 줘야 합니다. 어떤 국가 기관이 붕괴에 직면했거나 폭력의 앞잡이가 되거나 폭력에 나설 때 주권자들이 각자의 위치에서 각자의 방식으로 싸워야 합니다. 12월 3일 밤, 우리 시민들이 군·경과 맞서고, 저도 글을 써 공유함으로써 방향을 잡으려 했던 이유도 바로, 우리 스스로를 주권자로 생각했기 때문이에요. 내가 주권자이고, 헌법 수호자이자 민주 수호자로서 나의 몫을 해 나가야 한다는 생각 때문이었습니다.

이번 내란의 와중에서도 각자의 위치에서 그렇게 자신의 몫을 해 낸 사람들, 민주 수호자들이 있었습니다. 알려져 있는 사례들 중에도 공직자들이 자신의 위치에서 위험을 감수하고 그렇게 주권자로서의 역할을 한 경우가 꽤 있습니다. 이렇게 각자 자신의 공적 위치에서 자신에게 부여된 임무를 정확히 이행한다면, 이러한 사태는 벌어질 수 없어요.

1987년 6월 항쟁에 불을 붙인 계기는 '박종철 열사 물 고문 사망'의 폭로였습니다. 그해 1월, 당시 고문 수사를 자행했던 치안본부는 박종철 열사의 사망을 발표하며, "탁 치니 억, 하고 죽었다"며 심장 쇼크사라 조작했습니다. 그런데 사망 진단서 작성에 임했던 한 부검의가 용기 있게 자신이 진단한 대로 사망 진단서에 기재했습니다. 복부에 물이 차 있는 등 고문이 의심되는 흔적을 사실대로 기재한 거예요. 그런데 이런 기록 문서는 함부로 없앨 수 없어요. 언젠가는 반드시 드러나게 되어 있어요. 그렇게 5개월 후, 부검의의 용기 있는 증언과 진단서가 천주교 정의구현사제단을 통해 공개되면서 전두환 군사 독재를 무너뜨린 거대한 시민 항쟁의 도화선이 되었던 것입니다.

크건 작건, 각자가 맡은 분야에서 그 일이 창대하건 소소하건 여러분 각자에게 주어졌을 때, 지금 이야기하고 느낀 바의 헌법적 가치에 따른 소신과 내면의 양심을 반드시 기억해 주시길 당부드립니다.

일상에서 구현되어야 할 헌법적 가치

법을 "안다, 모른다" 할 때, 자꾸 판례법적 지식을 들이대며 이야기합니다. 그 분야야 법 전문가들이 공부한 만큼 알 터이고, 일반 시민들로서야 정확히 알기 힘든 영역이지요. 하지만 헌법 조문은 일반 시민들이 충분히 읽고 음미하여 생활에 응용할 수 있고, 비뚤어진 정치 현실을 비판할 잣대로 삼을 수도 있습니다.

간단한 예를 들어 볼까요. 헌법 7조에 이렇게 규정되어 있습니다.

"공무원은 국민 전체에 대한 봉사자이며, 국민에 대하여 책임을 진다."

어느 공무원이 공무 집행을 하는 과정에 특정 지역, 특정 집단에 대해서만 이로운 조치를 취하고, 다른 지역·집단을 소외시킨다면, 헌법 7조를 들이대며 꾸짖어야 합니다.

"공무원으로서의 당신의 조치는 헌법 7조를 위반하는 일입니다!"

판례법적 지식이 아니더라도 생활 법으로서의 가치가 있는 법들은 매우 많습니다. 한 두 개의 조문만 갖고도 충분히 활용 가치가 있습니다. 예컨대 헌법 11조 "모든 국민은 법 앞에 평등하다"는 평등권 조항이 있습니다. 그런데 보세요. 윤석열, 자기가 뭔데 체포 영장 집행을 가로막고, 한남 성채에서 버틴 것입니까? 체포되어 가면서는 왜 예우를 요구하는 것입니까? 그에게 가능하다면 국민 모두에게도 같은 처우가 가능해야 하는 것 아닙니까? 법은 차별, 특권, 특혜에 대한 규제에 있어서는 매우 엄격합니다. 평등권 조항 하나로 모든 차별, 특권, 특혜를 무너뜨릴 수 있는 힘을 발휘할 수 있습니다. 뿐만 아니라 제대로 대우받지 못하는 사람들의 처지를 끌어올려 주는 힘도 있습니다.

이러한 법적 조항은 판례법 지식으로서가 아니라 생활법으로서의 가치가 만드는 헌법적 힘입니다. 그러니 모든 국민이 헌법을 알아야 한다는 말은 그 판례를 익혀야 한다는 의미가 아니라 생활법으로 받아들여 부조리하고 불합리한 상황마다 해당 조문을 들어 시정을 요구함으로써 이 사회 구석구석을 제대로 변화시켜 나가야 함을 의미합니다.

아까 헌법 조문을 만들 때 정말 문구 하나하나에 그렇게까지 신경 썼을까, 의문을 제기하셨는데요. 모든 조문 하나 하나에 들어 있는 고민과 토론의 흔적을 찾아 음미할 필요도 있다고 봅니다. 예컨대, 제헌 헌법(1948)에서 만든 교육권 조항을 살펴볼까요.

제헌 헌법 16조는 다음과 같이 국민 교육권을 규정하였습니다.

"모든 국민은 균등하게 교육을 받을 권리가 있다. 적어도 초등교육은 의무적이며 무상으로 한다."

이 조항을 만들 때, 교육자이자 제헌의회 의원을 지낸 주기용 의원 (신사 참배 반대로 일제 시대 옥사한 주기철 목사의 친형이기도 합니다)은 '적어도'라는 말을 반드시 집어 넣어야 한다고 주장했습니다. 현행 헌법 31조 ②항에도 이 단어는 그대로 들어 있습니다. 인용하면 이렇습니다.

"모든 국민은 그 보호하는 자녀에게 적어도 초등교육과 법률이 정하는 교육을 받게 할 의무를 진다."

이렇게 규정해 놓았으니 어떻게 되겠습니까. 초등 교육은 무상 교육을 기본으로 하고, 중·고등학교도 무상으로 할 방향성을 만들어 둔 것

계엄과 내란을 넘어_국민이 써 내려간 헌법 이야기

이에요. 2021년부터는 고등학교도 무상 교육이 전면적으로 시행되고 있습니다. 입학금, 수업료, 학교운영지원비, 교과서비 등이 정부 예산으로 지원됩니다. 단계적으로 무상 교육이 확대되어 온 것이지요. '적어도' 조항의 효과는 이렇게 활용 가치가 큽니다.

저는 대학도 무상 교육으로 이루어져야 한다고 주장합니다. 독일에서는 그렇게 하거든요. 인간으로서의 자기 발전을 이루는 가장 기초가 교육인데, 교육에서의 차별 없이 '균등하게' 받을 수 있게 하자는 취지입니다. 이런 것들은 헌법적 결단으로 가능한 문제입니다. 제헌의회 주기용 의원이 '적어도'라는 한 마디 규정을 굳이 고집하여 조문에 박아 넣음으로써 이렇게 많은 일들을 이루어 낼 수 있었던 것입니다. 이 내용을 아는 사람이 거의 없었을 때인데, 제헌의회 속기록에서 '적어도'라는 말이 헌법 조항에 왜 들어갔는지 논쟁을 발견했을 때, 그야말로 가슴이 벅찼습니다. 이렇게 어떤 경우는 입법을 통해, 또 어떤 경우는 해석을 통해 헌법적 가치를 계속 채워 나가야 합니다. 이런 작업을 꼭 전문가들만 할 수 있는 것일까요? 아닙니다.

한 가지 예를 더 들어 볼까요. 법률 전문가연하는 사람이 교도소에 감금되는 경험이 흔할 리 없잖아요. 그런데 어느 변호사가 듣기를, 교도소에 구속된 재소자들이 과밀 수용 때문에 도저히 못 살겠다고 아우성친다는 거예요. 이야기를 들어보니 아무리 재소자일지언정 인간의 존엄과 가치를 완전히 침해당하고 있는 거예요. 그래서 이 변호사가 헌법 소원을 제기한 끝에 헌법재판소로부터 현행 교정 상황은 위헌이라는 판결을 얻어 냈습니다. 이제 교정 당국에서 재소자 과밀 수용의 해소를 위해 많은 노력을 쏟지 않을 수 없게 된 것이죠. 이렇게 국민적 감수성과 전문가적 감수성이 만날 때 법적 변화, 사회 변화를 더 효과적으로 추동

할 수 있습니다. 성소수자에 관한 불합리한 규정들 역시 마찬가지 방식으로 해결해 나갈 수 있을 것입니다.

여성분들의 경우, 공중 화장실을 이용할 때마다 평등하지 않다는 생각을 정말 많이 할 거예요. 그렇지 않나요? 여행 중에 고속도로 휴게소 화장실이라도 가는 경우, 남자는 금방 나오는데, 여자는 한참을 기다려야 나오는 거예요. 화장실의 불평등이 있죠. 남녀 간 화장실 이용 시간이 다른데, 그 생리적 차이를 감안하여 화장실을 설계해야 합니다. 이 경우 남녀 화장실의 면적을 1:1로 하는 건 형식적 평등일지 몰라도, 실질적 평등은 아니잖아요. 최소 1:3 정도로는 만들어 줘야 실질적으로 평등한 거 아닐까요. 그럼 어떻게 해요? 바꾸자고 해야죠. 그렇게 주장도 하고, 입법 운동에 나서야죠. 이러한 것들은 모두 헌법의 평등권 조항을 가지고 요구 가능한 생활 속 변화들입니다.

앞서도 이야기했지만 전문가의 레토릭, 전문가의 궤변에 속지 말아야 합니다. 헌법 조문 그대로 주장하면 된다는 말입니다. 모든 주권자가 헌법 소책자 한 권 들고 다니거나 앱에서 찾아 가면서, 부조리·불합리한 것을 볼 때마다 헌법 조문을 들이대고 주장해야 합니다. 명시적 헌법 조항을 가지고 주장하고 요구하는데 감히 어느 누가 무시할 수 있겠습니까. 대한민국은 민주 공화국이고, 모든 주권은 국민으로부터 나오는데 말입니다.

헌법, 그리고 주인 노릇

이제 계엄과 탄핵의 헌법 이야기를 마무리짓겠습니다. 헌법과 법률은 다릅니다. 헌법은 전체 국민이 관여하여 만든 법이고, 법률은 300명의 국회의원이 만든 법입니다. 명령은 대통령이 만드는 겁니다. 왕이 통치하는 나라에선 왕의 칙령, 명령이 제일 높아야 되겠지만, 국민이 주권자인 나라에서는 국민 전체가 만든 법이 헌법이므로 헌법이 가장 상위법이 되는 것입니다. 법률이 그 다음이고, 대통령령(명령)은 헌법과 법률을 위배하지 않는 범위 내에서, 법률의 근거가 있는 경우에 제정할 수 있는 것입니다.

근대 국가에서 헌법의 내용은 이러이러해야 한다고 특정화되어 있는데, 기본적으로는 인권 조항을 으뜸으로 규정합니다. 인권 조항이 들어 있지 않은 헌법은 헌법으로 인정할 수 없습니다. 그 다음으로 국가 권력의 통제 원리가 규정되어야 헌법으로서의 자격을 갖출 수 있습니다. 프랑스인권선언(1789년)에는 "권리의 보장이 확보되지 않고, 권력의 분립이 규정되어 있지 않은 모든 사회는 헌법을 갖고 있지 아니하다"(16조)라고 선언했습니다. 이후 근대 헌법에는 기본권 보장, 권력 분립이 필수적 구성 부분으로 자리 잡아 왔습니다.

어느 나라나 헌법 규범은 그 나라의 현실 상황보다 더 높은 기준과 가치를 표현하고 있습니다. 우리나라 역시 현행 헌법이 가진 여러 한계에도 불구하고, 헌법의 규정대로만 실천해도 훨씬 좋은 나라가 될 수 있습니다.

주권자는 국민입니다. 국민을 이기는 권력은 없습니다. 주권자가 거듭거듭 주장하면 국가는 따라야만 합니다. 대통령으로 뽑아 놓았다고 5년 동안 주권을 대통령에게 완전 위임하는 나라가 아닙니다. 탄핵이란 5년 내내 국민이 주권자임을 자각하고 주인으로 나서는 한 방법입니다. 탄핵 소추권은 국회에 있지만, 그것은 국민이 국회로 하여금 주권자인 국민 목소리에 귀 기울이게 요구하는 것입니다. 탄핵 심판 역시 헌법재판관 9인의 고유 권한이 아니라 주권자인 국민이 명령하고 재판관들은 주권자의 명령을 증거법과 절차법에 따라 그 심판을 대행할 뿐이라 생각해야 합니다.

더불어 주권자의 구성은 단일하지 않고 다양하므로 오늘 광장에서 일어난 빛의 혁명에서는 다양성과 연대의 모습이 그대로 드러납니다. 주권자는 간절해야 합니다. 역사는 간절함으로 만들어집니다. 이제 공을 헌법재판소, 국회 등으로 넘기고, 우리 국민은 평온한 일상으로 돌아가도 되나요? 아닙니다. 공은 언제나 국민이 갖고 있어야 합니다. 이제 주권자인 우리 국민은 국회를 거쳐 헌재, 법원, 행정부에 심부름을 시켜야 합니다. 그리하여 누가 주인인지를 그들에게 분명히 각인시켜야 합니다. 대통령, 국회, 헌법재판소, 법원이 이 나라의 주인이 아니라는 것을 매번 확인시켜야 합니다. 처음부터 끝까지 국민이 주인이 될 때 국민 뜻대로 역사가 만들어집니다.

오늘날 대한민국에 왕은 없는가?

혹시 이런 물음이 가능할 것입니다.

"그렇다면 오늘날 대한민국에 왕은, 황제는 없는가?"

계엄과 내란을 넘어_국민이 써 내려간 헌법 이야기

이러한 물음에 1920년, 대한민국 2년 초에 임시정부의 큰 어른 안창호 선생이 답을 했습니다.

"있소. 대한나라에, 과거에는 황제가 1인밖에 없었지만 금일에는 2천만 국민이 모두 황제요. 여러분도 다 황제요. 여러분의 자리는 다 옥좌며 머리에 쓰는 건 다 면류관이외다. 황제란 무엇이오. 주권자를 이름이니, 과거의 주권자는 유일했으나 지금은 여러분이 다 주권자외다. 과거에 주권자가 1인이었을 때에는 국가의 흥망은 1인에게 있었지만 금일은 인민 전체에 있소. 정부 직원은 노복이니, 이는 정말 노복이오. 대통령이나 국무총리나 다 여러분의 노복이외다. 그러므로 군주인 인민은 그 노복을 선하게 대하는 방법을 연구하여야 하고 노복인 정부 직원은 군주인 인민을 위해 선하게 일하는 방법을 연구하여야 하오."

대통령이건 국회의원이건 헌법재판관이건 "너희들 잘 해야 돼", 하며 선하게 잘 인도할 때, 국민으로서 주인된 노릇을 다하는 거고, 공직자들은 인민을 위해 선하게 일하는 방법을 연구해야 된다고 일갈한 것입니다. 정말 좋은 말 아닌가요. 나는 이 말이 우리의 고등학교 사회 교과서에 들어가야 하고, 헌법 교과서 맨 앞에 기록되어야 할 최고의 명문장이라 생각합니다.

봄이 오면, 을씨년스런 겨울이 지나 봄이 오면, 푸르른 빛이 온 누리에 가득 차 우리의 삶을 즐겁게 해 주겠죠. 혹한이 영원할 듯싶지만 푸르름은 곧 우리를 찾을 것이고, 우리는 또, '세상은 이렇게 아름답구나' 관조할 것입니다. 그런데 그 봄은 저절로 오는 것이 아닙니다. 모든 생명들이 안간힘을 다해 겨울을 뚫고 올라오려는, 저마다 꽃을 피우고 잎을 피우려는 노력의 총집합이 봄입니다. 봄이 그토록 아름다운 것은, 뭇 생명들의 결집된 힘으로 최선의 아름다움을 꽃피우기 때문입니다.

겨울에 닥쳐온 비상계엄의 얼음장은 우리 국민 한 명 한 명의 치열한 꽃피우기를 통해 탄핵의 봄으로 귀결되었습니다. 이런 간난 어린 투쟁을 통해 우리 모두가 주권자로서의 다짐을 새로이 하고, 몰랐거나 일

계엄과 내란을 넘어_국민이 써 내려간 헌법 이야기

상에서 놓쳤던 것을 배우며, 우리의 각오를 단단히 하고, 우리의 공복들을 선하게 만드는 방법이 무엇일까, 연구하고 실천하는 나날이 되었으면 좋겠습니다.

[부록]

윤석열 탄핵 심판 헌법재판소 선고 요지

지금부터 2024헌나8 대통령 윤석열 탄핵 사건에 대한 선고를 시작하겠습니다.

먼저, 적법 요건에 관하여 살펴보겠습니다.

① 이 사건 계엄 선포가 사법 심사의 대상이 되는지에 관하여 보겠습니다.

고위 공직자의 헌법 및 법률 위반으로부터 헌법 질서를 수호하고자 하는 탄핵 심판의 취지 등을 고려하면, 이 사건 계엄 선포가 고도의 정치적 결단을 요하는 행위라 하더라도 그 헌법 및 법률 위반 여부를 심사할 수 있습니다.

② 국회 법사위의 조사 없이 이 사건 탄핵 소추안을 의결한 점에 대하여 보겠습니다.

헌법은 국회의 소추 절차를 입법에 맡기고 있고, 국회법은 법사위 조사 여부를 국회의 재량으로 규정하고 있습니다. 따라서 법사위의 조사가 없었다고 하여 탄핵 소추 의결이 부적법하다고 볼 수 없습니다.

③ 이 사건 탄핵 소추안의 의결이 일사부재의 원칙에 위반되는지 여부에 대하여 보겠습니다.

국회법은 부결된 안건을 같은 회기 중에 다시 발의할 수 없도록 규정하고 있습니다. 피청구인에 대한 1차 탄핵 소추안이 제418회 정기회 회기에 투표 불성립되었지만, 이 사건 탄핵 소추안은 제419회 임시회 회기 중에 발의되었으므로 일사부재의 원칙에 위반되지 않습니다. 한편 이에 대해서는 다른 회기에도 탄핵 소추안의 발의 횟수를 제한하는 입법이 필요하다는 재판관 정형식의 보충 의견이 있습니다.

④ 이 사건 계엄이 단시간 안에 해제되었고, 이로 인한 피해가 발생하지 않았으므로 보호 이익이 흠결되었는지 여부에 대하여 보겠습니다.

이 사건 계엄이 해제되었다고 하더라도 이 사건 계엄으로 인하여 이 사건 탄핵 사유는 이미 발생하였으므로 심판의 이익이 부정된다고 볼 수 없습니다.

⑤ 소추 의결서에서 내란죄 등 형법 위반 행위로 구성하였던 것을 탄핵 심판 청구 이후에 헌법 위반 행위로 포섭하여 주장한 점에 대하여 보겠습니다.

기본적 사실 관계는 동일하게 유지하면서 적용 법조문을 철회·변경하는 것은 소추 사유의 철회·변경에 해당하지 않으므로, 특별한 절차를 거치지 않더라도 허용됩니다. 피청구인은 소추 사유에 내란죄 관련 부분이 없었다면 의결 정족수를 충족하지 못하였을 것이라고도 주장하지만, 이는 가정적 주장에 불과하며 객관적으로 뒷받침할 근거도 없습니다.

⑥ 대통령의 지위를 탈취하기 위하여 탄핵 소추권을 남용하였다는 주장에 대하여 보겠습니다.

이 사건 탄핵 소추안의 의결 과정이 적법하고, 피소추자의 헌법 또는 법률 위반이 일정 수준 이상 소명되었으므로, 탄핵 소추권이 남용되었다고 볼 수 없습니다. 그렇다면 이 사건 탄핵 심판 청구는 적법합니다.

한편 증거 법칙과 관련하여, 탄핵 심판 절차에서 형사소송법상 전문 법칙을 완화하여 적용할 수 있다는 재판관 이미선, 김형두의 보충 의견과 탄핵 심판 절차에서 앞으로는 전문 법칙을 보다 엄격하게 적용할 필요가 있다는 재판관 김복형, 조한창의 보충 의견이 있습니다.

다음으로 피청구인이 직무 집행에 있어 헌법이나 법률을 위반하였는지, 피청구인의 법 위반 행위가 피청구인을 파면할 만큼 중대한 것인지에 관하여 살펴보겠습니다. 우선 소추 사유별로 살펴보겠습니다.

① 이 사건 계엄 선포에 관하여 보겠습니다.

헌법 및 계엄법에 따르면, 비상계엄 선포의 실체적 요건 중 하나는 "전시·사변 또는 이에 준하는 국가 비상 사태로 적과 교전 상태에 있거나 사회 질서가 극도로 교란되어 행정 및 사법 기능의 수행이 현저히 곤란한 상황이 현실적으로 발생하여야 한다"는 것입니다. 피청구인은 야당이 다수 의석을 차지한 국회의 이례적인 탄핵 소추 추진, 일방적인 입법권 행사 및 예산 삭감 시도 등의 전횡으로 인하여 위와 같은 중대한 위기 상황이 발생하였다고 주장합니다.

피청구인의 취임 후 이 사건 계엄 선포 전까지 국회는 행안부장관, 검사, 방통위 위원장, 감사원장 등에 대하여 총 22건의 탄핵 소추안을 발의하였습니다. 이는 국회가 탄핵 소추 사유의 위헌·위법성에 대해 숙고하지 않은 채 법 위반의 의혹에만 근거하여 탄핵 심판 제도를 정부에 대한 정치적 압박 수단으로 이용하였다는 우려를 낳았습니다.

그러나 이 사건 계엄 선포 당시에는 검사 1인 및 방통위 위원장에 대한 탄핵 심판 절차만이 진행 중이었습니다. 피청구인이 야당이 일방적으로 통과시켜 문제가 있다고 주장하는 법률안들은 피청구인이 재의를 요구하거나 공포를 보류하여 그 효력이 발생되지 않은 상태였습니다. 2025년도 예산안은 2024년 예산을 집행하고 있었던 이 사건 계엄 선포 당시 상황에 어떠한 영향을 미칠 수 없고, 위 예산안에 대하여 국회 예결특위의 의결이 있었을 뿐, 본회의의 의결이 있었던 것도 아닙니다. 따라서 국회의 탄핵 소추, 입법, 예산안 심의 등의 권한 행사가 이 사건 계엄 선포 당시 중대한 위기 상황을 현실적으로 발생시켰다고 볼 수 없습니다. 국회의 권한 행사가 위법·부당하더라도 헌법재판소의 탄핵 심판, 피청구인의 법률안 재의 요구 등 평상시 권력 행사 방법으로 대처할 수 있으므로 국가 긴급권의 행사를 정당화할 수 없습니다.

피청구인은 부정 선거 의혹을 해소하기 위하여 이 사건 계엄을 선포하였다고도 주장합니다. 그러나 어떠한 의혹이 있다는 것만으로 중대한 위기 상황이 현실적으로 발생하였다고 볼 수는 없습니다. 또한 중앙선관위는 제22대 국회의원 선거 전에 보안 취약점에 대하여 대부분 조치하였다고 발표하였으며, 사전·우편 투표함 보관 장소 CCTV 영상을 24시간 공개하고 개표 과정에 수검표 제도를 도입하는 등의 대책을 마련하였다는 점에서도 피청구인의 주장은 타당하다고 볼 수 없습니다.

결국 피청구인이 주장하는 사정을 모두 고려하더라도, 피청구인의 판단을 객관적으로 정당화할 수 있을 정도의 위기 상황이 이 사건 계엄 선포 당시 존재하였다고 볼 수 없습니다.

헌법과 계엄법은 비상계엄 선포의 실체적 요건으로 "병력으로써 군사상의 필요에 응하거나 공공의 안녕질서를 유지할 필요와 목적이 있을 것"을 요구하고 있습니다. 그런데 피청구인이 주장하는 국회의 권한 행사로 인한 국정 마비 상태나 부정 선거 의혹은 정치적·제도적·사법적 수단을 통하여 해결하여야 할 문제이지 병력을 동원하여 해결할 수 있는 것이 아닙니다.

피청구인은 이 사건 계엄이 야당의 전횡과 국정 위기 상황을 국민에게 알리기 위한 '경고성 계엄' 또는 '호소형 계엄'이라고 주장하지만, 이는 계엄법이 정한 계엄 선포의 목적이 아닙니다. 또한 피청구인은 계엄 선포에 그치지 아니하고 군경을 동원하여 국회의 권한 행사를 방해하는 등의 헌법 및 법률 위반 행위로 나아갔으므로, 경고성 또는 호소형 계엄이라는 피청구인의 주장을 받아들일 수 없습니다. 그렇다면 이 사건 계엄 선포는 비상계엄 선포의 실체적 요건을 위반한 것입니다.

다음으로, 이 사건 계엄 선포가 절차적 요건을 준수하였는지에 관하여 보겠습니다. 계엄의 선포 및 계엄사령관의 임명은 국무회의의 심의를 거쳐야 합니다.

피청구인이 이 사건 계엄을 선포하기 직전에 국무총리 및 9명의 국무위원에게 계엄 선포의 취지를 간략히 설명한 사실은 인정됩니다. 그러나 피청구인은 계엄사령관 등 이 사건 계엄의 구체적인 내용을 설명하지 않았고 다른 구성원들에게 의견을 진술할 기회를 부여하지 않은 점 등을 고려하면 이 사건 계엄 선포에 관한 심의가 이루어졌다고 보기도 어렵습니다.

그 외에도 피청구인은 국무총리와 관계 국무위원이 비상계엄 선포문에 부서하지 않았음에도 이 사건 계엄을 선포하였고, 그 시행 일시, 시행 지역 및 계엄사령관을 공고하지 않았으며, 지체 없이 국회에 통고하지도 않았으므로 헌법 및 계엄법이 정한 비상계엄 선포의 절차적 요건을 위반하였습니다.

② 국회에 대한 군경 투입에 관하여 보겠습니다.

피청구인은 국방부 장관에게 국회에 군대를 투입할 것을 지시하였습니다. 이에 군인들은 헬기 등을 이용하여 국회 경내로 진입하였고, 일부는 유리창을 깨고 본관 내부로 들어가기도 하였습니다. 피청구인은 육군특수전사령관 등에게 "의결 정족수가 채워지지 않은 것 같으니, 문을 부수고 들어가서 안에 있는 인원들을 끄집어내라"는 등의 지시를 하였습니다.

또한 피청구인은 경찰청장에게 계엄사령관을 통하여 이 사건 포고령의 내용을 알려주고, 직접 6차례 전화를 하기도 하였습니다. 이에 경찰청장은 국회 출입을 전면 차단하도록 하였습니다. 이로 인하여 국회로 모이고 있던 국회의원들 중 일부는 담장을 넘어가야 했거나 아예 들어가지 못하였습니다.

한편, 국방부 장관은 필요시 체포할 목적으로 국군방첩사령관에게 국회의장, 각 정당 대표 등 14명의 위치를 확인하라고 지시하였습니다. 피청구인은 국가정보원 1차장에게 전화하여 국군방첩사령부를 지원하라고 하였고, 국군방첩사령관은 국가정보원 1차장에게 위 사람들에 대한 위치 확인을 요청하였습니다.

이와 같이 피청구인은 군경을 투입하여 국회의원의 국회 출입을 통제하는 한편, 이들을 끌어내라고 지시함으로써 국회의 권한 행사를 방해하였으므로, 국회에 계엄 해제 요구권을 부여한 헌법 조항을 위반하였고, 국회의원의 심의·표결권, 불체포 특권을 침해하였습니다. 또한 각 정당의 대표 등에 대한 위치 확인 시도에 관여함으로써 정당 활동의 자유를 침해하였습니다.

피청구인은 국회의 권한 행사를 막는 등 정치적 목적으로 병력을 투입함으로써, 국가 안전 보장과 국토 방위를 사명으로 하여 나라를 위해 봉사하여 온 군인들이 일반 시민들과 대치하도록 만들었습니다. 이에 피청구인은 국군의 정치적 중립성을 침해하고 헌법에 따른 국군 통수 의무를 위반하였습니다.

③ 이 사건 포고령 발령에 관하여 보겠습니다.

피청구인은 이 사건 포고령을 통하여 국회, 지방의회, 정당의 활동을 금지함으로써 국회에 계엄 해제 요구권을 부여한 헌법 조항, 정당 제도를 규정한 헌법 조항과 대의민주주의, 권력 분립 원칙 등을 위반하였습니다. 비상계엄하에서 기본권을 제한하기 위한 요건을 정한 헌법 및 계엄법 조항, 영장주의를 위반하여 국민의 정치적 기본권, 단체 행동권, 직업의 자유 등을 침해하였습니다.

④ 중앙선관위에 대한 압수·수색에 관하여 보겠습니다.

피청구인은 국방부 장관에게 병력을 동원하여 선관위의 전산 시스템을 점검하라고 지시하였습니다. 이에 따라 중앙선관위 청사에 투입된 병력은 출입 통제를 하면서 당직자들의 휴대 전화를 압수하고 전산 시스템을 촬영하였습니다. 이는 선관위에 대하여 영장 없이 압수·수색을 하도록 하여 영장주의를 위반한 것이자 선관위의 독립성을 침해한 것입니다.

⑤ 법조인에 대한 위치 확인 시도에 관하여 보겠습니다.

앞서 말씀드린 바와 같이, 피청구인은 필요시 체포할 목적으로 행해진 위치 확인 시도에 관여하였는데, 그 대상에는 퇴임한 지 얼마 되지 않은 전 대법원장 및 전 대법관도 포함되어 있었습니다. 이는 현직 법관들로 하여금 언제든지 행정부에 의한 체포 대상이 될 수 있다는 압력을 받게 하므로, 사법권의 독립을 침해한 것입니다.

지금까지 살펴본 피청구인의 법 위반 행위가 피청구인을 파면할 만큼 중대한 것인지에 관하여 보겠습니다.

피청구인은 국회와의 대립 상황을 타개할 목적으로 이 사건 계엄을 선포한 후 군경을 투입시켜 국회의 헌법상 권한 행사를 방해함으로써 국민 주권주의 및 민주주의를 부정하고, 병력을 투입시켜 중앙선관위를 압수·수색하도록 하는 등 헌법이 정한 통치 구조를 무시하였으며, 이 사건 포고령을 발령함으로써 국민의 기본권을 광범위하게 침해하였습니다. 이러한 행위는 법치 국가 원리와 민주 국가 원리의 기본 원칙들을 위반한 것으로서 그 자체로 헌법 질서를 침해하고 민주 공화정의 안정성에 심각한 위해를 끼쳤습니다. 한편 국회가 신속하게 비상 계엄 해제 요구 결의를 할 수 있었던 것은 시민들의 저항과 군경의 소극적인 임무 수행 덕분이었으므로, 이는 피청구인의 법 위반에 대한 중대성 판단에 영향을 미치지 않습니다.

대통령의 권한은 어디까지나 헌법에 의하여 부여받은 것입니다. 피청구인은 가장 신중히 행사되어야 할 권한인 국가 긴급권을 헌법에서 정한 한계를 벗어나 행사하여 대통령으로서의 권한 행사에 대한 불신을 초래하였습니다.

피청구인이 취임한 이래 야당이 주도하고 이례적으로 많은 탄핵 소추로 인하여 여러 고위 공직자의 권한 행사가 탄핵 심판 중 정지되었습니다. 2025년도 예산안에 관하여 헌정 사상 최초로 국회 예산결산특별위원회에서 증액 없이 감액에 대해서만 야당 단독으로 의결하였습니다. 피청구인이 수립한 주요 정책들은 야당의 반대로 시행될 수 없었고, 야당은 정부가 반대하는 법률안들을 일방적으로 통과시켜 피청구인의 재의 요구와 국회의 법률안 의결이 반복되기도 하였습니다. 그 과정에서 피청구인은 야당의 전횡으로 국정이 마비되고 국익이 현저히 저해되어 가고 있다고 인식하여 이를 어떻게든 타개하여야만 한다는 막중한 책임감을 느끼게 되었을 것으로 보입니다.

피청구인이 국회의 권한 행사가 권력 남용이라거나 국정 마비를 초래하는 행위라고 판단한 것은 정치적으로 존중되어야 합니다. 그러나 피청구인과 국회 사이에 발생한 대립은 일방의 책임에 속한다고 보기 어렵고, 이는 민주주의 원리에 따라 해소되어야 할 정치의 문제입니다. 이에 관한 정치적 견해의 표명이나 공적 의사 결정은 헌법상 보장되는 민주주의와 조화될 수 있는 범위에서 이루어져야 합니다.

국회는 소수 의견을 존중하고 정부와의 관계에서 관용과 자제를 전제로 대화와 타협을 통하여 결론을 도출하도록 노력하였어야 합니다. 피청구인 역시 국민의 대표인 국회를 협치의 대상으로 존중하였어야 합니다. 그럼에도 불구하고 피청구인은 국회를 배제의 대상으로 삼았는데 이는 민주 정치의 전제를 허무는 것으로 민주주의와 조화된다고 보기 어렵습니다.

피청구인은 국회의 권한 행사가 다수의 횡포라고 판단했더라도 헌법이 예정한 자구책을 통해 견제와 균형이 실현될 수 있도록 하였어야 합니다. 피청구인은 취임한 때로부터 약 2년 후에 치러진 국회의원 선거에서 피청구인이 국정을 주도하도록 국민을 설득할 기회가 있었습니다. 그 결과가 피청구인의 의도에 부합하지 않더라도 야당을 지지한 국민의 의사를 배제하려는 시도를 하여서는 안 되었습니다. 그럼에도 불구하고 피청구인은 헌법과 법률을 위반하여 이 사건 계엄을 선포함으로써 국가 긴급권 남용의 역사를 재현하여 국민을 충격에 빠트리고, 사회·경제·정치·외교 전 분야에 혼란을 야기하였습니다.

국민 모두의 대통령으로서 자신을 지지하는 국민을 초월하여 사회 공동체를 통합시켜야 할 책무를 위반하였습니다. 군경을 동원하여 국회 등 헌법 기관의 권한을 훼손하고 국민의 기본적 인권을 침해함으로써 헌법 수호의 책무를 저버리고 민주 공화국의 주권자인 대한국민의 신임을 중대하게 배반하였습니다. 결국 피청구인의 위헌·위법 행위는 국민의 신임을 배반한 것으로 헌법 수호의 관점에서 용납될 수 없는 중대한 법 위반 행위에 해당합니다.

피청구인의 법 위반 행위가 헌법 질서에 미친 부정적 영향과 파급 효과가 중대하므로, 피청구인을 파면함으로써 얻는 헌법 수호의 이익이 대통령 파면에 따르는 국가적 손실을 압도할 정도로 크다고 인정됩니다. 이에 재판관 전원의 일치된 의견으로 주문을 선고합니다.

탄핵 사건이므로 선고 시각을 확인하겠습니다. 지금 시각은 오전 11시 22분입니다.

주문, 피청구인 대통령 윤석열을 파면한다!

이것으로 선고를 마칩니다.